# 学士課程教育の
# カリキュラム研究

串本　剛 編

東北大学出版会

Curriculum Study on Undergraduate Education

Takeshi KUSHIMOTO

Tohoku University Press,  Sendai
ISBN978-4-86163-366-9

[目　次]

# 序章　学士課程カリキュラム研究：
## 　　　履修要件に基づく実証分析の試み

串本　　剛（東北大学）

## 1. 背景

　本書の目的は、学士課程教育を対象としたカリキュラム研究、略して学士課程カリキュラム研究の全体像を描き、その一部について実証分析を試みることである。日本カリキュラム学会（2019）がまとめた『現代カリキュラム研究の動向と展望』を見ても明らかなように、従来のカリキュラム研究の主要な対象は初・中等教育であり、学士課程を含む高等教育への関心は乏しかった。その原因の一端は、学士課程教育のカリキュラムが学問分野や学生の進路となる専門職によって多くを規定されており、知見の一般化を目指す研究の対象として見られていなかったことにあると考えられる[1]。

　しかし、大学設置基準の大綱化を端緒に、非伝統的名称の学部・学科が大きく増え、加えて「学修者本位の教育の実現」（中央教育審議会2018）が求められる今日、学生の専攻を問わず、共通教育と専門教育を合わせた学士課程教育を構築するための知見が改めて求められている。また同時に、アドミッション・ポリシーやディプロマ・ポリシーと合わせて、カリキュラム・ポリシーの策定・公表が進む中、カリキュラムの含意を明確にし、その構成要素を整理する作業も不可欠である。カリキュラム研究の進展は、こうした実践的な問題解決に際しても寄与する部分が少なくないであろう。

　本章では、以上の背景を前提として学科類型別に展開される実証分析に先立ち、先行研究を踏まえてカリキュラム研究の諸相を明らかにすると共に、研究の枠組みと使用するデータの説明を通じて、本書におけるカリキュラム研究の方法を明示する。

## 2. 諸相

### 2.1 レビュー論文

学士課程教育のカリキュラム研究を含む文献レビューは、これまでに2編公表されている。ひとつは関（2006）「大学カリキュラム改革に関する研究の回顧と展望：学士課程教育を中心として」、もうひとつは黄（2014）「大学カリキュラムに関する研究：回顧と展望」で、いずれも広島大学高等教育研究開発センター（RIHE）が発行する『大学論集』に掲載されたものである。

関（2006）は、1990年前後から2002年までの学協会等の刊行物及び一般書店で入手可能な文献資料を対象に、4つの領域について3つの視点と観点を使い、4つのレベルを考慮しながら検討している。分析結果を受けた4領域それぞれの課題としては、(1) 基礎的概念：教育課程やカリキュラムといった鍵概念の定義と共通理解、(2) 教養教育：一般教育及び教養部の再検討と批判的検証、(3) 学士課程教育全般：カリキュラム研究やカリキュラム経営の進展、(4) 専門分野の教育：工学系に倣った非政府全国レベルでの検討、等の点に言及している。

これに対し黄（2014）は、国立国会図書館NDL・OPACとCiNiiを利用しながら代表的と思われる著書や論文、研究報告書等を収集し、2003年以降2013年6月までの研究成果726件を分析した。研究内容を [1] 総論、[2] 教育理念、[3] 全学（共通）教育、教養教育、一年次教育、[4] 分野・学科別カリキュラム編成、[5] 授業や教授法、[6] カリキュラムマネジメント、[7] カリキュラムや教育の効果・評価、[8] カリキュラム開発理論と実践、[9] 教材・テキスト、[10] その他、に分類し、その要約と特徴の描出を試みている。結論として、[4] 分野・学科別カリキュラム編成にかかる研究が65件で最も多い点などを指摘した上で、「大学カリキュラムに関する理論研究、特に日本の学士課程カリキュラムを開発するには、どのような理論やモデルが適応できるかについての研究は、まだ十分に行われていない」（p. 28）としている。

　ふたつの先行研究は本研究の関心に鑑みて当然参照すべきものであるが、分析対象となる先行研究の選定基準が曖昧で、レビュー論文としての再現性を十分に備えているとは言い難い。また、先行研究を整理する際の分類軸がその内容にのみ偏り、研究の目的や方法が考慮されていないため、カリキュラム研究の諸相を明らかにしようとする本節の狙いに照らすと不十分である。そこで、まず次項において、分析対象とする先行研究の選定手続きを詳述し、その後、研究の射程・目的・方法を軸に整理していく。

## 2.2　先行研究の精査

　本研究では、学士課程教育のカリキュラムを扱った書籍を構成する各章と、論文検索でヒットした文献に基づき一覧を作成し、学校種、文献種別、主題の3つのフィルターを通して対象の絞り込みを行った。

　書籍の選定基準は、書名に「カリキュラム」か「教育課程」の語を含み、特定の専門領域に特化しない内容を取り上げていることで、該当したのは表0-1に示した6冊のみである。なお、6つの書籍はいずれも、複数の著者による論考を編集したものか、あるいは単著であっても既出論文をまとめたものであったため、章の単位でひとつの文献とみなし、全部で79件の記録とした。

**表 0-1　一覧作成に用いた書籍**

井門富二夫（1985）『大学のカリキュラム』玉川大学出版部［12 章構成］
井門富二夫（1991）『大学のカリキュラムと学際化』玉川大学出版部［10 章構成］
清水畏三・井門富二夫 編（1997）『大学カリキュラムの再編成』玉川大学出版部［14 章構成］
有本章 編（2003）『大学のカリキュラム改革』 玉川大学出版部［19 章構成］
中留武昭（2012）『大学のカリキュラムマネジメント』ナカニシヤ出版［8 章構成］
日本高等教育開発協会・ベネッセ教育総合研究所 編（2016）『大学生の主体的な学びを促す　カリキュラム・デザイン』東信堂［16 章構成］

論文検索は、国立情報学研究所が運営する CiNii を用いて、2020 年 5 月 15 日に実施した。検索対象を論文タイトルに設定し、キーワードとして「大学」、「学士」、「カリキュラム」、「教育課程」を組み合わせて使用したところ、検索結果は「大学＆カリキュラム」3,106 件、「大学＆教育課程」639 件、「学士＆カリキュラム」114 件、「学士＆教育課程」21 件で、合計 3,880 件であった。このうち重複データを除いた 3,699 件に、先ほどの 79 件を加えた 3,778 件が、当初一覧の文献数である。

　この一覧から分析対象となる先行研究を選定するため、第 1 に、主として扱っている学校種を確認した。結果は図 0-1 の通りで、学士課程は 74.7％であり、大学院（8.7％）、初等中等教育（7.4％）と続き、短期大学や高等専門学校を含むその他は 9.2％であった。第 2 に、学士課程を主に扱っている 2,821 件の文献種を検討したところ、およそ半数にあたる 44.7％がいわゆる研究論文であった（図 0-2）。CiNii の論文検索ではそれ以外にも、学会等での発表要旨（20.8％）やその他の文献（事例紹介、書評、巻頭言、インタビュー／講演／シンポジウム／座談会の記録、専門誌における解説、資料、覚書、等）もヒットした。第 3 に、1,261 件の研究論文が扱う主題をみると、特定の専門職やいわゆる専門教育の部分を扱う例が 60.3％で最も多く、次いで個別の科目（群）を取り上げた研究が 25.9％を占め、分野を問わず学士課程全体をみているものは 1 割強（11.8％）であった（図 0-3）。なお、残りの 1.9％は、カリキュラムを主題としない論文からなる「例外」とした[2]。

図 0-1　学校種の分布　　　図 0-2　文献種の分布　　　図 0-3　主題の分布
（n=3,778）　　　　　　　（n=2,821）　　　　　　　（n=1,261）

### 2.3　分類の対象

　本節の分類対象は、上記の手続きを経て選定された149件の先行研究である（巻末に一覧を付録として示した）。したがって本研究での学士課程教育を対象としたカリキュラム研究、つまり「学士課程カリキュラム研究」の含意は、「専門領域を問わず学士課程全体に論及している論文」となる。以下ではそれらを、研究の特徴を示す3つの観点から分類整理していくが、それに先立ち、149件の公表年を確認することで、時系列的な研究の動向を確認しておきたい（図0-4）。

　今回の対象のうち最も古い研究は山本（1949）で、戦後導入された一般教育について論じている。その後、1980年代まではほとんど発表はなく、2000年代に入って以降、ほぼ毎年少なくとも1件は論文が発表されている。なお、件数には書籍所収の論文も含むが、分析対象とならない場合はその限りでない。例えば井門（1991）には、表0-1の通り10本の論文が収録されているが、「専門領域を問わず学士課程全体に論及」という条件に当てはまるものは、2件のみである。また2004年について、書籍の刊行がないにもかかわらず論文数が多いのは、広島大学の高等教育研究開発センター（RIHE）が不定期発行している高等教育研究叢書において、16大学の事例研究が紹介されていることによる。

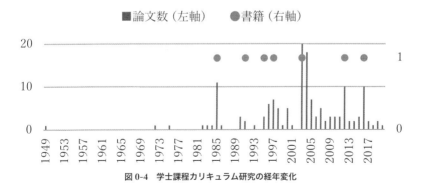

図0-4　学士課程カリキュラム研究の経年変化

## 2.4 先行研究の射程

第1の分類観点である研究の射程は、計画、行動、結果に類型化される。カリキュラム概念の多義性は改めて指摘するまでもなく、例えば松下（2003）はIEA（国際教育到達度評価学会）による、意図されたカリキュラム、実施されたカリキュラム、達成されたカリキュラムの区別を念頭に、カリキュラムについての行為（制度化された、計画された、実践された、経験された）とカリキュラム編成・経験の主体（国家・行政機関、学校、教員、学生）の関係を整理している。しかし松下の整理は、網羅的である故に8つの類型に帰結し、ここで先行研究を分類するには少々煩雑である。そこでIEAの区分を下敷きに、松下（2003）の問題意識も考慮し、教育者が行為主体となる「計画」、計画が実行され学習が起こることで教育者と学習者の両者が主体になりうる「行動」、行動を受けて学習者のうちに実現した成果を意味する「結果」の3者を区別し、計画から行動、結果へと論究の範囲が広がっていく様子を示す観点として、「研究の射程」を考える[3]。

図0-5によれば、全体として計画に分類される研究が多いものの、2000年代以降、結果の研究が増えていることがわかる。結果の研究の例としては、村澤（2003）や南・菅原（2016）が挙げられる。前者は全国調査の結果を、後者は事例大学での独自調査の結果を使っている点が異なるものの、学士課程教育を通じて、学生がどのような力を身につけたと認識しているかを論じる点では共通している。

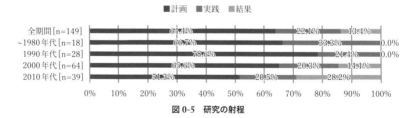

**図 0-5　研究の射程**

## 2.5　先行研究の目的

　第2の分類観点である研究の目的は、事実論、因果論、当為論に類型化される。研究という営為の目的は一般に、記述と説明、換言すれば事実関係と因果関係の解明に区別できる。加えて学問分野によっては、証明された因果関係に基づいて、価値判断を伴う提案が目指される場合もある[4]。ここでは仮に、記述を主目的とする研究を事実論、説明を主目的とする研究を因果論、提案を主目的とする研究を当為論と呼ぼう。カリキュラム研究に例えれば、事実論では「カリキュラムとは何か」「カリキュラムはどう在るのか」を、因果論では「なぜそう在るのか」「そう在ることによる影響は何か」を、当為論では「カリキュラムはどう在るべきか」を問うことになる。

　図0-6によれば、先行研究の8割近くが事実論であり、因果論はごく限られていることがわかる。また、年代によって分布に違いがあるものの、特定類型の増減に一貫した傾向があるわけでもない。少数派である因果論の例を挙げれば、既出の村澤（2003）や南・菅原（2016）のほか、松浦（1986）や森田（2018）がある。なお、学士課程カリキュラム研究には、国内外の個別大学に関する歴史研究も散見されるが、カリキュラムの変遷やその経緯を扱っている場合にも、基本的には事実論に分類した。ただし松浦（1986）は、特定の改革がなぜ起こったのかに焦点を絞り詳述しているため、因果論としている。

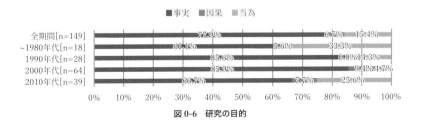

**図0-6　研究の目的**

## 2.6　先行研究の方法

　第3の分類観点である研究の方法は、論証、個性記述、法則定立に類型化される。研究方法は、カリキュラムに関するデータを実際に分析している実証型と、そうではない論証型が区別される。さらに実証型のうち、1つまたは少数の事例について詳しくデータ分析しているものを個性記述型、対照的に質問紙等を使って全国的なデータを集めているものを法則定立型と呼ぶ[5]。実証研究の方法の類型としては、質的研究と量的研究の区別もあり、それぞれ大学型と全国型に対して重なりが大きいものの、事例を対象に量的分析を行っている例も散見されたため、今回はデータ収集の範囲に着目した類型とする。

　図0-7によれば、全期間では論証型と個性記述型がほぼ半々で大部分を占め、法則定立型の研究は1割強(17件)に過ぎない。また年代別では2000年代のみ個性記述型が顕著に多いが、これは本節の冒頭で触れたRIHEによる研究叢書の影響である。法則定立型の研究は、通常大規模な調査に基づいて行われるため、書籍の一部を構成する論文に多いのが特徴である。「教員から見た学士課程カリキュラムに対する意識調査」(回収率46.9%)及び「学生から見た大学教育に対する意識調査」(同42.8%)を使った有本編(2003)と、「大学生の主体的な学習を促すカリキュラムに関する調査」(同45.7%)を踏まえた日本高等教育開発協会・ベネッセ教育総合研究所編(2016)の収録論文がそれぞれ5件となっている。

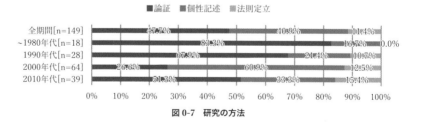

**図 0-7　研究の方法**

## 2.7　本研究の位置付け

　さて、本節での分類結果をまとめた表0-2を見ると、これまでの学士課程カリキュラム研究が「計画としてのカリキュラムに関する事実関係を、少数の事例ないしデータ分析を伴わない方法で明らかにする研究」に偏っていることは一目瞭然である。そしてこれを踏まえ、本研究では「計画としてのカリキュラムに関する因果関係を、法則定立型のアプローチで明らかにすること」を試みたい。

　研究の目的と方法では先行研究の欠落を埋める選択をしつつ、射程に関して主流に棹さすのには、理由がある。従来の高等教育研究においては、大学が学生に与える影響について所謂カレッジ・インパクト研究（例えば、Mayhew et al.（2016）参照）の長い蓄積があり、行動・結果としてのカリキュラムへの関心はその中で回収されてきた。そのため行動・結果としてのカリキュラムを扱った研究は実質的に存在するものの、学士課程カリキュラム研究では、カリキュラムという概念は教育計画とほぼ同義に捉えられている。

　ここでは、こうした流れに逆らうことで問題提起をするのではなく、伝統的なカリキュラム理解を前提に、研究の目的と方法に幾分の独自性を発揮することで、学士課程教育を対象としたカリキュラム研究の新たな方向性を打ち出したい。

表 0-2　学士課程カリキュラム研究の諸相

| 射程： | 計画 | | | 行動 | | | 結果 | | | |
|---|---|---|---|---|---|---|---|---|---|---|
| 目的： | 事実 | 因果 | 当為 | 事実 | 因果 | 当為 | 事実 | 因果 | 当為 | 計 |
| 方法：論証 | 37 | 2 | 6 | 7 | 0 | 10 | 4 | 0 | 5 | 71 |
| 個性記述 | 42 | 1 | 1 | 10 | 1 | 0 | 3 | 4 | 0 | 62 |
| 法則定立 | 5 | 1 | 1 | 5 | 0 | 0 | 3 | 1 | 0 | 16 |
| 計 | 84 | 4 | 8 | 22 | 1 | 10 | 10 | 5 | 5 | 149 |

## 3. 方法

### 3.1 分析の枠組み

本研究がカリキュラムの具体像を知るために参照するのは、各大学が定める履修要件（卒業要件のうち授業科目の履修に関わる部分）である。履修要件の主要構成要素は、何を（授業科目）、いつ（配当年次）、どれくらい（割当単位）、どのように（履修区分）の4点である。本研究ではこのうち履修区分に着目し、卒業要件単位数に占める必修科目単位数の割合である必修単位率が、学科属性のどのような側面に規定されているのかを明らかにする。

カリキュラムに影響を与える学科属性についても、やはり4点を想定できる[6]。第1は専門分野で、高等教育のカリキュラムにとっては概して最も影響が大きい要因であることは間違いない。第2の教育目的は少なからず学問分野に依存するとはいえ、それとは独立に、学士課程教育が社会の中で担う役割に応じて変わりうる。第3点にあげた学生集団は、学力や学習意欲といったその集団の平均的な質を学科属性と見做すことで、規定要因のひとつと位置づけられる。これらに加え第4点として、教員の専門や人数、また施設・設備などに関わる教育資源もカリキュラムに影響するだろう（図0-8）。

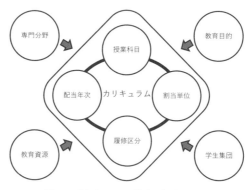

**図0-8　カリキュラムの構成要素と規定要因**

　カリキュラム研究の全体像を図0-8のように捉えた上で、本研究では
カリキュラムの構成要素の中から履修区分のみを取り上げ、専門分野
は統制変数として分析対象の類別に利用し、他の3属性が持つ影響力を
検証する。概念の操作化にあたっては、履修区分には上記の通り必修
単位率を、教育目的には学科の進学率[7]を、学生集団には学科の入試に
係る偏差値を、そして教育資源には教員1名あたりの学生数であるST
(Student-Teacher) 比を用いる。いずれの変数も網羅的に把握可能である
ことを条件に一応の「共通独立変数」として設定したもので、各章の分析
においては、これ以外の変数が用いられることもある。

　なお表0-3を見ても明らかな通り、本研究では国家資格に直結する専
門職養成を目的とした学科は、意図的に分析の対象から除外している。
また類別にあたって学科系統大/中分類「その他」の学科は基本的に外し
ていることから、学際的なカリキュラムは分析対象となっていない場合
が多い。

表 0-3　分析対象となる学科の類別

| 分野 | 定　義 |
| --- | --- |
| 人文系 | 文部科学省による学科系統中分類の「文学関係」、「史学関係」及び「哲学関係」 |
| 社会系 | 同じく中分類「法学・政治学関係」、「商学・経済学関係」及び「社会学関係」 |
| 理学系 | 同じく大分類「理学」のうち、「その他」を除いた5中分類 |
| 工学系 | 同じく大分類「工学」のうち、「その他」を除いた13中分類 |
| 農学系 | 同じく大分類「農学」のうち、「その他」を除いた8中分類 |
| 教育系 | 同じく大分類「教育」のうち、中分類「教育学関係」及び「その他」<br>　　　　ただし、教員免許の取得を卒業要件としている学科は除く |
| 教養系 | 学科名称に「教養」もしくは「リベラルアーツ」を含むもの |
| 音楽系 | 学科名称に「音楽」「演奏」を含むもの |
| スポーツ系 | 学科名称に「スポーツ」を含むもの |

## 3.2　データセット

　使用するデータセットは、教育ソリューション株式会社が提供する
2018年版の全国学校データ（大学）を基礎としている。同データ収録の
全5,314学科から、表0-3に示した9分野に係る凡そ2,400学科を取り出

した。ひとつの学科に必修要件の異なる複数のカリキュラムがある場合にはケースを分け、最終的に3,208のカリキュラムに整理した。分野別のカリキュラム数では、社会系が最多の1,038、教養系が最少の33である（表0-4）。

　進学率は、大学からの申告に基づく2018年5月1日現在の数値を『大学の実力2019』（読売新聞教育ネットワーク事務局 2018）から転載し、不足分については、2020年6月に各大学の公開情報を調査した。2018年度（2017年度実績）の数値を基本とし、当該年度分が不明な場合、そこに一番近い年度（古いものよりも新しいものを優先）で公開されている情報を採用した。新設により卒業生を出していない学部・学科もあるため、119のカリキュラムに関しては情報がない。全体平均は15.6%で、文系で低く理系で高くなっており、最高は理学系の42.9%、最低は社会系の2.6%である。

　偏差値は、国内大手と言われる複数の予備校や進学塾等を参考に、教育ソリューション株式会社が学科単位で設定した値である。全体平均が44.0であるのに対し、最高は理学系の51.8、最低は音楽系の36.8となっている。標準偏差によれば、音楽系でのばらつきが小さい。ひとつの学科に複数のカリキュラムがある場合には、同じ値を入力した（進学率も同様）。

　ST比は、各大学の公開情報にある学生定員と専任教員数から算出した。調査は2020年6月に行い、対象は2018年度の数値を基本としたが、当該年度の情報が不明で定員変更等が行われていない場合は、2019年度もしくは2020年度の数値を用いた。また算出単位は学科を基本とし、公開情報の形態によりその算出が難しい場合は、学部単位の数値を用いることとした。ST比の全体平均は27.7で、平均が最も高いのは社会系の37.6、低いのは理学系の14.3である。学部規模に応じた専任教員数は、学部の種類（専門分野）毎に大学設置基準の別表第1で定められており、分野間の違いはその定めに対応しているものと考えられる。

表 0-4　共通独立変数の記述統計量

|  | 人文 | 社会 | 理学 | 工学 | 農学 | 教育 | 教養 | 音楽 | スポーツ | 全体 |
|---|---|---|---|---|---|---|---|---|---|---|
| N | 520 | 1038 | 198 | 841 | 129 | 113 | 33 | 245 | 91 | 3208 |
| 進学率 [%] |  |  |  |  |  |  |  |  |  |  |
| n | 509 | 990 | 198 | 824 | 125 | 99 | 27 | 243 | 74 | 3089 |
| $\bar{x}$ | 3.8 | 2.6 | 42.9 | 31.5 | 28.9 | 6.4 | 4.0 | 19.2 | 4.0 | 15.6 |
| $\sigma$ | 4.1 | 3.2 | 22.6 | 25.6 | 22.0 | 7.8 | 3.7 | 11.3 | 2.6 | 21.3 |
| Min | 0.0 | 0.0 | 3.0 | 0.0 | 1.2 | 0.0 | 0.0 | 1.5 | 0.0 | 0.0 |
| Max | 75.0 | 23.2 | 86.3 | 85.9 | 78.1 | 31.3 | 13.8 | 50.0 | 11.9 | 86.3 |
| 偏差値 |  |  |  |  |  |  |  |  |  |  |
| n | 520 | 1038 | 198 | 841 | 129 | 113 | 33 | 245 | 91 | 3208 |
| $\bar{x}$ | 44.2 | 42.5 | 51.8 | 45.6 | 49.3 | 43.6 | 47.3 | 36.8 | 40.2 | 44.0 |
| $\sigma$ | 7.4 | 8.4 | 6.6 | 7.8 | 5.4 | 8.3 | 9.0 | 3.6 | 5.7 | 8.2 |
| Min | 33.0 | 33.0 | 35.0 | 33.0 | 33.0 | 33.0 | 33.0 | 33.0 | 33.0 | 33.0 |
| Max | 64.0 | 68.0 | 65.0 | 67.0 | 64.5 | 64.0 | 65.0 | 53.0 | 58.0 | 68.0 |
| ST 比 [%] |  |  |  |  |  |  |  |  |  |  |
| n | 520 | 1038 | 198 | 841 | 129 | 113 | 33 | 245 | 91 | 3208 |
| $\bar{x}$ | 30.6 | 37.6 | 14.3 | 22.6 | 17.4 | 21.0 | 21.0 | 17.1 | 28.2 | 27.7 |
| $\sigma$ | 11.9 | 16.1 | 8.1 | 10.8 | 10.3 | 7.9 | 9.8 | 8.9 | 10.0 | 14.9 |
| Min | 1.9 | 7.1 | 2.5 | 1.4 | 4.2 | 4.8 | 5.8 | 2.9 | 8.7 | 1.4 |
| Max | 72.0 | 96.9 | 32.0 | 51.8 | 41.2 | 46.7 | 50.0 | 38.6 | 60.0 | 96.9 |

## 3.3　本書の構成

　第1章から第9章では、専門分野ごとの分析を行う。類別の基準は表0-3に示した通りで、第1章から第6章は学科系統分類に、第7章から第9章は学科の名称に依拠している。なお、類別にあたっては学科名称を学科系統分類に優先させている。したがって例えば、名称に「スポーツ」を含む学科のいくつかは社会系を構成する学科系統に含まれるが、第2章ではなく第9章での分析対象となっている。

　第10章と第11章では、専門分野の影響を相対化することを狙って、専門科目と入学難易度に着目した分析をしている。最後に終章では、全

体の知見を必修単位率に関する事実論と、その規定要因にまつわる因果
論の観点から整理した上で、今後の展望を踏まえて学士課程カリキュラ
ム研究の可能性を論じる。

## 【注】

1) 井門（1991）はカリキュラムを「教育計画としての科目配列」と定義した上で、当時に至るまで大学のカリキュラム研究が少なかった理由として、(1) 学習者が成人であり自主性を期待できること、(2) 学問領域の細分化・専門化ゆえに知見の一般化に馴染まないこと、の 2 点を挙げている（pp. 43-44）。
2) CiNii の論文検索では、掲載誌の特集名までタイトルに含めた結果が返される場合があるため、特集名に「カリキュラム」というキーワードが入っていても、論文のタイトルから当該論文においてカリキュラムを扱っていないことが明らかな例も散見される。それらは、「例外」として扱った。
3) 研究の射程は、部分的には研究におけるカリキュラムの定義、とも言い換えられるが、カリキュラム研究では常に定義が示されているというわけではなく、また定義があったとしても、論及の範囲がそれに限定されるとは限らないため、「射程（Range）」の語を用いた。
4) 政策研究を論じた伊藤（2011）では、政策リサーチを記述・分類の「現状確認型リサーチ」、仮説検証の「原因探究型リサーチ」、政策評価の「政策提言型リサーチ」の 3 つに類型化している。
5) Babbie（2001=2003）の用法に倣った。
6) カリキュラムの規定要因は多様に整理されている。例えば Lattuca & Stark（2009）は外部要因と内部要因を区別した上で、前者に関わる論点として、教育目標、一般教育と専門化、学習者、必修と選択、指導過程（instructional process）、評価の 5 つを挙げている。
7) この点、補足説明が必要だろう。時系列で単純に考えると教育を受けた後に進学するので、必修単位率が独立変数で進学率が従属変数とすることもできるが、ここでは進学率を教育目的の裏付けと捉えている。進学率が高ければ準備教育としての、低ければ完成教育としての性格が、カリキュラムに現れるとの想定である。

## 【参考文献】

有本章（2003）『大学のカリキュラム改革』玉川大学出版部.

Babbie, E. 渡辺聰子監訳（2001=2003）『社会調査法 1：基礎と準備編』培風館.

中央教育審議会（2018）『2040 年に向けた高等教育のグランドデザイン（答申）』.

井門富二夫（1991）『大学のカリキュラムと学際化』玉川大学出版部.

伊藤修一郎（2011）『政策リサーチ入門：仮説検証による問題解決の技法』東京大学出版会.

黄福涛 (2014)「大学カリキュラムに関する研究：回顧と展望」広島大学 高等教育研究開発センター『大学論集』46：17-29.

Lattuca, L. & Stark, J. (2009) *Shaping the College Curriculum: Academic Plans in Context (2nd edition)*. Jossey-Bass Publisher.

日本カリキュラム学会編 (2019)『現代カリキュラム研究の動向と展望』教育出版.

松下佳代 (2003)「4章 カリキュラム論」京都大学高等教育研究開発推進センター編『大学教育学』培風館, 63-86.

松浦良充 (1986)「シカゴ・プランとR.M.ハッチンズ：1930 〜 40年代のシカゴ大学カレッジ・カリキュラム改革をめぐって」『教育研究 国際基督教大学学報 1-A 国際基督教大学学報 01 A』28：25-48.

Mayhew, M. et al.(Eds.). (2016) *How College Affects Students (Vol. 3)*. Jossey-Bass Publisher.

南慎郎・菅原良子 (2016)「卒業生調査から見る大学カリキュラム改革の有効性」『長崎ウエスレヤン大学地域総合研究所研究紀要』14(1)：1-14.

森田司郎 (2018)「小中高の教育改革は大学教育にどのような影響を与えるのか：学習指導要領改訂と大学のカリキュラムの関係」『専修大学法学研究所所報』57：34-43.

村澤昌崇 (2003)「1-2 学生の力量形成における大学教育の効果」『大学のカリキュラム改革』玉川大学出版部, 60-74.

日本高等教育開発協会・ベネッセ教育総合研究所編 (2016)『大学生の主体的学びを促すカリキュラム・デザイン』東信堂.

関正夫 (2006)「大学カリキュラム改革に関する研究の回顧と展望：学士課程教育を中心として」『大学論集』36：31-67.

日本カリキュラム学会編 (2019)『現代カリキュラム研究の動向と展望』.

山本敏夫 (1949)「一般教育の本質と問題点：新制大学のカリキュラムと方法」『教育公論』4(8)：21-27.

読売新聞教育ネットワーク事務局 (2018)『大学の実力 2019』中央公論新社.

※本書で分析対象とするカリキュラムの一覧は、学士課程カリキュラム研究会のウェブサイト（http://rpuc.ihe.tohoku.ac.jp/）で公開している。

# 第1章　人文科学系学科のカリキュラム：
## 　　　　専門分野の独立性と多様性

杉谷祐美子（青山学院大学）

## 1. 人文科学系分野の範疇と特色

　本書は各分野のカリキュラムに関して、卒業要件単位数に占める必修単位数の比率、すなわち必修単位率を規定する要因を明らかにすることを共通課題としており、本章では人文科学系分野を取り上げる。データの分析に入る前に、まずは分析の対象とする人文科学の特色やカリキュラム改革の動向について概観しておきたい。

　「人文科学」は人間の文化を対象とする学問分野の総称であり、一般に、社会現象を対象とする「社会科学」や自然現象を解明する「自然科学」と対置される（宇田 2001）。「人文科学」は「人文学」ともいわれ、英語では“humanities”が相当するが、日本では19世紀後半にドイツで提唱された“Kulturwissenshaft（文化科学）”の訳語として、1910年代に「人文科学」の語が登場したことに由来する（隠岐 2018）。

　人文科学はともすると、学問分野のなかでも最も古い分野の一つと思われがちかもしれない。しかし、隠岐（2018）によれば、人文科学に含まれる文学や歴史といった個々の領域の発展は別にしても、「人文科学」としての統一的認識をもつに至ったのは自然科学、さらに社会科学に遅れること、19世紀末～20世紀初頭とされる。それは一般化や法則性を目指した自然科学のスタイルを社会科学が取り入れつつあるなか、そうした方法論が馴染まない分野がその特徴と意義を模索するところから始まった。だが今日まで、人文科学固有の領域について明確な統一的見解があるわけではない。実際には、人文科学と社会科学の境界線とそこに含まれる学問領域は言語や国によって様々であるという。

　日本における人文科学系の学問分野の揺らぎは、すでに1877年に創

設された東京大学において人文科学と社会科学が混在していたことに
みることができる。法・理・文・医の4学部で構成された東京大学で
は、文学部が史学、哲学及政治学科と和漢文学科の2科によって編成さ
れ、1879年には前者が哲学政治学及理財学科（現在の経済学）と改称され
た。このうち、政治学科と理財学科が法学部に移されるようになったの
は1885年のことである。翌1886年に発足した帝国大学においては、法
科、医科、工科、文科、理科の分科大学が設置され、文科大学には哲学
科、和文学科、漢文学科、博言学科(現在の言語学)が発足した。翌年に
は史学科、英文学科、独逸文学科、その2年後には国史学科、仏蘭西文
学科が設置され、ここに、「哲・史・文」で編成される文学部の基本構造
が整ったとされている（天野2009）。

　ただし、人文科学系分野の中核となる文学部には「哲・史・文」には
収まりきらない心理学、社会学、教育学などが後に含まれるようになり、
学部としての教育目標を設定するのが困難な「学科連合」的な学部とも指
摘されている（渡辺1986）。このように、人文科学系分野はその範疇が
曖昧であるばかりでなく、主たる学部である文学部は多彩で独立性の高
い学問分野で構成される幅広さを特色としている。

## 2.　日本の大学における人文科学系カリキュラムの動向

　1991年の大学設置基準の大綱化以降、カリキュラム編成の自由度が
高まり各大学においてカリキュラム改革が進んだことは周知の通りであ
る。もともと独立性の高い多くの学問分野で構成される傾向にあった人
文科学系の学部でも同様であったが、一方で、そうした自由化、多様化
したカリキュラムを見直す動きも90年代終わりから起きている。

　1997 〜 99年度にかけて文部省の委嘱を受けた「コア・カリキュラム
（文学分野）の研究・開発」プロジェクトは、文学部としての共通理解が失
われてきていることへの危機感を表明し、改めて「フィロソフィア（知・
ソフィアへの愛）とフィロロギア（言葉・ロゴスへの愛）を基礎に、フマ
ニタスの学（「人文学」、「人間の学」、「人間の研究」）を目指す」（九州大

学文学部編 2000: 4）ことを文学部の根本理念として確認している。そして、「思考力・表現力」、「基本的素養」、「総合的視野」の 3 つの養成をコア・カリキュラムの柱としている。

　また、2013 年に文部科学省は「国立大学改革プラン」を策定し、2015年にはそれに基づいて文部科学大臣通知「国立大学法人等の組織及び業務全般の見直しについて」を発出した。そこでは、教員養成系と人文社会科学系の学部・大学院が取り上げられ、「18 歳人口の減少や人材需要、教育研究水準の確保、国立大学としての役割等を踏まえた組織見直し計画を策定し、組織の廃止や社会的要請の高い分野への転換に積極的に取り組むよう努めること」（文部科学省 2015: 3）が要請された。これは文系学部廃止論として広く社会に議論を巻き起こし、大学団体、日本学術会議、経済団体等からは異議が唱えられた。同時に、人文・社会科学の学問の役割や意義、また教育・研究のあり方について問う契機にもなった。

　このように社会の変化や学問の進展、18 歳人口の減少、高等教育政策の展開等を背景に、人文科学系分野の教育は折にふれて見直され模索されてきたといえる。先行研究を踏まえれば、2000 年以降の人文科学系カリキュラムの改革動向は、主に以下の 4 点に集約されるだろう。

　第 1 に、カリキュラムの幅広さの拡大、言い換えればカリキュラムの柔軟化である。大綱化以降、学習者のニーズに応え、自由度の高い柔軟なカリキュラム編成を行う人文科学系学部は増大してきた。杉谷（2002）は、2000 年時点で文学部のカリキュラムが共通教養教育および専門教育ともに選択単位数が多く、さらにそのどちらも履修できる自由選択領域によって選択の余地が大きいことを明らかにしている。同様に吉田（2008）は、2003 年に全国の学部を対象に実施した調査に基づき、人文・社会系学部において学生の科目選択の幅が増大し学際化していることを示したうえで、この科目選択の幅の増大が学部の偏差値等によらず、文系学部では全体的な傾向としてみられることを指摘している。

　第 2 に、カリキュラムの大括り化である。人文科学系学部は独立性の高い専門分野が併存すると述べたが、学部・学科を再編して専攻、専修、

コース等を設け、入学後に専攻する分野を決定できるようにレイトスペシャリゼーションを導入するケースがみられる。こうした動きは学習ニーズの多様化や学問領域の拡大に対応した取組であり、学部共通の科目や他専攻の科目を学べるような分野横断的で柔軟なシステムになっている場合が多い。専門分野間の垣根も低くカリキュラムの相互乗り入れが可能で（杉谷2002）、2000年代には早稲田大学や関西大学など大規模私立大学がこうした文学部改革に取り組み、教育組織とともに教員組織を再編するところも登場した（豊島2005）。これは第1のカリキュラムの柔軟化にもつながる側面がある。

　第3に、カリキュラムの体系化とそれに伴う葛藤である。第1や第2の動向によってカリキュラムのスコープ（範囲）が広がれば広がるほど、そもそもシークエンス（順序）が明確でないとされる人文科学系カリキュラムの体系性を確保することが議論になっても不思議ではない。例えば、人文科学系学部では卒業論文が重視される傾向にあり（「人文系学士課程教育における卒業論文がもたらす学習成果の検証」編集委員会編2015）、その卒業論文が「科目間の連携という内部的接続」、いいかえればカリキュラムの体系的な編成を可能にするともいわれている（黒河内2008）。しかし、現実には学生の学力低下、多忙化、満足度向上等のために卒業論文を選択制にするところは少なくない（篠田・日下田2015）。また、研究者養成を重視する大学にあっては大学院との接続を意識した専門性の高いカリキュラムを維持することが重要となるが、実際には大多数が卒業後に就職する現状において2通りのカリキュラムを用意するわけにもいかず（佐久間2017）、いかに体系性を確保すべきかが課題となっている。

　第4に、カリキュラムの多様化である。人文科学系学部を構成する専門分野の独立性が高いということは、それだけカリキュラムも多様になる可能性がある。例えば、先の卒業論文でいえば、全体に必修制を採るところが多いなか、外国文学や外国語を学ぶ学科では選択制が半数近くに上り（谷村2015）、専門分野の特性や固有の事情が介在していると考えられる。また、学生数（学士課程・修士課程）の規模の問題になるが、

人文科学内部において、「文化」「国際」「コミュニケーション」等を含む「その他」の学科では入学者が拡大し、「哲学」も維持・拡大している一方で、「文学」「史学」は入学者の縮小が顕著になるといった二極化が生じている（岡本・小方 2019）。こうした入学者数の縮小は学科の魅力を高めるために学習者ニーズに対応したカリキュラム編成を促し、分野間での履修要件の差異化・多様化をもたらしかねない。また、入学者数の二極化にはそれを補完するためにカリキュラムの大括り化が利用され、第2の点とも連動すると考えられる。

## 3.　本章の課題と着眼点

　さて、繰り返しとなるが、本章は人文科学系分野の必修単位率を規定する要因を明らかにすることを課題としている。その際、序章で共通変数として示された4つの変数を主に扱う。すなわち、履修原理にあたる「必修単位率」を従属変数とし、教育目的として位置づけられる大学院への「進学率」、学習要因ともいえる学生の学力水準を表す「偏差値」、教育要因ともいえる教育資源に相当する「ST比」の3つを独立変数として設定し分析する。さらに前述した人文科学系分野固有のカリキュラム改革の動向を踏まえたうえで、次のような着眼点から最後に分析結果を総括したい。

　第1のカリキュラムの柔軟化とは、カリキュラム上の選択の大きさを意味する。具体的には必修単位率の低さに表れるため、従属変数に該当する必修単位率の程度で判断できる。この第1のいわば対極にあるのは、第3のカリキュラムの体系化である。学生が履修すべき科目をどの程度整備して体系立った学びを提供しているか、必修単位率の高さによって確認することになる。それとともに、先行研究に倣うならば卒業論文の有無や大学院との接続との関連性について検証することが必要である。前者に関しては、論文のみならず作品等も含めて、卒業研究として必修化されているかどうかを指標とする。後者に関しては、共通変数に含まれる進学率を用いることになる。第4のカリキュラムの多様化は、文学

部の最も伝統的な分類である「哲・史・文」に着目したい。これらは文部科学省の学科系統分類表において人文科学の中分類として使用されていることから、この3つの分類によって必修単位率やその規定要因に違いがあるかを明らかにする。なお、第2のカリキュラムの大括り化については、専攻分野の分化と決定時期によって必修単位率にどのような差異が生じるかを分析することが考えられるが、今回のサンプルには該当する代表的なケースが含まれていないため、分析を断念せざるをえなかった。これらは早稲田大学文学部文学科、関西大学文学部総合人文学科など、中分類の「その他」に該当するため、本調査の対象からは除外されている。

　分析の対象とするのは、文部科学省学校基本調査の付属資料である学科系統分類表において、大分類「人文科学」に含まれる中分類「文学関係」「史学関係」「哲学関係」の学科である。前述のように、「人文科学」に含まれる「その他」は今回の資料収集の対象から除いている。文学系は373件（国立3.8%、公立6.4%、私立89.8%）、史学系は74件（国立2.7%、公立2.7%、私立94.6%）、哲学系は73件（公立1.4%、私立98.6%）の計520件（国立3.1%、公立5.2%、私立91.7%）である。このうち必修単位数等が不明のため必修単位率を算出できないものが文学系1件、史学系2件、哲学系1件あり、必修単位率の規定要因の分析にあたっては、これらを除いた516件のカリキュラムを対象としている。

## 4. 学部・学科・学位の多様性

　分析対象の人文科学系分野は学部名称でいえば33種類挙げられる。「文学部」が最も多く、280件（53.8%）と約半数を占める。次は、「外国語学部」114件（21.9%）、「人文学部」38件（7.3%）、「文芸学部」15件（2.9%）、「仏教学部」10件（1.9%）と続く。1種類しかない名称の学部は14あり、33種類のうちの42.4%となる。学部に対して、学科名称は117種類に上る。最も多いのが「文学科」34件（6.5%）であり、次に「歴史学科」24件（4.6%）、「日本文学科」22件（4.2%）となっており、学科名称は

その多さとともにばらつきがあることがわかる。1種類しかない名称の学科は54あり、117種類のうちの46.2%を占める。学位付記分野は分野不明のもの43件を除き、69種類ある。「文学」が243件（46.7%）と圧倒的多数を占め、その次は「外国研究」21件（4.0%）と差が大きい。1種類しかない名称の分野は28あり、69種類のうちの40.6%である。学部名や学位付記分野では伝統的な「文学」が半数前後を占める一方で、学科名も含めてそれぞれ1種類しかない名称が半数近くに上り多岐にわたっている。人文科学系の専門分野の多様性は学部、学科、学位の名称の多さにそのまま反映されているといえる。

　そこで、最も名称の種類が多い学科名を取り上げ、中分類の系列ごとに対応関係をみておきたい。表1-1において、文学系は81種類、史学系は14種類、哲学系は22種類の名称が挙がっている。各分類のサンプル数に対しての学科名称の種類の割合はそれぞれ21.7%、18.9%、30.1%であり、哲学系の種類が多く内容も多様である。文学系の学科名には主に文学、言語、文化、また地域名、国名などが用いられている。これに対して、史学系は史学、地理学、文化財等を扱い、哲学系には哲学、宗教学、心理学等の分野が含まれている。

表 1-1　中分類別の学科名称と学科数

| 学科名 | 学科数 | 学科名 | 学科数 | 学科名 | 学科数 |
|---|---|---|---|---|---|
| 文学系 | | | | | |
| アジア学科 | 2 | ロシア語学科 | 1 | 国文学科 | 13 |
| アジア言語学科 | 6 | 英語・英米文学科 | 1 | 国文国語学科 | 1 |
| イスパニア学科 | 1 | 英語キャリア学科 | 1 | 国文国語学科 | 1 |
| イスパニア語学科 | 1 | 英語英文学科 | 10 | 中国学科 | 4 |
| イタリア語学科 | 1 | 英語英米文化学科 | 7 | 中国語学科 | 11 |
| イベロアメリカ言語学科 | 2 | 英語英米文学科 | 12 | 中国語中国文学科 | 1 |
| グローバル英語学科 | 1 | 英語学科 | 19 | 中国文学科 | 4 |
| グローバル地域文化学科 | 1 | 英語教育学科 | 1 | 東アジア学科 | 2 |
| スペイン・ラテンアメリカ学科 | 1 | 英語国際学科 | 1 | 東アジア地域言語学科 | 1 |
| スペイン語スペイン文学科 | 1 | 英語文化コミュニケーション学科 | 4 | 日本・中国文学科 | 1 |
| スペイン語学科 | 4 | 英語文化学科 | 3 | 日本・東アジア文化学科 | 1 |
| ドイツ学科 | 2 | 英文学科 | 18 | 日本語・日本語教育学科 | 1 |
| ドイツ語学科 | 5 | 英米学科 | 7 | 日本語・日本文化学類 | 1 |
| ドイツ語圏文化学科 | 1 | 英米言語文化学科 | 1 | 日本語・日本文化学科 | 3 |
| ドイツ文学科 | 1 | 英米語英米文学科 | 1 | 日本語学科 | 6 |
| ブラジルポルトガル語学科 | 1 | 英米語学科 | 10 | 日本語日本文化学科 | 5 |
| フランス語学科 | 2 | 英米文化学科 | 2 | 英米文化学科 | 20 |
| フランス語フランス文学科 | 1 | 英米文学科 | 5 | 日本文化コミュニケーション学科 | 1 |
| フランス語学科 | 5 | 外国学科 | 1 | 日本文化学科 | 11 |
| フランス語圏文化学科 | 1 | 外国語コミュニケーション学科 | 1 | 日本文学科 | 22 |
| フランス文学科 | 3 | 外国語学科 | 18 | 日本文学文化学科 | 7 |
| ポルトガル語学科 | 1 | 外国語文化学科 | 2 | 文化史学科 | 4 |
| メディア表現学科 | 1 | 韓国語学科 | 1 | 文化歴史学科 | 6 |
| ヨーロッパ・アメリカ学科 | 1 | 言語文化学科 | 11 | 文学科 | 34 |
| ヨーロッパ学科 | 4 | 国語国文学科 | 2 | 文芸学科 | 7 |
| ヨーロッパ言語学科 | 2 | 国際コミュニケーション学科 | 6 | | |
| ヨーロッパ文化学科 | 2 | 国際英語学科 | 3 | | |
| ロシア学科 | 1 | 国際言語学科 | 1 | | |

| 史学系 | | 哲学系 | |
|---|---|---|---|
| 学科名 | 学科数 | 学科名 | 学科数 |
| 国史学科 | 1 | キリスト教学科 | 2 |
| 史学・文化財学科 | 1 | 現代応用心理学科 | 1 |
| 史学科 | 20 | 国際キリスト教福祉 | 2 |
| 史学地理学科 | 7 | 子どもコミュニケーション学科 | 1 |
| 総合歴史学科 | 1 | 社会臨床心理学科 | 1 |
| 地理学科 | 3 | 宗学科 | 2 |
| 日本史学科 | 1 | 宗教学科 | 1 |
| 文化・歴史学科 | 1 | 宗教文化学科 | 1 |
| 文化財学科 | 3 | 心理カウンセリング学科 | 1 |
| 歴史遺産学科 | 1 | 心理コミュニケーション学科 | 3 |
| 歴史学科 | 24 | 心理学科 | 13 |
| 歴史地理学科 | 1 | 心理臨床学科 | 3 |
| 歴史文化科 | 1 | 真宗学科 | 2 |
| 歴史文化学科 | 9 | 神学科 | 6 |
| | | 神道学科 | 1 |
| | | 禅学科 | 1 |
| | | 対人・社会心理学科 | 1 |
| | | 哲学科 | 13 |
| | | 美学美術史学科 | 2 |
| | | 仏教学科 | 12 |
| | | 密教学科 | 1 |
| | | 臨床心理学科 | 3 |

## 5.　分析結果

### 5.1　人文科学系分野の記述統計量

　それではまず、人文科学系分野に関する基本的な変数について記述統計量を表1-2に示す。各分野の記述統計量は序章に示されているので、ここでは主に平均値に着目して他の分野と異なる人文科学系分野の特徴的な点を整理したい。それぞれ一元配置分散分析の後、多重比較（Tukey法）を行っての有意な結果を挙げる。

　偏差値については、人文科学系は平均値45を超える理学、農学、工学より低いが、音楽、スポーツ、社会科学よりは高い。社会科学の平均は42.5であり、文系のなかでは人文科学が比較的高いということがわかる。ST比は分野によってばらつきが大きく、社会科学の37.6名が最も多い。人文科学はそれに次いで多く、スポーツを除いたどの分野よりも多くなっている。進学率は人文科学に限らず文系は軒並み低く、30%前後を占める理系分野や音楽より低い。従属変数である必修単位率は最も低い社会科学（23.8%）を上回っているものの、教養を除いたどの分野よりも低くなっている。40%前後を占める理系分野や教育、音楽に比べれば人文科学の30.5%はかなり低いといえよう。参考までに、表中には卒業率と設置年も挙げた。卒業率は工学、教養を除くどの分野も80%を超えており、人文科学はそれらに比べて低い。設置年は人文科学が1982.6年、理学が1986.5年で、この理学以外のどの学部よりも人文科学の設置は古い。

表1-2　人文科学系分野の記述統計量

|  | 偏差値 | ST 比 | 進学率<br>（%） | 必修単位率<br>（%） | 卒業率<br>（%） | 設置年 |
|---|---|---|---|---|---|---|
| N | 520 | 520 | 509 | 516 | 492 | 520 |
| 平均値 | 44.2 | 30.6 | 3.8 | 30.5 | 78.7 | 1982.6 |
| 中央値 | 43 | 30 | 3.3 | 29.0 | 81.4 | 1986 |
| 標準偏差 | 7.4 | 11.9 | 4.1 | 12.7 | 11.5 | 22.8 |
| 最小値 | 33 | 1.9 | 0 | 1.6 | 30.1 | 1948 |
| 最大値 | 64 | 72 | 75 | 79.8 | 96.8 | 2018 |

以上を総合すると、人文科学は設置が最も古く、文系のなかでは偏差値が高いほうだが、進学率は低い。また、ST比が高い環境にあり、必修単位率は低く、卒業率も低い傾向にある。

## 5.2　中分類による比較

　以上は人文科学系分野全体の傾向だが、3つの中分類別に平均値を比較した結果も確認しよう。表1-3は、基本的な変数の平均値に関する一元配置分散分析および多重比較（Tukey法）の結果を示している。

　設置年以外の変数では、中分類によって平均値に有意な差がみてとれる。分類ごとの特徴を整理すると、文学系は偏差値が高いが、進学率は低い。また、必修単位率は高く、卒業率は低い。ST比は3分類中2番目である。史学系は文学系と同様に偏差値は高く、進学率は低い。だが、文学系とは反対に必修単位率は低く、卒業率は高い。そして、ST比は最も大きい。これらに対して、哲学系は偏差値が低いが、進学率は高い。そして、ST比は最も小さい。

**表1-3　基本的変数の中分類別の平均値比較**

|  |  | 文学系 | 史学系 | 哲学系 | F値 | 多重比較 |
|---|---|---|---|---|---|---|
| 偏差値 | N | 373 | 74 | 73 |  |  |
|  | 平均値 | 44.5 | 45.4 | 40.9 | 8.980*** |  |
|  | 標準偏差 | 7.5 | 6.6 | 6.4 |  | 文，史＞哲 |
| ST比 | N | 373 | 74 | 73 |  |  |
|  | 平均値 | 30.8 | 34.7 | 25.2 | 12.428*** |  |
|  | 標準偏差 | 11.8 | 10.0 | 12.0 |  | 史＞文＞哲 |
| 進学率 | N | 365 | 74 | 70 |  |  |
|  | 平均値 | 3.2 | 4.2 | 6.3 | 17.831*** |  |
|  | 標準偏差 | 2.2 | 2.0 | 9.4 |  | 哲＞文，史 |
| 必修単位率 | N | 372 | 72 | 72 |  |  |
|  | 平均値 | 31.7 | 26.2 | 28.7 | 6.792** |  |
|  | 標準偏差 | 12.9 | 9.8 | 13.0 |  | 文＞史 |
| 卒業率 | N | 358 | 71 | 63 |  |  |
|  | 平均値 | 77.9 | 82.6 | 78.9 | 5.133** |  |
|  | 標準偏差 | 12.5 | 5.8 | 8.7 |  | 史＞文 |
| 設置年 | N | 373 | 74 | 73 |  |  |
|  | 平均値 | 1983.3 | 1980.0 | 1981.7 | 0.725 |  |
|  | 標準偏差 | 22.1 | 23.0 | 25.7 |  |  |

*** p <.001, ** p <.01

　先述したように、人文科学系分野全体では他の分野に比べて偏差値は高く進学率が低い。こうした傾向は、文学系と史学系により顕著に表れているといえる。また、人文科学系分野全体では必修単位率が低く、卒業率も低いが、必修単位率の低さは史学系に、卒業率の低さは文学系においてより顕著に表れているようである。

　このように、人文科学系分野といっても文学、史学、哲学という中分類によってそれぞれの特徴があるばかりでなく、さらに標準偏差等にも注目すると変数や分類によってかなりのばらつきがあることがわかる。ST比と必修単位率は他の変数に比べて、平均値に対する標準偏差が大きい。ST比の平均値は、史学34.7名、文学30.8名、哲学25.2名と3分類間で有意な差があるうえに、史学の最小値は10.0、最大値は57.1、文学のそれは3.2と72.0、哲学では1.9と50.0と大きな開きがみられる。また、必修単位率の平均値は文学31.7％と史学26.2％の間に有意差がみられる。3分類いずれも最小値は1.6であるが最大値は文学79.8、史学49.2、哲学78.8と幅があり、特に哲学と文学の標準偏差は大きい。さらに、進学率については哲学が平均6.3％と他の分類よりも高いだけでなく、標準偏差も際立って大きく、最小値は0、最大値は75.0である。卒業率の平均値は文学が77.9％と史学よりも低いが、標準偏差は最も大きく、最小値が30.1、最大値が96.8と大きな差が開いている。したがって、ST比といった教育環境や必修単位率に表れるカリキュラム編成は実際にはかなり多様であるとともに、同じ中分類であっても卒業率や進学率など出口の状況にもばらつきがあるといえる。

## 5.3　相関分析

　本書の共通課題である必修単位率の規定要因を探るにあたって、次にこれら基本的変数の相関関係を確認しておきたい。3節で述べた着眼点も踏まえ、前述の変数に加えて、設置形態（私立＝1、国立および公立＝0）と卒業研究の有無（卒業研究が必修＝1、卒業研究が選択もしくはなし＝0）との関連も示す。

表1-4 人文科学系分野の相関係数

| | 偏差値 | ST比 | 進学率 | 卒業率 | 設置年 | 設置形態 | 卒業研究の有無 | 必修単位率 |
|---|---|---|---|---|---|---|---|---|
| 偏差値 | 1 | | | | | | | |
| ST比 | .161** | 1 | | | | | | |
| 進学率 | .079 | -.171** | 1 | | | | | |
| 卒業率 | -.265** | .252** | .005 | 1 | | | | |
| 設置年 | -.198** | -.159** | -.012 | -.102* | 1 | | | |
| 設置形態 | -.387** | .300** | -.100* | .495** | -.140** | 1 | | |
| 卒業研究の有無 | .013 | .080 | .052 | .124** | -.092* | -.056 | 1 | |
| 必修単位率 | -.127** | -.177** | .041 | -.184** | .097* | .010 | -.075 | 1 |

** p＜.01, * p＜.05

表1-5 中分類別の相関係数

| | 偏差値 | ST比 | 進学率 | 卒業率 | 設置年 | 設置形態 | 卒業研究の有無 | 必修単位率 |
|---|---|---|---|---|---|---|---|---|
| 偏差値 | 1 | | | | | | | |
| ST比 | | 1 | | | | | | |
| 進学率 | 文 .305**<br>史 .333** | 哲 -.328** | 1 | | | | | |
| 卒業率 | 文 -.366** | 文 .261**<br>哲 .261* | | 1 | | | | |
| 設置年 | 史 -.361** | 史 -.305** | 哲 .371** | | 1 | | | |
| 設置形態 | 文 -.422**<br>史 -.267* | 文 .325**<br>史 .500** | 文 -.284** | 文 .557** | 史 -.236* | 1 | | |
| 卒業研究の有無 | | 史 .343**<br>哲 .251* | 文 .267**<br>哲 -.326** | | 史 -.247*<br>哲 -.298** | 史 .310** | 1 | |
| 必修単位率 | 哲 -.365** | 哲 -.383** | 哲 .375** | | | | 史 .251*<br>哲 -.291* | 1 |

** p＜.01, * p＜.05

　表1-4は人文科学系分野全体における Pearson の相関係数を示している。相関係数0.2以上の有意な値はアミカケをした5つである。偏差値、ST比、卒業率、設置形態の間で相関がみられる。特に、設置形態の相関係数は0.3以上で他に比べて大きい。私立のほうが偏差値は低く、ST比は大きく、卒業率も高いという関係になっている。また、偏差値が低いほど卒業率は高く、ST比が大きいほど卒業率も高いという相関は、設置形態とこれら3つの変数との関係とも重なる。ただし、人文科学系分野全体では必修単位率と相関のある変数は見出されなかった。

　そこで、人文科学系をさらに分けた中分類の相関係数について、0.2以

上の有意な値のみを中分類の区別がつくように表1-5にまとめた。文学は8個、史学は10個、哲学は10個の相関係数がこれに該当する。

　文学系は人文科学系全体とほぼ同様の傾向がみられる。前述した5つの相関関係はすべて文学系においても同じ符号で、かつ、人文科学よりもやや大きな値となっている。したがって、人文科学にみられた相関関係は、データ全体の71.7％を占める文学系の傾向が反映されていると考えられる。これに加えて、文学系では進学率との弱い相関をいくつか指摘できる。設置形態では私立のほうが進学率は低く、偏差値が高いところほど進学率は高い。また、卒業研究が必修のところは進学率が高い。このことは、大学の入学難易度が高いほど研究大学である可能性が高いため、大学院への進学率が高いこと、また大学院の進学において卒業研究が重要であることを示唆しているといえよう。

　史学系では人文科学にみられた相関関係と合致するところが設置形態と偏差値、設置形態とST比の2つにとどまっている。人文科学系全体と同様、設置形態は相関のある項目が多いが、設置年や卒業研究の有無も比較的多い。表1-5からは設置年が新しいほど偏差値は低く、ST比も小さいこと、また、私立のほうが設置年は古いことが読み取れる。史学系のサンプルには国立2学科、公立2学科しかなく、その公立が2000年代後半に設置されているためこうした結果となったのであろう。卒業研究の有無については、設置形態が私立のほうが卒業研究は必修であり、設置年が古いほど、またST比が大きいほど、卒業研究は必修となっている。そして、卒業研究が必修であるほうがそうでないよりも必修単位率が高くなっている。必修単位率との相関はこれが唯一である。

　哲学系は文学系や史学系の結果とはかなり異なっている。まず、人文科学系と同様の相関関係はST比と卒業率の間にしかみられない。哲学系のサンプルは公立が1学科のみ、それ以外はすべて私立であるため、設置形態との相関もない。哲学系に特徴的なのは卒業研究の有無、および必修単位率と相関する変数が多いことである。設置年が古いほど、ST比が大きいほど、そして進学率が低いほど卒業研究は必修になっている。

また、必修単位率と正の相関にあるのは進学率、負の相関にあるのは偏差値、ST比、卒業研究の有無である。すなわち、進学率が高いほど、偏差値が低いほど、ST比が小さいほど、そして卒業研究が必修でないほうが必修単位率は高いということになる。このように、哲学系では人文科学系の傾向がほとんどみられないどころか、文学系や史学系にあるような偏差値と進学率の相関関係も表れず、卒業研究の有無と必修単位率との関係は史学系とは逆になっている。こうした結果の解釈にあたっては、哲学系固有の状況があるとみて改めて最後に分析を行うこととする。

## 5.4 重回帰分析

以上のように、中分類までみていくと変数間の相関関係は多様で複雑になっている。そこで、他の変数の影響力を統制し、必修単位率の規定要因を検討するために重回帰分析を行う。従属変数を必修単位率、それ以外の変数を独立変数とするが、このうち卒業率は除外する。卒業率は先の相関分析において必修単位率との相関があまりなかっただけでなく、仮に十分な相関があったとしても両者の関係はむしろ卒業率が従属変数になると考えられるからである。必修単位率が高ければそれだけ卒業要件となる必修の単位数が増えることになり、卒業のハードルは上がって卒業率に影響すると予想される。

表1-6　人文科学系分野の重回帰分析

|  | モデル1 | モデル2 | モデル3 |
|---|---|---|---|
| 偏差値 | -0.113* | -0.088 | -0.101* |
| ST比 | -0.170*** | -0.170** | -0.182*** |
| 進学率 | 0.021 | 0.026 | 0.071 |
| 設置形態（私立ダミー） | － | 0.036 | 0.068 |
| 設置年 | － | 0.053 | 0.045 |
| 卒業研究の有無（必修ダミー） | － | -0.055 | -0.024 |
| 中分類（史学系ダミー） | － | － | -0.138** |
| 中分類（哲学系ダミー） | － | － | -0.161** |
| 調整済み R² | 0.043 | 0.044 | 0.074 |
| F 値 | 8.584*** | 4.883*** | 6.062*** |

N=507

数値はいずれも標準偏回帰係数　　　　　　　　*** p <.001，** p <.01，* p <.05

　人文科学系全体の重回帰分析では、表1-6の通り、3つのモデルを設
定した。モデル1は本書の共通変数だけを独立変数として投入した。そ
の結果、調整済み決定係数は相当に低いが、偏差値とST比が負の影響
を与えていることが明らかになった。モデル2はこれらの変数に加えて、
組織の属性を示す設置形態と設置年、そして卒業研究の有無を投入した。
このモデルでは、調整済み決定係数はほぼ変わらず、ST比のみが負の影
響を与える結果となった。モデル3はモデル2に加えて、中分類を投入
した。調整済み決定係数は依然として低いものの、これまでのモデルよ
りも多少高く、モデルの適合度は7.4%となった。偏差値、ST比、そし
て中分類は文学系を基準とし、史学系ダミー、哲学系ダミーが負の影響
を与えていることが明らかになった。このうちST比と哲学系ダミーが
相対的に影響力をもっている。

表 1-7　中分類別の重回帰分析

| | 文学系 | 史学系 | 哲学系 |
|---|---|---|---|
| 偏差値 | -0.017 | -0.043 | -0.302** |
| ST 比 | -0.192** | -0.059 | -0.205 |
| 進学率 | -0.133* | 0.096 | 0.241* |
| 設置形態（私立ダミー） | 0.066 | 0.180 | -0.038 |
| 設置年 | 0.079 | 0.166 | -0.032 |
| 卒業研究の有無（必修ダミー） | 0.004 | 0.268* | -0.131 |
| 調整済み R2 | 0.048 | 0.031 | 0.255 |
| F 値 | 4.078** | 1.378 | 4.937*** |
| N | 365 | 72 | 70 |

数値はいずれも標準偏回帰係数　　　　　*** p < .001，** p < .01，* p < .05

　すでに相関分析においてみたように、中分類による違いは少なから
ず生じている。そこで改めて、中分類ごとにモデル2を前提とした重回
帰分析を行ったのが表1-7である。文学系ではST比と進学率が必修単
位率に負の影響を与えている。史学系では卒業研究の有無だけが正の
影響を与えているが、F値が有意でないためこの重回帰式自体が成立し
ない。ただし、卒業研究の有無を独立変数とする単回帰分析の結果は
F=4.694*で有意である。調整済み決定係数は0.049と4.9%の説明力だが、
回帰係数は0.062*で有意、定数は0.212である。すなわち、卒業研究が

必修でない場合は21.2％の必修単位率であるが、必修の場合には6.2ポイント増加することを意味している。そして、哲学系では偏差値が負の影響を、進学率が正の影響を与えており、その影響力は文学系よりも大きくなっている。また、文学系の調整済み決定係数は低かったが、哲学系はこれらよりも高く、モデルの適合度は25.5％である。

　こうした分析結果からは人文科学系全体の分析において有意とならなかった進学率や卒業研究の影響力が明らかになるとともに、進学率の影響力については文学系と哲学系で正負の逆転が生じていることがわかる。したがって、中分類それぞれのカリキュラムに応じて必修単位率の規定要因が異なっていると考えられる。

## 6. 分析結果のまとめ

　最後にこれまでの分析結果を踏まえたうえで、人文科学系分野の必修単位率の規定要因についてまとめ、3節で示した着眼点から整理することとする。

　重回帰分析の結果、人文科学系分野では説明力は低いものの、偏差値とST比が負の影響を与えていることがわかった。すなわち、偏差値が低いほど必修単位率が高くなるのである。十分な学力や学習意欲、学習習慣が身についていない学生が多い場合には、基礎科目も含めて必修科目として適切な履修科目を配置することが必要になると推察される。逆に、自律的に学習する習慣が身についている学生が多いところでは学生の判断に任せられるということだろう。また、ST比が小さいほど必修単位率が高くなるということは、逆にいえばST比が大きいほど必修単位率が低くなるということである。ST比が大きければ、それだけ必修科目を多く用意するのに、担当教員の人数や教員一人当たりの担当コマ数の増加が負担となり、さらに、時間割や教室の調整等も難しくなるだろう。こうしたコストの観点から、ST比が大きくなるほど必修科目を設置しづらくなることは容易に考えられる。

　人文科学系分野の分析ではさらに中分類の影響力が示唆された。文学

系に比して史学系や哲学系が必修単位率に負の影響をもたらすのである。そこで中分類ごとに分析したところ、文学系ではST比と進学率が負の影響を、史学系では単回帰分析の結果だが卒業研究の必修化が正の影響を、哲学系では偏差値が負の影響を、進学率が正の影響を与えていた。ST比と偏差値に関する説明は先と同様になるが、進学率については文学系と哲学系で相反する結果になった。合理的に考えると、大学院への進学率が高ければ進学に必要な知識や技能を網羅した体系立ったカリキュラムを整備するために必修科目も増加するのではないかと推測できる。しかし、これは哲学系にしか該当しない。

　では、こうした矛盾する結果をどのように解釈すべきか。この点、中分類にはそれぞれのカリキュラムに応じて異なる要因が作用しているが、さらにその分野固有の状況や今回の分析で扱ったサンプルにも留意する必要があると考えられる。

　文学系ではST比が必修単位率に負の影響をもたらしている。言語や文学等で構成される文学系においては、外国語の習得のために少人数授業の実施がより求められるだろう。ST比が小さいほど少人数の外国語必修科目を設定しやすく、それゆえ文学系ではST比の負の影響が表れるものと考えられる。そもそも、文学系の必修単位率は3分類のなかで最も高く、ばらつきが大きい。学科やコースの名称だけからでは言語、文学、文化のどれを中心に学ぶか判然としないため、文学系をさらに細分化した傾向を見出すのは難しいが、必修単位率が高いところには日本語、日本文学、日本文化に関するプログラムが少ない。例えば、必修単位率35%以上の140プログラムのうち日本関係はわずか23しかない。このことからも必修単位率を高める要因に、外国語の習得が関係していることがうかがえる。また、文学系は哲学系に比べて説明力も低く係数もかなり小さいものの、進学率が負の影響を与えている。文学系は哲学系よりも進学率の平均が低く、負となった結果にはサンプルの影響も無視できない。すでに文学系では進学率が偏差値と正の相関、私立を1とする設置形態と負の相関があると述べたが、今回の分析対象には研究大学に相

当する旧帝国大学が含まれていない。進学率が負になったことの解釈は難しいが、もしこれらが含まれた場合、進学率と偏差値や設置形態との相関は高まり、進学率の影響力も異なってくる可能性はあるだろう。

　他方、史学系では説明力は低いものの、卒業研究の必修化が必修単位率に正の影響を与えている。卒業研究の必修化率は文学61.4%、史学78.4%、哲学74.0％と史学系が最も高い。こうした結果は外国文学や外国語を学ぶ学科で卒業論文の選択制が半数近くに上るという谷村（2015）の調査結果とも合致している。卒業研究が最も必修化されている史学系において、卒業研究に必要な科目が整備されることにより、必修単位率が高まりカリキュラムの体系化が促されていると考えられる。

　哲学系では偏差値が負の影響、進学率が正の影響を与えており、すでにこれまでの説明とも整合するところである。これに加えて、哲学系に含まれる宗教系の学問分野固有の事情も挙げられる。必修単位率が高いところは特に宗教系の分野が多くを占めている。例えば、必修単位率30％以上の28プログラムのうち宗教系は17を数え、必修単位率上位18位までのうち15が宗教系である。中分類である哲学系には偏差値と進学率に直接の負の相関はみられなかったが、宗教系の分野は偏差値が低く進学率が高い傾向にあることから、それが哲学系の必修単位率の規定要因として反映されていると考えられる。宗教系の学科の志願者は限られているため偏差値は低くなりがちな一方で、仏教、キリスト教を問わず、大学院で学究活動に勤しみ、なかには必要な資格を取得するなどして、僧侶、牧師、神父、教師等を目指す場合も少なくないからである。

　このように、人文科学系と言っても、実際には文学系、史学系、哲学系の中分類によって必修単位率もその規定要因も多様であることが明らかになった。ここで、人文科学系におけるカリキュラム改革の動向を踏まえ着眼点として示した3点に立ち返りたい。第1に、必修単位率に象徴される「カリキュラムの柔軟化」、第2にそれとは相反する「カリキュラムの体系化」と卒業研究や進学率との関連性、第3に哲・史・文の中分類に着目した「カリキュラムの多様化」である。

　第1の点については、人文科学系全体の必修単位率は他の分野に比べても低いほうで、社会科学系に次いで少ない。したがって、選択履修の余地が大きく、カリキュラムが柔軟であることが確認できた。ちなみに、日本私立大学協会付置私学高等教育研究所プロジェクト（2011: 82）に基づいて算出すると、2010年時点の人文科学系の必修単位率の平均は約32.5%であった。今回の調査では30.5%であり、依然として柔軟な傾向に変わりはなく、若干進んだともいうことができる。第2の点については、人文科学系全体ではみられなかったものの、中分類によって影響力が異なっていた。史学系では卒業研究の必修化が必修単位率の増加に有意な影響を示し、哲学系では進学率が高いほど必修単位率が有意に増加することを確認できた。一部の分野においては、カリキュラムの体系化に卒業研究や進学率が影響しているということができる。ただし、文学系ではサンプルの制約もあるかもしれないが、進学率の影響がこれとは矛盾する結果となった。以上の結果より、第3の点については、中分類によってカリキュラムが多様化していることが明らかになった。「学科連合」と称された人文科学系分野では中分類ごとに影響力のある独立変数が異なり、さらに今回重回帰分析には投入できなかった中分類の下位の分類も必修単位率に関連している可能性が示唆された。いずれにしても、人文科学の場合は中分類も含めてモデルの説明力が低いこともあり、人文科学としての統一的説明を行うには限界がある。分析に投入した以外の変数も含めて、個別の分野ごとに検討する余地が残されていると考えられる。

【参考文献】

天野郁夫（2009）『大学の誕生（上）』中央公論新社.

「人文系学士課程教育における卒業論文がもたらす学習成果の検証」編集委員会編（2015）『人文系学士課程教育における卒業論文がもたらす学習成果の検証』（人文叢書5）学習院大学人文科学研究所.

黒河内利臣（2008）「大学教育における卒論の重要性に関する一考察：大学教育の学習効果を測定する卒論の機能について」『大学教育学会誌』30（1）：90-95.

九州大学文学部編（2000）『コア・カリキュラム（文学分野）の研究・開発〔報告書〕：21世紀の文学部教育に向けて』九州大学文学部.

文部科学省（2015）「別紙1 国立大学法人の第2期中期目標期間終了時における組織及び業務全般の見直しについて」文部科学大臣通知「国立大学法人等の組織及び業務全般の見直しについて」（平成27年6月8日文科高第269号）

（https://www.mext.go.jp/component/a_menu/education/detail/__icsFiles/afieldfile/2015/10/01/1362382_1.pdf, 2021.5.13）

日本私立大学協会付置私学高等教育研究所プロジェクト「私学学士課程教育における"学士力"育成のためのプログラムと評価」（2011）『第2回学士課程教育の改革状況と現状認識に関する調査報告書』.

岡本茜・小方直幸（2019）「人文科学分野の入学および卒業後の動向に関する資料：学校基本調査に基づく長期的な趨勢」『大学経営政策研究』9：177-193.

隠岐さや香（2018）『文系と理系はなぜ分かれたのか』星海社.

佐久間淳一（2017）「人文系の学士課程教育について：人文系の再編を契機とした教育改革の試み」『名古屋高等教育研究』17：17-31.

篠田雅人・日下田岳史（2015）「人文科学系学士課程教育における卒業論文の意味付け」「人文系学士課程教育における卒業論文がもたらす学習成果の検証」編集委員会編（2015）『人文系学士課程教育における卒業論文がもたらす学習成果の検証』（人文叢書5）学習院大学人文科学研究所，4-14.

杉谷祐美子（2002）「文学部のカリキュラムの幅広さ：自然科学系分野の履修を含めて」国立教育政策研究所・科学技術政策研究所共同研究プロジェクトチーム『これからの研究開発と人材養成等の諸政策の連携・統合に関する調査研究平成13年度年次報告（最終報告）』国立教育政策研究所・高等教育研究部，71-86.

谷村英洋（2015）「多彩な人文系諸学問と卒業論文」「人文系学士課程教育における卒業論文がもたらす学習成果の検証」編集委員会編（2015）『人文系学士課程教育における卒業論文がもたらす学習成果の検証』（人文叢書5）学習院大学人文科学研究所，30-33.

豊島継男（2005）「伝統学部改革の断面図第2回：文学部」『Between』（214）（https://berd.benesse.jp/berd/center/open/dai/between/2005/0607/03dento_01.shtml，2021.5.13）

宇田敏彦 (2001)「人文科学」『日本大百科全書 (ニッポニカ)』小学館
　　(JapanKnowledge, https://japanknowledge-com.hawking1.agulin.aoyama.
　　ac.jp, 2021.2.17)
渡辺一民 (1986)「文学部の専門教育」『大学における専門教育の改善充実に
　　ついて：専門教育研究委員会報告』(J.U.A.A. 内外大学関係情報資料 12)
　　財団法人大学基準協会，68-74.
吉田文 (2008)「学際的カリキュラムの陥穽：人文・社会系学部の学士課程
　　カリキュラム」『名古屋高等教育研究』8：155-172.

# 第2章　社会科学系学科のカリキュラム：
## 下位分類に着目して

葛城　浩一（神戸大学）

## 1.　分野定義（歴史概観）

　本章で取り上げる社会科学系は、人文科学系と並ぶ代表的な文系分野である。広義に捉えればその裾野は広く、特に人文科学系との区別もつきにくくなってくる。そこでまずは本章でいう「社会科学系」の定義を明確にしておきたい。文部科学省の学科系統分類表によれば、社会科学系は11の「大分類」のひとつに位置づけられており、その「中分類」は「法学・政治学関係」、「商学・経済学関係」、「社会学関係（社会事業関係を含む）」、「その他」とされている。これに基づき、「法学・政治学系」、「商学・経済学系」、「社会学系」等を主たる構成要素とするのが、本章でいう「社会科学系」である。

　こうした社会科学系がどのような歴史的変遷を経て現在に至ったのかを理解しておくことは、そのカリキュラムのありようを解釈する上で基礎的な情報となるだろう。そこで以下ではその歴史的変遷を概観したい。

　社会科学系の中で歴史がもっとも古いのが「法学・政治学系」であり、その歴史は帝国大学発足時まで遡る。ここで興味深いのは、天野（2009）の「明治一〇年代後半の政治の季節がもたらした強い危機感を背景に、伊藤博文と森有礼の手で構想され、創設された帝国大学の「帝国」大学である所以は、五分科大学のなかで最も重視されたのが法科大学［法律学科と政治学科で構成］であったという点に、象徴的に示されている」（p.102、角括弧内は筆者）という指摘である。すなわち、現在につながる高等教育システムの原初において、他の学問分野よりも重きを置かれていたという、いわば「由緒正しき血統」を持っているのが「法学・政治学系」ということである。

その後、高等教育の大衆化とともに立ち現れてきたのが、「商学・経済学系」である。天野（2013）によれば、大学令の公布以後、次々に正規の大学へと昇格を果たした、私立セクター全体の中核であったのが社会科学系の専門学校であるが、その多くは明治の前期に法学系私学として設立され、やがて商学・経済などの新しい専門分野を加えて規模を拡大していった。その結果、明治末から大正期になると、「法学・政治学系」に代わって「商学・経済学系」の卒業者が急増していくことになる。官公吏になることが立身出世の王道とされ、西欧の近代法を学ぶことが啓蒙の時代の若者に最もふさわしいことだとみなされていた明治期には主流であった「法学・政治学系」が、大正期に始まった実業と「サラリーマン」の時代への転換に対応する形で進行した高等教育の構造的な変化により、「商学・経済学系」に取って代わられたわけである。社会科学系カリキュラムの中で、「法学・政治学系」と「商学・経済学系」との差異があるのであれば、現在につながる高等教育の黎明期に「由緒正しき血統」を持つ「法学・政治学系」と、（その血は引きつつも）高等教育の大衆化の象徴ともいえる「商学・経済学系」といった歴史的背景が関係している可能性は考慮してもよいだろう。

　さて、残る「社会学系」については、「商学・経済学系」のように「法学・政治学系」から派生して立ち現れてきたというわけではない。ただし、無関係というわけでもなく、川合（2001）によれば、東京大学法理文学部で「お雇い外国人」であったアーネスト・フェノロサが、明治10年代に政治学を教授するにあたってその前提としてsociologyを講義したことが、日本の大学における「社会学」の出発点とされてはいる。また、普及のタイミングも「商学・経済学系」に比べれば随分と遅く、先述のように「法学・政治学系」に代わって「商学・経済学系」の卒業者が急増し始める明治末（正確には明治36年）になってようやく、東京帝国大学文科大学に日本最初の社会学研究室が開設されるに至っている。社会科学系カリキュラムの中で、「法学・政治学系」、「商学・経済学系」と「社会学系」との差異があるのであれば、「血統」を同じくするか否かという歴史

的背景が関係している可能性は考慮してもよいだろう。

## 2. 分析の枠組み

　以上みてきたように、社会科学系の「中分類」にあたる「法学・政治学系」、「商学・経済学系」、「社会学系」は、その歴史的背景が異なっており、その差異が直接的・間接的に与える影響によって、それらのカリキュラム間には小さからぬ差が生じている可能性がある。そこで本章の分析では、社会科学系という「大分類」による分析のみならず、「中分類」による分析も行うこととする。なお、先述のように、社会科学系の「中分類」は「法学・政治学関係」、「商学・経済学関係」、「社会学関係（社会事業関係を含む）」、「その他」とされているが、このうち「その他」は除くこととする。

　さて、「中分類」のカリキュラム間に小さからぬ差が生じている可能性があるということは、さらなる（明確な）下位分類が想定されるのであれば、そのカリキュラム間にも小さからぬ差が生じている可能性があるということでもある。他の系統であれば、そこまで踏み込んだ分析を行うことはサンプルサイズの関係で難しいのだが、幸いにも社会科学系のサンプルサイズは「中分類」レベルでも他の系統の「大分類」レベルに相当するボリュームがあるため、それが可能である。そこで本章ではさらなる下位分類による分析も行うこととする。

　さらなる下位分類を抽出する手がかりとなるのが、学位に付記する専攻分野の名称（以下、学位付記名と表記）である。現在、学位付記名は各大学が比較的自由に決めることができるため、その数は実に700種類以上にのぼっている。文字通り「大学オリジナル」の学位付記名も少なくなく、それは社会科学系においても例外ではない。学位付記名が2桁以上のものをリストアップしたのが表2-1である[1]。

　これを「大分類」でみると、網掛けしている上位6つの学位付記名では、社会科学系カリキュラム全体の7割ほどしかカバーできないことが確認できる（残りの3割は「大学オリジナル」のものが大半を占めている）。ま

表 2-1　主要な学位付記名

| | 大分類 | | 中分類 | | | | | |
|---|---|---|---|---|---|---|---|---|
| | 社会科学系 | | 法学・政治学系 | | 商学・経済学系 | | 社会学系 | |
| 経済学 | 204 | 20.5% | 1 | 0.6% | 202 | 35.3% | 1 | 0.4% |
| 経営学 | 185 | 18.6% | 1 | 0.6% | 183 | 31.9% | 1 | 0.4% |
| 法学 | 133 | 13.3% | 128 | 76.6% | 2 | 0.3% | 3 | 1.2% |
| 社会福祉学 | 66 | 6.6% | 0 | 0.0% | 0 | 0.0% | 66 | 25.7% |
| 商学 | 64 | 6.4% | 1 | 0.6% | 63 | 11.0% | 0 | 0.0% |
| 社会学 | 58 | 5.8% | 0 | 0.0% | 1 | 0.2% | 57 | 22.2% |
| 経営情報学 | 21 | 2.1% | 0 | 0.0% | 21 | 3.7% | 0 | 0.0% |
| 総合政策学 | 21 | 2.1% | 1 | 0.6% | 2 | 0.3% | 18 | 7.0% |
| 心理学 | 15 | 1.5% | 0 | 0.0% | 0 | 0.0% | 15 | 5.8% |
| 経営経済学 | 12 | 1.2% | 0 | 0.0% | 12 | 2.1% | 0 | 0.0% |
| 現代社会学 | 10 | 1.0% | 0 | 0.0% | 0 | 0.0% | 10 | 3.9% |
| 政治学 | 10 | 1.0% | 10 | 6.0% | 0 | 0.0% | 0 | 0.0% |
| 人間社会学 | 10 | 1.0% | 0 | 0.0% | 0 | 0.0% | 10 | 3.9% |

た、「中分類」でみると、「法学・政治学系」では、「法学」という学位付
記名のみで8割弱はカバーできるのに対し、「商学・経済学系」では、「経
済学」、「経営学」、「商学」といった学位付記名を合わせてようやく8割
弱はカバーできること、残る「社会学系」では、「社会福祉学」と「社会
学」を合わせても半数もカバーできないことが確認できる。このことは、
「中分類」による分析は、（「法学・政治学系」はさておき、）「商学・経済
学系」であればまだしも、「社会学系」では異質なものが多く混ざり込ん
でしまう可能性が小さくないことを意味している。例えば、「社会福祉
学」は「社会学系」の傍流ともいえるため、その中核をなす「社会学」の
イメージからすれば、その異質さは際立っているともいえよう。いうま
でもなく、「中分類」の中核をなすものと異質なものとは歴史的背景が異
なっているから、その差異が直接的・間接的に与える影響によって、そ
れらのカリキュラム間には小さからぬ差が生じている可能性があること
には留意したい。
　こうした結果からも、「中分類」による分析だけでは十分でないこと
がわかるだろう。そこで以下では、これら主要な学位付記名による分析

（以下、「小分類」による分析と表記）も行う。分析の対象となる学科・カリキュラムは表2-2に示す通りである。

表2-2　分析の対象となる学科・カリキュラム

| | 大分類 | 中分類 | | |
|---|---|---|---|---|
| | 社会科学系 | 法学・政治学系 | 商学・経済学系 | 社会学系 |
| 学科 | 806 | 132 | 475 | 199 |
| カリキュラム | 998 | 167 | 574 | 257 |

| | | 小分類 | | | | | |
|---|---|---|---|---|---|---|---|
| | | 法学 | 商学 | 経済学 | 経営学 | 社会学 | 社会福祉学 |
| 学科 | | 100 | 55 | 171 | 156 | 39 | 51 |
| カリキュラム | | 128 | 63 | 202 | 183 | 57 | 66 |

## 3.　必修単位率

### 3.1　先行研究の整理

　本節では、表2-2に示した分析の対象となるカリキュラムに基づき、その必修単位率についてみていく。まずはそれに先立ち、社会科学系の必修単位率について、先行研究で明らかになっていることを確認しよう。

　吉田（2008）は、学部を対象として行ったアンケート調査に基づき、大綱化以降のカリキュラムの変化がどのようなものであったのかについて明らかにしている。ここで興味深いのは、「文系学部において「学生の科目選択の幅が拡大した」とするところが多く、科目選択の幅を拡大する方針のもとで、実際にも改革が行われてきたことと思われる」（p.166）との指摘である。すなわち、社会科学系を含む文系学部においては、大綱化以降のカリキュラムの変化において、必修単位率を減じさせるような右肩下がりの力学が働いてきたということである。

　その結果、大綱化の前後で、必修単位率にはどの程度の変化が生じたのだろうか。非常に興味がわくところではあるが、残念ながら大綱化以前の状況を把握できる先行研究は管見の限り見当たらないため、その変

化を追うことはできない。一方、大綱化以降については、例えば、私学高等教育研究所が学科を対象として行ったアンケート調査から、必修単位率の実態を把握することができる。小島(2011)によれば、人文社会系はその他の専門領域に比べ、必修単位率が少ないことがうかがえる（なお、その差は専門科目によるところが大きい）[2]。

　このように、社会科学系という「大分類」における必修単位率の実態を把握することができる先行研究は、限られてはいるものの存在する。しかし、下位分類における必修単位率の実態まで（総合的に）把握することができる先行研究となると、管見の限り皆無である。そこで以下では、「中分類」及び「小分類」における実態まで確認していきたい。

### 3.2　必修単位率の基本統計量

　必修単位率の基本統計量を示したのが表2-3である。まず「大分類」でみると、平均値は2割程度に過ぎないことが確認できる。これは他の主要系統（人文科学系、理学系、工学系、農学系を指す[3]、以下同様）と比べると非常に低い値である（主要系統全体だと33.7%）。中央値でも2割程度に過ぎないことに鑑みれば、社会科学系では必修単位率2割程度でさえ、半数のカリキュラムでは担保されていないということである。なお、最小値0%から最大値98.6%まで極めて多様であり、ひとつも必修科目がないカリキュラムもあれば（しかも30件もある）、ほぼすべて必修科目であるカリキュラムもあることには留意しておきたい。

　また、「中分類」でみると、平均値は「法学・政治学系」でもっとも低く2割にも満たず、特に「社会学系」との間には大きな差がみられる。一元配置分散分析では有意な差が確認できた（$p < 0.001$）ため、多重比較（Tukey法による、以下同様）を行ったところ、「法学・政治学系」及び「商学・経済学系」と「社会学系」との間で有意な差も確認できた（いずれの群間も$p < 0.001$）。なお、最小値0%の30件のうち、10件が「法学・政治学系」、20件が「商学・経済学系」であり、最大値98.6%は「社会学系」である。

**表 2-3　必修単位率の基本統計量**

| | 大分類 | 中分類 | | |
|---|---|---|---|---|
| | 社会科学系 | 法学・政治学系 | 商学・経済学系 | 社会学系 |
| 平均値 | 23.8% | 19.2% | 22.2% | 30.4% |
| 中央値 | 21.9% | 14.5% | 20.3% | 29.0% |
| 最小値 | 0.0% | 0.0% | 0.0% | 1.6% |
| 最大値 | 98.6% | 64.5% | 68.8% | 98.6% |
| 標準偏差 | 15.2% | 15.4% | 13.6% | 16.5% |

| | 小分類 | | | | | |
|---|---|---|---|---|---|---|
| | 法学 | 商学 | 経済学 | 経営学 | 社会学 | 社会福祉学 |
| 平均値 | 20.4% | 17.2% | 18.0% | 23.7% | 24.5% | 37.3% |
| 中央値 | 17.2% | 15.3% | 16.5% | 22.6% | 25.8% | 29.8% |
| 最小値 | 0.0% | 0.0% | 0.0% | 0.0% | 4.8% | 8.1% |
| 最大値 | 64.5% | 50.8% | 66.1% | 68.8% | 48.4% | 98.6% |
| 標準偏差 | 16.1% | 11.5% | 10.6% | 15.0% | 11.6% | 23.8% |

　さらに、「小分類」でみると、「商学・経済学系」では、平均値は「商学」でもっとも低く、特に「経営学」との間には比較的大きな差がみられる。一元配置分散分析では有意な差が確認できた（$p < 0.001$）ため、多重比較を行ったところ、「商学」及び「経済学」と「経営学」との間で有意な差も確認できた（「商学」と「経営学」の間は$p < 0.01$、「経済学」と「経営学」の間は$p < 0.001$）。一方、「社会学系」では、平均値は「社会学」の方が低く、「社会福祉学」との間には大きな差がみられる。t検定では有意な差も確認できた（$p < 0.001$）。

　なお、必修単位率からみると「小分類」間にはこのような差が確認できるが、必修科目の内容にまでふみこんでみると、また異なる様相を呈していることだろう。本章では紙幅の関係でそこまでの検討を行うことはできないので、本研究と同様のデータを用いた先行研究の結果を紹介するに留めたい。葛城・宇田（2020）は、大学設置基準の大綱化以前に存在していた「必置科目」を手がかりに、それが現在、必修科目としてどの程度設定されているのかを検討している。その結果、「必置科目」が必修科

目として設定されている割合は総じて低いながらも、特に「経済学」では「商学」・「経営学」に比べてその割合が低いことを明らかにしている。このように、必修科目の内容にまでふみこんでみると、「商学・経済学系」の「小分類」の中でも特に「経済学」では、必修科目とするか否かの判断をする際に、異なる力学が働いている可能性がうかがえる。

## 4. 必修単位率の違いが生じるわけ

　それでは、こうした必修単位率の違いはなぜ生じるのだろうか。本節では、必修単位率の違いが共通独立変数として設定している偏差値、ST比、進学率によりどのように規定されるのか検討したい。

### 4.1　社会科学系カリキュラムの特徴

　その分析に先立ち、まずは共通独立変数である偏差値、ST比、進学率といった観点から、社会科学系カリキュラムの特徴を確認しておこう。

　まず偏差値について、その分布割合を「大分類」でみると、「40未満」の割合は45.7%であり、他の主要系統と比べるともっとも高い値であることが確認できた（主要系統全体だと31.8%、なお、以下の値も「40未満」の割合）。また、「中分類」でみると、「社会学系」でもっとも高く（51.0%）、特に「法学・政治学系」（27.5%）との間には非常に大きな差がみられた（なお、「商学・経済学系」は48.6%）。さらに、「小分類」でみると、「商学・経済学系」では、「経営学」でもっとも高く（51.4%）、特に「経済学」（37.1%）との間には大きな差がみられた（なお、「商学」は42.9%）。一方、「社会学系」では、「社会福祉学」の方が高く（74.2%）、「社会学」（24.6%）との間には非常に大きな差がみられた。

　次にST比について、その基本統計量を「大分類」でみると、平均値は37.9名であり、他の主要系統と比べるともっとも高い値であることが確認できた（主要系統全体だと29.3名、なお、以下の値も平均値）。また、「中分類」でみると、「法学・政治学系」でもっとも高く（43.1名）、特に「社会学系」（31.3名）との間には大きな差がみられた（なお、「商学・経

済学系」は 39.3 名）。さらに、「小分類」でみると、「商学・経済学系」では、「商学」でもっとも高いものの（41.8 名）、大きな差はみられなかった（「経済学」は 40.9 名、「経営学」は 40.5 名）。一方、「社会学系」では、「社会学」の方が高く（40.6 名）、「社会福祉学」（24.0 名）との間に大きな差がみられた。

　最後に進学率について、その基本統計量を「大分類」でみると、平均値は 2.5％であり、他の主要系統と比べるともっとも低い値であることが確認できた（主要系統全体だと 15.7％、なお、以下の値も平均値）。また、「中分類」でみると、「商学・経済学系」でもっとも低く（1.9％）、「法学・政治学系」（4.4％）との間には比較的大きな差がみられた（なお、「社会学系」は 2.7％）。さらに、「小分類」でみると、「商学・経済学系」では、「商学」と「経営学」でもっとも低いものの（1.7％）、「経済学」（1.9％）との間に大きな差はみられなかった。一方、「社会学系」でも、「社会学」、「社会福祉学」との間に大きな差はみられなかった（いずれも 2.4％）。

表 2-4　社会科学系カリキュラムの特徴

| 中分類 | | 偏差値：40 未満の割合 | 法学・政治学系＜商学・経済学系，社会学系 |
| --- | --- | --- | --- |
| | | ST 比 | 社会学系＜商学・経済学系＜法学・政治学系 |
| | | 進学率 | 商学・経済学系＜社会学系＜法学・政治学系 |
| | | 必修単位率 | 法学・政治学系，商学・経済学系＜社会学系 |
| 小分類 | 商学・経済学系 | 偏差値：40 未満の割合 | 経済学＜経営学 |
| | | ST 比 | － |
| | | 進学率 | － |
| | | 必修単位率 | 商学，経済学＜経営学 |
| | 社会学系 | 偏差値：40 未満の割合 | 社会学＜社会福祉学 |
| | | ST 比 | 社会福祉学＜社会学 |
| | | 進学率 | － |
| | | 必修単位率 | 社会学＜社会福祉学 |

さて、これらの結果を「有意な差（関連）」（有意水準5％）という観点
で整理したのが表2-4である[4]。なお、ここには前節で示した必修単位
率の結果（網掛け部分）についてもあわせて示している。これをみると
「中分類」による有意な差があるだけでなく、「小分類」による有意な差も
あること（特に「社会学系」で顕著）が改めてわかるだろう。こうした差
が必修単位率の違いに関係してくる可能性は小さくないと考える。

## 4.2　必修単位率の規定要因

　こうした社会科学系カリキュラムの特徴をふまえつつ、以下では、偏
差値、ST比、進学率、そして下位分類を独立変数、必修単位率を従属変
数とした重回帰分析を行う。用いる変数は、上記の変数に加え、統制変
数としての設置形態と設置年[5]である。このうち下位分類と設置形態は
ダミー変数（前者は当該カテゴリを1、その他を0、後者は私立を1、そ
の他を0）であるが、その他の変数はすべて実数である。なお、下位分
類の影響によって結果は少なからず変わってくるため、下位分類の変数
を投入しない分析と投入した分析を行う[6]。

　「大分類レベル」における重回帰分析の結果を示したのが表2-5である。
まず、下位分類の変数を投入しない結果（表2-5左側）をみると、「偏差
値」と「ST比」が必修単位率に有意な負の影響を与えているのに対し、「進
学率」は有意な影響を与えていないことが確認できる。すなわち、偏差
値とST比についてはそれらが高い学科のもとにあるカリキュラムほど
必修単位率は低くなるが、進学率についてはそれがどの程度の学科のも
とにあるカリキュラムであろうが、必修単位率は大きくは変わらないと
いうことである。

　また、下位分類の変数を投入した結果（表2-5右側）をみると、（いず
れについても）先に示した結果と同様、「偏差値」と「ST比」が必修単位
率に有意な負の影響を与えていることに加え、下位分類（ここでは「中分
類」）が有意な影響を与えていることも確認できる。すなわち、「商学・
経済学系ダミー」を投入したモデルではそれが有意な負の影響を、「社会

表 2-5　必修単位率の規定要因（「大分類」レベル）

| | 下位分類非投入 | 下位分類投入 | | |
|---|---|---|---|---|
| | | 法学・政治学系 | 商学・経済学系 | 社会学系 |
| 私立ダミー | 0.006 | 0.010 | -0.033 | -0.047 |
| 設置年 | 0.131 *** | 0.123 *** | 0.123 *** | 0.090 ** |
| 偏差値 | -0.199 *** | -0.196 *** | -0.226 *** | -0.230 *** |
| ST 比 | -0.216 *** | -0.213 *** | -0.187 *** | -0.156 *** |
| 進学率 | 0.024 | 0.035 | -0.004 | 0.022 |
| 法学・政治学系ダミー | – | -0.042 | – | – |
| 商学・経済学系ダミー | – | – | -0.129 *** | – |
| 社会学系ダミー | – | – | – | 0.187 *** |
| 調整済み $R^2$ | 0.150 | 0.151 | 0.164 | 0.179 |
| F 値 | 34.705 *** | 29.227 *** | 32.152 *** | 35.732 *** |

注：値は標準化偏回帰係数。*** $p < 0.001$，** $p < 0.01$，* $p < 0.05$。以下同様。

学系ダミー」を投入したモデルではそれが有意な正の影響を与えている
ことから、「商学・経済学系」はその他の「中分類」に比べ、必修単位率
が低くなるのに対し、「社会学系」はその他の「中分類」に比べ、必修単
位率が高くなるということである。「偏差値」や「ST比」との相対的な影
響力の大きさでいえば、「商学・経済学系」という学問分野の影響力はそ
れらには及ばないが、「社会学系」という学問分野の影響力はそれらに匹
敵するものである。

　こうした結果からも、社会科学系という「大分類」における必修単位
率の規定要因は、下位分類によって少なからず異なるであろうことが
うかがえる。そこで、「中分類」レベルの結果についても確認しておき
たい。「中分類レベル」における重回帰分析の結果を示したのが表2-6
である。まず、下位分類の変数を投入しない結果（表2-6上側）をみる
と、「偏差値」については、いずれの「中分類」においても、先に示し
た「大分類」の結果と同様、必修単位率に有意な負の影響を与えている
のに対し、「ST比」については、有意な負の影響を与えているのは「商
学・経済学系」のみであることが確認できる。また、「大分類」の結果で
は有意な影響を与えていなかった「進学率」については、「法学・政治学

表 2-6　必修単位率の規定要因（「中分類」レベル）

| | 下位分類非投入 | | |
|---|---|---|---|
| | 法学・政治学系 | 商学・経済学系 | 社会学系 |
| 私立ダミー | 0.221 * | -0.096 | -0.025 |
| 設置年 | -0.074 | 0.186 *** | -0.008 |
| 偏差値 | -0.336 *** | -0.224 *** | -0.197 * |
| ST 比 | -0.067 | -0.205 *** | -0.136 |
| 進学率 | 0.306 *** | -0.007 | -0.092 |
| 法学ダミー | − | | |
| 商学ダミー | | − | |
| 経済学ダミー | | − | |
| 経営学ダミー | | − | |
| 社会学ダミー | | | − |
| 社会福祉学ダミー | | | − |
| 調整済み R² | 0.141 | 0.185 | 0.073 |
| F 値 | 6.306 *** | 26.169 *** | 4.753 *** |

| | 下位分類投入 | | | | | |
|---|---|---|---|---|---|---|
| | 法学・政治学系 | 商学・経済学系 | | | 社会学系 | |
| | 法学 | 商学 | 経済学 | 経営学 | 社会学系 | 社会福祉学 |
| 私立ダミー | 0.233 * | -0.095 | -0.127 * | -0.110 * | -0.015 | -0.003 |
| 設置年 | -0.046 | 0.173 *** | 0.150 *** | 0.170 *** | -0.021 | 0.039 |
| 偏差値 | -0.317 *** | -0.225 *** | -0.211 *** | -0.230 *** | -0.167 * | -0.152 |
| ST 比 | -0.066 | -0.207 *** | -0.195 *** | -0.207 *** | -0.113 | -0.092 |
| 進学率 | 0.286 *** | -0.008 | -0.013 | -0.004 | -0.104 | -0.087 |
| 法学ダミー | 0.092 | | | | | |
| 商学ダミー | | -0.040 | − | − | | |
| 経済学ダミー | | − | -0.160 *** | − | | |
| 経営学ダミー | | − | − | 0.072 | | |
| 社会学ダミー | | | | | -0.118 | − |
| 社会福祉学ダミー | | | | | − | 0.183 ** |
| 調整済み R² | 0.143 | 0.185 | 0.207 | 0.189 | 0.081 | 0.097 |
| F 値 | 5.500 *** | 21.965 *** | 25.039 *** | 22.455 *** | 4.491 *** | 5.256 *** |

注：網掛けは該当しないことを意味する。その他は表 2-5 と同様。

系」で有意な正の影響を与えていることが確認できる。

　こうした結果をさらに検討するために、下位分類の変数を投入した結果（表 2-6 下側）をみると、「法学・政治学系」では、下位分類（ここでは

「小分類」）が必修単位率に有意な影響を与えていないのに対し、「商学・経済学系」と「社会学系」では下位分類が有意な影響を与えていることが確認できる。すなわち、「商学・経済学系」では、「経済学ダミー」が有意な負の影響を、「社会学系」では、「社会福祉学ダミー」が有意な正の影響を与えていることから、「商学・経済学系」では、「経済学」はその他に比べ、必修単位率が低くなるのに対し、「社会学系」では、「社会福祉学」はその他に比べ、必修単位率が高くなるということである。なお、「偏差値」等との相対的な影響力の大きさでいえば、「商学・経済学系」の「経済学」という学問分野の影響力はそれらには及ばないが、「社会学系」の「社会福祉学」という学問分野の影響力はそれらを上回るものである。なお、後者の「社会学系」については、「偏差値」が必修単位率に有意な影響を与えていないことから、下位分類の変数を投入しない結果で確認された「偏差値」の有意な影響は、「社会福祉学」という学問分野の影響力を少なからず反映したものであったと考えられる。

## 5.　まとめと考察

　前節の重回帰分析の結果（下位分類の変数を投入した結果）を、「有意な影響」（$p < 0.05$）という観点で整理したのが表2-7である。有意な影響を与える結果が得られた部分には「○」を付している。これをみると、社会科学系という「大分類」では、偏差値とST比は有意な（負の）影響を与えているのに対し、進学率は有意な影響を与えていないのだが、「中分類」では必ずしも同様の結果が得られているわけではないことが改めてわかるだろう。そこで本章の最後に、「大分類」ではなぜこのような結果が得られたのか、また、「中分類」との間になぜこのような違いが生じているのかについて考察したい。

表 2-7　必修単位率に与える有意な影響一覧

| | 大分類 | 中分類 | | |
|---|---|---|---|---|
| | 社会科学系 | 法学・政治学系 | 商学・経済学系 | 社会学系 |
| 偏差値 | ○ | ○ | ○ | |
| ST 比 | ○ | | ○ | |
| 進学率 | | ○ | | |
| 下位分類 | ○ | | ○ | ○ |

　まずは「大分類」で得られた結果について考察しよう。偏差値につい
ては、偏差値が低い学科のもとにあるカリキュラムであれば、基礎学力
や学習習慣、学習への動機づけの欠如といった学習面での問題を抱えて
いる学生を想定しているであろうから、そうした学生に対応するために、
学生の学びを方向づける必修科目の提供は選択されやすくなると考えら
れる。先の4節1項で確認したように、社会科学系は偏差値「40未満」の
割合が他の主要系統と比べるともっとも高い値であることに鑑みれば、
社会科学系ではそうした力学が強く働きやすいのだろう。

　またST比については、ST比が高い学科のもとにあるカリキュラムで
あれば、教育効果を勘案しつつ、同一科目を一定数開講しなくてはなら
なくなる等、選択科目の提供に比べより多くのコストを要する必修科目
の提供は選択されにくくなると考えられる。こちらも先の4節1項で確
認したように、社会科学系はST比の平均値が他の主要系統と比べると
もっとも高い値であることに鑑みれば、社会科学系ではそうした力学が
強く働きやすいのだろう。

　最後に進学率については、進学率が高い学科のもとにあるカリキュラ
ムであれば、進学に備えてある程度体系だった知識が必要になるため、
それを担保する必修科目の提供は選択されやすくなるとは考えられる。
しかし、こちらも先の4節1項で確認したように、社会科学系は進学率
の平均値が他の主要系統と比べるともっとも低い値であることに鑑みれ
ば、社会科学系ではそうした力学は働きにくいのだろう。

　それでは、このような「大分類」で得られた結果と、「中分類」で得ら

れた結果との間に違いが生じているのはなぜなのだろうか。具体的には、「社会学系」では、偏差値とST比が有意な影響を与えておらず、「法学・政治学系」ではST比が有意な影響を与えていない一方で、進学率が有意な（正の）影響を与えているのはなぜなのだろうか。

　まず前者の「社会学系」について、偏差値が有意な影響を与えていないのは、先の重回帰分析で確認したように、下位分類を考慮しなければ偏差値が有意な影響を与えていたことに鑑みれば、そもそも偏差値の違いが下位分類の構成の違いを少なからず反映したものであったからなのではないかと考えられる。だからこそ、偏差値が相対的に低い「社会福祉学」という下位分類が有意な影響を与えているのに対し、偏差値が相対的に高い「社会学」という下位分類は有意な影響を与えていないのだろう。また、ST比が有意な影響を与えていないのは、「社会学系」のそれは「中分類」の中では有意に低い（表2-4参照）ことに加え、データのばらつきも相対的に小さい（標準偏差は13.7名、なお、「法学・政治学系」は17.0名、「商学・経済学系」は16.0名）からだと考えられる。

　後者の「法学・政治学系」についても、同じくST比が有意な影響を与えていないのだが、同様の解釈では説明がつかない。すなわち、「法学・政治学系」のST比は「中分類」の中では有意に高い（表2-4参照）ことに加え、データのばらつきも相対的に大きいからである。この点については現段階では妥当な解釈を見出せていない。一方、進学率が有意な（正の）影響を与えているのは、そもそも進学率が他の主要系統と比べるともっとも低い社会科学系にあって、「法学・政治学系」のそれは「中分類」の中では有意に高い（表2-4参照）ことに加え、データのばらつきも相対的に大きい（標準偏差は5.1%、なお、「商学・経済学系」は2.1%、「社会学系」は2.6%）からだと考えられる。すなわち、「法学・政治学系」の中でも進学率が高い学科のもとにあるカリキュラムであれば、進学先の主要なターゲットとなる法科大学院の入試や進学後の学修に備えてある程度体系だった知識が必要になるため、それを担保する必修科目の提供は選択されやすくなるのだろう。

以上みてきたように、社会科学系という「大分類」ではなぜこのような結果が得られたのか、また、「中分類」との間になぜこのような違いが生じているのかについては概ね解釈ができた。特に後者は、いわゆる「大分類」レベルと下位分類レベルでは異なる力学が働いている可能性が高いことを示唆するものである。この点は、社会科学系に限らず他の（主要）系統においても、実態を見誤ることのないよう留意しておかなければならない重要な点であると考える。

## 【注】

1) 学位付記名の中には、表記こそ異なるものの内容的には同一と推察されるものも一定数存在する。その最たる例が、「学士（○○）」と「学士（○○学）」である（○○は同一）。そこで本章では、これに該当する場合には同一と判断し、「学士（○○学）」という表記に統合する処理を行った。
2) ただし、葛城・宇田（2020）でも指摘したように、アンケート調査によって得られたこうした知見には一定の意味があるものの、アンケート調査に伴う「ネガティブな可能性」（例えば、回収率が低ければ、実態を反映した結果からかけ離れていく可能性が高いこと等を意味する、詳細は第11章の注1を参照）を孕んでいることから、それが実態とは異なったものである可能性も高いことには留意しておきたい。
3) これらを主要系統として比較対象としているのは、文部科学省による学科系統分類表の「大分類」において主要なカリキュラムを十分に含んでいると考えられるからである。
4) 偏差値については、カイ二乗検定（3群の場合は2群ずつ検定）を、ST比、進学率については、一元配置分散分析・Tukey法による多重比較（3群の場合）、t検定（2群の場合）を行った結果に基づいている。
5) 『全国大学一覧（平成30年度）』のデータをもとにしている。
6) 下位分類の変数を投入した分析では、社会科学系という集団の中で、特定の「中分類」がその他の「中分類」とどのように異なるのかを明らかにするために、複数の下位分類を同時に投入するのではなく、別個に投入している。「中分類」の分析も同様である。

## 【参考文献】

天野郁夫（2009）『大学の誕生（上）』中央公論新社.
天野郁夫（2013）『高等教育の時代（上）：戦間期日本の大学』中央公論新社.
川合隆男（2001）「近代日本社会学史研究の展開と可能性」『法學研究：法律・政治・社会』74（12）：1-35.
小島佐恵子（2011）「Ⅲ. 教育プログラムの設計」日本私立大学協会付置私学高等教育研究所プロジェクト「私学学士課程教育における"学士力"育

成のためのプログラムと評価」『第二回 学士課程教育の改革状況と現状認識に関する調査 報告書』，22-30.

葛城浩一・宇田響 (2020)「現代日本における学士課程カリキュラムの共通性：社会科学系に着目して」『東北大学高度教養教育・学生支援機構紀要』6：113-126.

吉田文 (2008)「学際的カリキュラムの陥穽：人文・社会系学部の学士課程カリキュラム」『名古屋高等教育研究』8：155-172.

# 第3章　理学系学科のカリキュラム

西村　君平（東北大学）・呉　　書雅（福島大学）

## はじめに

　本章では理学系学科を取り上げて、その必修単位率を偏差値、ST比、進学率によって説明することを試みる。

　以下では先行研究を検討したうえで本章の課題について確認する（1節）。次に理学部の制度的な位置づけや学問分野の特徴について概観し、いくつかの補助仮説を設定する（2節）。そして記述統計量（3節）、分析（4節）、知見の要約（5節）について報告する。

## 1.　先行研究の検討

　先行研究は①理学部のカリキュラム改革の実践報告、②教養教育における科学教育に関連して科学や理学部に言及する研究に大別できる。

　前者は、各大学の理念や問題意識が記述された後に、その観点からどのようなカリキュラムが設計・運営されているかが詳らかにされている（松浦 1995、安岡他 1998、安岡他 1999）。このような各大学の理念や問題意識のような当事者の目線にたってカリキュラムのあり方を説明するような研究を目的論的な説明と呼ぶことができるだろう。目的論的な説明は教育方法学やカリキュラム開発研究の伝統と親和的である。ここではカリキュラムを目的、内容、構造、評価といった要素にわけて説明しようとする考え方が共通している。大学教育の当事者としてカリキュラムの開発や運用を推進していくための基本的な考え方を教示するものとも言えるだろう。

　後者は、主に大学教育学会で盛んに研究が進められており、科学的リテラシーの涵養（鈴木 2009、細川・秀島 2009）やSTEM教育の観点か

ら（羽田2017、山田2017、細川2017、細川2018、山田2018）カリキュラムのあり方が議論されている。1991年の大学設置基準の大綱化が通奏低音となっているのか、ここではカリキュラムの体系化の重要性が共通認識となっている。このように当事者の目線というよりも高等教育制度を俯瞰して眺め、その制度的な条件や位置づけに着目してカリキュラムのあり方を説明するものを、制度論的な説明と呼ぶことができるだろう。制度論的な説明は高等教育社会学の伝統と親和的である。その知見カリキュラムの開発や運用のあり方を客観的に見直す際に有益と思われる。

　制度論的説明は目的論的研究に比べて研究の蓄積が薄い。理学部のカリキュラムについてみても、高等教育研究では必ずしも積極的には取り上げられておらず、本章のように大学の組織的条件に着目し、カリキュラムの構造を説明しようとする研究は管見の限り見当たらない。本章が理学系学科のカリキュラムの規定要因の一端を明らかにすることができれば、その知見は大学での体系的な科学教育の推進にも、間接的にではあるが関わってくるだろう。

　本章では、学問分野に加えて、教育目的、教育資源、学生集団といったこれまで看過されてきた要素に着目して、カリキュラムのあり方をどれほど説明できるか試みる。本章を通して制度論的説明の理論化を少しでも進められればと考えている。


## 2.　分析対象とその特徴

### 2.1　分析対象
　本章で取り扱う理学系学科は本章のデータセット中「学部系統（大分類）：理学、理・工学」「学科系統（中分類）：数学系、物理学系、化学系、地学系、生物系」に該当する。分析対象をカテゴリー別に整理したものが表3-1、3-2である。

表 3-1　学部系統

|  | 理学 |  | 理・工学 |  | 合計 |  |
|---|---|---|---|---|---|---|
| 国立 | 86 | 43.4% | 10 | 5.1% | 96 | 48.5% |
| 公立 | 10 | 5.1% | 2 | 1.0% | 12 | 6.1% |
| 私立 | 51 | 25.8% | 39 | 19.7% | 90 | 45.5% |
| 合計 | 141 | 74.2% | 51 | 25.8% | 198 | 100.0% |

表 3-2　学科系統

|  | 数学系 |  | 物理学系 |  | 化学系 |  |
|---|---|---|---|---|---|---|
| 国立 | 25 | 12.6% | 20 | 10.1% | 16 | 8.1% |
| 公立 | 2 | 1.0% | 2 | 1.0% | 3 | 1.5% |
| 私立 | 27 | 13.6% | 24 | 12.1% | 16 | 8.1% |
| 合計 | 54 | 27.3% | 46 | 23.2% | 35 | 17.7% |
|  | 地学系 |  | 生物学系 |  | 合計 |  |
| 国立 | 13 | 6.6% | 22 | 11.1% | 96 | 48.5% |
| 公立 | 1 | 0.5% | 4 | 2.0% | 12 | 6.1% |
| 私立 | 2 | 1.0% | 21 | 10.6% | 90 | 45.5% |
| 合計 | 16 | 8.1% | 47 | 23.7% | 198 | 100.0% |

## 2.2　理学部発足の源流

1877 年（明治 10 年）、後の帝国大学となる東京大学が発足した際の学部構成は法学、文学、医学、そして理学であった（天野 2009）。こうした経緯もあって、東京帝国大学は 1886 年の大学設置の時点で理学部を有していた。この点に理学部の源流がある。

ただし、天野（2017: 31）によれば、これに続く京都大学の場合、設置の 1897 年の段階では理学部は存在せず、理工学部があるのみである。後の 1914 年に理工学部は理学と工学に分離する。

また、東北大学は 1907 年の設置であったが、もとより科学を重視した大学として構想されていたこともあって（天野 2017: 39）、理学と農学の 2 学部体制で発足している。同時期に発足した九州大学は、大学の設立は 1910 年ではあるが理学部の誕生は 1939 年まで待たねばならない。

北海道大学は東北大学から農学部が移管される形でその歴史を始める。

大学の設置は1918年、理学部の設置は1930年である。大阪大学は1931年の創設時に理学部を持ち、名古屋大学は京都大学と同じく1939年の設置の段階では理工学部であったが、1942年に理・工が分離している。東京大学のケースだけを見ると、理学部はいかにもオーソドックスな学部といったところだが、それ以外の帝国大学をよくよく見てみると理学部は工学部と混同的に扱われることも多い。

　こうした傾向は帝国大学の例に限らない。旧制官立大学や旧制高等学校、およびそれを母体とする地方国立大学を見ても、理学は単独の学部として存在するよりも、「文理学部」や「理工学部」という形で別の学問とセットで扱われるケースが目立つ（天野 2016: 607, 622）。私立大学や公立大学も同様に理学だけが独立しているケースは少なめである。一部の旧制私立大学を除けば、私立大学や公立大学には理学部がない大学は珍しくない（天野 2016: 673-722）。

## 2.3　理学の学問としての特徴と制度としての特徴

　理学はその学問的特徴に関しても、しばしば工学との関係で語られる。正確な記述は難しいが、基礎学問としての性格が強く、学術的関心から自由に自然科学の理を究めようとするのが理学、応用学問としての性格が強く、社会実装を目指して技術開発を推進しようとするのが工学という区別は広く共有されているだろう。このように理学部は基礎研究が中心であるため、社会変動や政策動向がカリキュラムに強い影響を与える可能性は低いと予想される。この点も確認するべく、以下では学科の設置年、特に大綱化前後での変化を分析に組み込むこととする。

　その一方で、文部科学省の文書などを見ると「理工系人材」「理工分野」といった形で理学・工学は同カテゴリーでまとめて語られることが多い。理学と工学の境界は曖昧である。理学と工学は互いの教育のあり方に何かしらの影響を与えていても不思議はない。以下では、「理学」と「理工学」の差異がカリキュラムに与える影響についても検討してくこととする。

## 3.　記述統計量

必修単位率、偏差値、ST比、進学率について、学部系統、学科系統、そして大綱化前後でカテゴリー分けして確認する。

### 3.1　学部系統

表3-3は学部系統別記述統計量である。まず被説明変数である必修単位率の平均値を見てみると、理学系（理学および理・工学）では38.0%である。この数字は、全分野の平均値35.2%より若干高い。とは言え、大きな差はない。理学と言えば積み上げ型のカリキュラムだろうと考えがちだが、実態はそうとは言い切れないようである。

次に全体を概観し「理学」と「理・工学」の間を確認しておきたい。学部系統別の差異については一元配置の分散分析を行、その後多元配置の分散分析でどのカテゴリーに差が見られるかを確認した。

その結果、ST比（$p < 0.01$）と進学率（$p < 0.001$）で差が見られた。ST比は「理学」が小さく、進学率は「理学」が高い。これらの違いには歴史的

表 3-3　学部系統別記述統計量

|  |  | 理学 | 理・工学 | 合計 |
|---|---|---|---|---|
| 必修科目率 | 平均値 | 38.9 | 36.5 | 38.3 |
|  | 最大値 | 86.8 | 69.1 | 86.8 |
|  | 最小値 | 1.6 | 3.1 | 1.6 |
|  | 標準偏差 | 15.2 | 15.9 | 15.4 |
| 偏差値 | 平均値 | 52.3 | 50.4 | 51.8 |
|  | 最大値 | 64.0 | 65.0 | 65.0 |
|  | 最小値 | 38.0 | 35.0 | 35.0 |
|  | 標準偏差 | 6.3 | 7.5 | 6.6 |
| ST比 | 平均値 | 12.4 | 19.5 | 14.3 |
|  | 最大値 | 32.0 | 31.4 | 32.0 |
|  | 最小値 | 2.5 | 3.6 | 2.5 |
|  | 標準偏差 | 7.5 | 7.4 | 8.1 |
| 進学率 | 平均値 | 45.8 | 34.6 | 42.9 |
|  | 最大値 | 86.3 | 70.1 | 86.3 |
|  | 最小値 | 4.4 | 3.0 | 3.0 |
|  | 標準偏差 | 23.0 | 19.4 | 22.6 |

経緯や「理・工学」に比較的私立大学が多いことに由来すると考えられる。

## 3.2 学科系統

表3-4は学科系統別に記述統計量を整理したものである。全体として、学科系統別に目立った違いはない。上記と同様に分散分析を行ったところ、化学と生物の間で必修単位率の平均値に差が見られた（$p < 0.05$）。この結果を踏まえて、以下では化学系で必修単位数が高いことを織り込んだ分析を行うことにする。

表 3-4　学科系統別記述統計量

|  |  | 数学系 | 物理学系 | 化学系 | 地学系 | 生物学系 | 合計 |
|---|---|---|---|---|---|---|---|
| 必修科目率 | 平均値 | 39.5 | 40.1 | 43.9 | 34.9 | 32.3 | 38.3 |
|  | 最大値 | 69.1 | 86.8 | 73.2 | 57.9 | 73.0 | 86.8 |
|  | 最小値 | 3.1 | 3.1 | 17.7 | 7.3 | 1.6 | 1.6 |
|  | 標準偏差 | 13.4 | 17.7 | 14.1 | 14.3 | 14.6 | 15.4 |
| 偏差値 | 平均値 | 52.7 | 52.4 | 52.5 | 50.6 | 50.1 | 51.8 |
|  | 最大値 | 64.0 | 65.0 | 65.0 | 64.0 | 61.0 | 65.0 |
|  | 最小値 | 40.0 | 38.0 | 39.0 | 40.0 | 35.0 | 35.0 |
|  | 標準偏差 | 6.1 | 6.8 | 6.9 | 6.5 | 6.6 | 6.6 |
| 5T比 | 平均値 | 15.4 | 13.6 | 13.7 | 9.7 | 15.5 | 14.3 |
|  | 最大値 | 32.0 | 31.4 | 28.0 | 30.6 | 30.8 | 32.0 |
|  | 最小値 | 3.0 | 2.5 | 4.2 | 4.2 | 3.8 | 2.5 |
|  | 標準偏差 | 8.2 | 7.6 | 7.9 | 6.7 | 8.5 | 8.1 |
| 進学率 | 平均値 | 42.5 | 44.4 | 44.5 | 48.9 | 38.7 | 42.9 |
|  | 最大値 | 86.3 | 86.3 | 86.3 | 86.3 | 86.3 | 86.3 |
|  | 最小値 | 4.4 | 10.1 | 4.4 | 5.2 | 3.0 | 3.0 |
|  | 標準偏差 | 21.1 | 21.7 | 23.3 | 24.4 | 24.3 | 22.6 |

## 3.3 大綱化前後

本節の最後に、大綱化前後の比較を行っておきたい。表3-5は簡単に大綱化前後の記述統計量を比較したものである。数字を見てもわかる通り、大綱化前後で大きな変化は生じていないことがわかる。分散分析の結果も同様であった。

表 3-5　大綱化前後の記述統計量

|  |  | 必修単位率 | 偏差値 | ST 比 | 進学率 |
|---|---|---|---|---|---|
| 大綱化前 | 平均値 | 40.2 | 52.4 | 16.0 | 39.4 |
|  | 標準偏差 | 13.0 | 6.8 | 8.4 | 21.9 |
| 大綱化後 | 平均値 | 37.0 | 51.4 | 13.0 | 43.6 |
|  | 標準偏差 | 16.7 | 6.5 | 7.7 | 19.6 |

## 4.　分析

### 4.1　予備的考察：相関分析

　ここまでの検討を踏まえて、本題の必修単位率を偏差値、ST比、進学率を使った回帰分析で検証する。その前に、各変数間の相関を確認し、モデルへの変数投入の過程を設計しておきたい。表3-6はターゲットとなる変数の間の相関係数を整理したものである。必修単位率と相関が見られる変数は設置年である。両者には弱い負の相関が見られる。なお、設置年は偏差値とも弱い負の相関を持っている。

　理学では偏差値は進学率と強い正の相関があり、ST比と中程度の負の相関がある。また進学率はST比と中程度の負の相関がある。理学では学力（偏差値）の高い大学は専門性（進学率）も高く、教育条件にも恵まれている傾向が見て取れる。

表3-6　相関

|  |  | 必修単位率 | 設置年 | 偏差値 | 進学率 | ST比 |
|---|---|---|---|---|---|---|
| 必修単位率 | Pearson の相関係数 | 1 |  |  |  |  |
|  | 有意確率（両側） |  |  |  |  |  |
|  | 度数 | 190 |  |  |  |  |
| 設置年 | Pearson の相関係数 | -.149* | 1 |  |  |  |
|  | 有意確率（両側） | 0.040 |  |  |  |  |
|  | 度数 | 190 | 198 |  |  |  |
| 偏差値 | Pearson の相関係数 | 0.135 | -.193** | 1 |  |  |
|  | 有意確率（両側） | 0.062 | 0.007 |  |  |  |
|  | 度数 | 190 | 198 | 198 |  |  |
| 進学率 | Pearson の相関係数 | 0.094 | -0.114 | .846** | 1 |  |
|  | 有意確率（両側） | 0.199 | 0.111 | 0.000 |  |  |
|  | 度数 | 190 | 198 | 198 | 198 |  |
| ST比 | Pearson の相関係数 | -0.004 | -0.012 | -.485** | -.685** | 1 |
|  | 有意確率（両側） | 0.959 | 0.865 | 0.000 | 0.000 |  |
|  | 度数 | 190 | 198 | 198 | 198 | 198 |

* ＜ .05,　** ＜ .01

## 4.2　回帰分析

　表3-7は回帰分析の結果である。まず偏差値、進学率、ST比をモデル
に投入して重回帰分析を行った。モデル1はその結果の概要を示してい
る。このモデルでは偏差値、進学率、ST比は必修単位率に対して有意で
はない。またF値は1.457で有意ではなく、モデルの説明力も低い。今
回の分析では偏差値、進学率、ST比に着目して理学部の必修単位率を説
明するのは難しいことがわかった。

　そこでここまで検討してきた理学部の学問分野の特性を加味して、制
度論的説明の可能性を検討してみることにしたい。モデル2から8では
設置年、化学系ダミー、生物学系ダミーに着目して必修単位率の説明を
試みたものである。F値の項目の通り、いずれのモデルも有意である。

　モデル2は設置年による単回帰分析である。設置年は必修単位率と負
の関係にあることがわかる。つまり伝統的な大学（設置年の数字が小さ
い）ほど必修単位率が高いということである。

　モデル3は化学系ダミーによる単回帰分析の結果である。化学系で必修

表 3-7　回帰分析

|  | モデル 1 | | モデル 2 | | モデル 3 | | モデル 4 | |
|---|---|---|---|---|---|---|---|---|
|  | Coef. | Std.Err. | Coef. | Std.Err. | Coef. | Std.Err. | Coef. | Std.Err. |
| 偏差値 | 0.380 | 0.314 |  |  |  |  |  |  |
| 進学率 | 0.005 | 0.109 |  |  |  |  |  |  |
| ST 比 | 0.147 | 0.186 |  |  |  |  |  |  |
| 設置年 |  |  | -0.101* | 0.049 |  |  |  |  |
| 化学系ダミー |  |  |  |  | 7.169* | 2.796 |  |  |
| 生物学系ダミー |  |  |  |  |  |  | -7.448*** | |
| 定数項 | 15.930 | 12.898 | 237.957* | 96.759 | 36.681*** | 1.183 | 39.767*** | 1.224 |
| サンプル数 | 190 | | 190 | | 190 | | 190 | |
| F | 1.457 | | 4.273* | | 6.572* | | 8.968** | |
| 調整済み決定係数 | 0.007 | | 0.017 | | 0.029 | | 0.040 | |

|  | モデル 5 | | モデル 6 | | モデル 7 | | モデル 8 | |
|---|---|---|---|---|---|---|---|---|
|  | Coef. | Std.Err. | Coef. | Std.Err. | Coef. | Std.Err. | Coef. | Std.Err. |
| 偏差値 |  |  |  |  |  |  |  |  |
| 進学率 |  |  |  |  |  |  |  |  |
| ST 比 |  |  |  |  |  |  |  |  |
| 設置年 | -0.079 | 0.049 | -0.070 | | | | -0.057 | 0.050 |
| 化学系ダミー | 6.256* | 2.842 | | | 5.345 | 2.863 | 4.862 | 2.891 |
| 生物学系ダミー | | | -6.567* | | -6.186* | 2.562 | -5.573* | 2.614 |
| 定数項 | 193.787* | 97.864 | 177.713 | | 38.505*** | 1.391 | 152.507 | 98.864 |
| サンプル数 | 190 | | 190 | | 190 | | 190 | |
| F | 4.602* | | 5.494** | | 6.286** | | 4.641** | |
| 調整済み決定係数 | 0.037 | | 0.045 | | 0.053 | | 0.055 | |

* ＜ .05，** ＜ .01，*** ＜ .001

単位率が高いことがわかる。このことは分散分析の結果とも整合的である。

　モデル4は生物学系ダミーによる単回帰分析の結果である。化学系とは逆に生物系では必修に単位率が低い。やはり分散分析の結果と整合的である。

　モデル5とモデル6では設置年と学科系統の特性をモデルに投入したものである。モデル5でもモデル6でも設置年の統計的な有意性は消失している。また化学系ダミー、生物系ダミーの係数の絶対値も低下している。このことは設置年が専攻と関わっていること、専攻による説明の方が設置年による説明よりも有力であることを示唆している。

　モデル7はこの結果を踏まえて設置年をモデルから削除し、化学系ダ

ミー、生物学系ダミーによって必修単位率を説明したものである。化学系ダミーは有意ではなくなり、生物学系ダミーのみが有意となった。

最後にモデル8では設置年、化学系ダミー、生物学系ダミーの全ての変数を投入した。モデル7と同様に生物学系ダミーのみが有意となった。もっとも説明力が強いモデルはモデル8であり、そこでは生物学系ダミーのみが有意であったことになる。

## 5. おわりに

### 5.1 知見の要約

本章では理学系学科を取り上げて、その必修単位率を偏差値、ST比、進学率によって説明することを試みてきた。また理学系の制度的・学問的な特性に鑑みて、設置年度や学科系統に着目した分析を行った。

その結果、設置年度が必修単位率に負の影響を及ぼしていることが示唆された。このことは伝統的な大学ほど必修単位率が低く、カリキュラムの構造が緩やかであることを示唆している。

また、理学では設置年が偏差値と弱い負の相関を持っていること（伝統的な大学ほど偏差値が高い）、そして偏差値の高い大学は進学率も高く、ST比が低いことが明らかになった。伝統的な大学ほど必修率が高く、偏差値や進学率は設置年を介して僅かながら必修率に正の影響を与えており、ST比は負の影響を与えている可能性がある。この説明は比較的納得しやすいのではないだろうか。旧帝国大学のような伝統的な大学では理学の基礎・基本となる原理や法則の教育に熱心であり、それ故に必修単位率が高い傾向にある。またそのような大学は偏差値や進学率が高く、ST比が低いというわけである。

こうした説明は相関分析の結果をナラティブに解釈したものであって、推測の域を出ないところがある。実際、回帰分析ではこうした説明を指示する結果を得るには至らなかった。回帰分析の結果、偏差値、進学率、ST比は必修単位率を説明する変数ではなかった。むしろ設置年や学科

系統、特に化学系・生物学系の差異が必修単位率を説明した。ここでは設置年が古い伝統的な大学ほど必修単位率が高いこと、化学系では必修単位率が高く生物学系では低いことが明らかになった。この知見は理学の特徴（本章2節）や分散分析の結果と整合的である。

　また、これらのモデルを全て投入したところ説明力は向上したが、有意な変数は生物学系ダミーのみとなったことは興味深い。生物学系ダミーは一貫して説明力が高く、この学科系統のカリキュラムには何らかの固有性が隠されている可能性があるからである。生物学系ほどではないが、化学も特徴的であり、やはり注目に値する。

## 5.2　今後の課題

　本章の分析によって、理学では大学の伝統や学科系統によって必修単位率を説明し得る可能性があることがわかった。大学の伝統による説明よりも学科系統による説明の方が一貫した説明を与えてくれそうである。

　理学研究科に勤務する筆者らの肌感覚も交えて言えば、理学部は自然科学における基礎研究の寄り合い所帯といった性格が強く、教育の目的や内容は非常に多岐にわたっているし、カリキュラムの多様性も低くない。こうした事情が学科系統による必修単位率の説明をもたらしたのではないかと推測される。学科系統別の違いをより深く検証するためには2つの方向があると思われる。

　1つ目は理学という学問分類に固執せずに、自然科学系のカリキュラムを説明しうる新たな分類を模索することである。学科系統による説明が成立する可能性に鑑みると、例えば理学の近接領域には工学や農学、薬学、生命科学がある。これらの領域を一旦、自然科学として包括的に扱い、そのカリキュラムの特徴を説明しうる枠組みを構築することができるかもしれない。この枠組みはカリキュラムの構造を規定する暗黙的な制度の存在を浮かび上がらせることにつながると期待される。

　2つめの方向は先行研究にあるような目的論的な説明を志向した質的研究である。これによって学科系統とも関連づけながら、なぜ必修単位

率が高かったり低かったりするのか、その教育の当事者の見解を尋ねることで、理学や自然科学に潜む教育観の多様性や共通性の一端を浮き彫りにできる可能性がある。

【参考文献】

天野郁夫（2009）『大学の誕生（上）』中公新書.

天野郁夫（2016）『新制大学の誕生：大衆高等教育への道（上下）』名古屋大学出版会.

天野郁夫（2017）『帝国大学：近代日本のエリート養成装置』中公新書.

鈴木久男（2009）「大学における統合的科学コースのすすめ」『大学教育学会誌』59（1）：94-99.

羽田貴史（2017）「STEM教育をめぐる国際動向と日本の課題」『大学教育学会誌』39（1）：81-85.

細川敏幸・秀島武敏（2009）「科学技術リテラシー教育と『学士力』の育成，シンポジウムIVを司会して」『大学教育学会誌』59（1）：110-111.

細川敏幸（2017）「現代のリベラルアーツとしての理数工系科目（STEM）の開発と教育実践のために」『大学教育学会誌』39（1）：74-75.

細川敏幸（2018）「現代のリベラルアーツとしての理数工系科目（STEM）の開発と教育実践のために」『大学教育学会誌』40（1）：47-48.

松浦博厚（1995）「理学部のカリキュラム」，有本章編『学部教育とカリキュラム改革：広島大学の学部教育に関する基礎的研究』（高等教育研究叢書36）：93-102.

安岡高志（他15名）（1998）「東海大学理学部化学科の教育への取り組み：このままではかならずダメになる」『大学教育学会誌』20（1）：68-71.

安岡高志（他14名）（1999）「東海大学における組織的教育の取り組み：理学部化学科の場合」『大学教育学会誌』21（2）：142-147.

山田礼子（2017）「21世紀型教養をどうSTEM高等教育に取り入れるべきか？：グローバル・コンピテンシーとSTEM高等教育の課題」『大学教育学会誌』39（1）：86-90.

山田礼子（2017）「文理融合の新しいSTEMプログラムの動向：米国，シンガポール，日本の事例を中心に」『大学教育学会誌』40（1）：54-58.

# 第4章　工学系学科のカリキュラム：
## 教育戦略の中のカリキュラム

原田健太郎 (島根大学)

## 1.　本稿の課題と分野定義

### 1.1　本稿の課題

本章で扱う工学系学科は、日本の大学教育における代表的な理系分野の一つである。本章では初めに、日本の工学教育の概要を説明したうえで、工学系学科のカリキュラムの持つ機能を、必修単位率、偏差値、ST比、進学率の関係の中から明らかにすることとする。

本データセットには、工学系に該当するカリキュラムは841あり、それが分析の対象となる。

### 1.2　工学系学科の概要

まず初めに、工学系学科の概要を見ていくことにする。

日本の高等教育における工学教育の歴史は古い。明治政府による近代化政策の一つは教育の改革であった。富国強兵の名のもとに、文部省所管の学校に加えて、工部省等においても、「技術者」を育成する教育機関が設置されることになる。1886年には帝国大学が設置されるが、そこには工科大学も設置されることとなった (杉山2010)。

その後の高等教育機関の拡大においても、工学教育のプログラムは積極的に設置されていく。帝国大学の多くに工学部が設置されるとともに、旧制専門学校にも多くの高等工業専門学校が設置された (天野2009)。その一方で、私学セクターの高等教育機関においては、総合大学を志向する早稲田大学等で、「理工学部」が設置されるが、拡大は抑制的であった。その後の戦間期における工学教育の急速な拡大が生じ、私学セク

ターでの増加が見られるものの限定的であったといえよう（文部省大学
学術局技術教育課編 1998）。

　その後の敗戦を経て新制大学が発足することになるが、新制大学は戦
前の高等教育機関の伝統と遺産を継承するものであった。結果、戦後の
大学における工学教育についても、官中心であったといえる。

　新制大学発足から15年が経過し、日本は高等教育の拡大の時期を迎
える。戦後復興と高度経済成長が見える中で、マンパワー・ポリシーが
登場し、理工系人材を確保するための理工系学部・学科等の定員を増加
させる政策が立案・実施された。実際、この時期は設置形態を問わず、
定員数の増加が志向されることになる（大崎 1999）。

　その後の、1990年以降の規制緩和期にも、新たに工学系の学部・学科
が設置されることになる。各段階で量的拡大を遂げてきたのが工学系教
育の状況である。

　このような拡大を遂げた工学系学科であるが、全体に占める学生数
の割合は大きい。学校基本調査によると、令和2年度の工学系学生数の
占める割合は14.6%であり、社会科学系の次に学生数の多い専門分野と
なっている（文部科学省 2021）。

　拡大をとげた工学系学科であるが、いくつかの特徴があげられる。

　一つ目の特徴は大学院進学率の高さである。戦後の日本の大学は、原
則4年制を採用することになる。一方で、技術者養成を4年間で行うこ
とは難しいとされ、学部の4年間に加えて大学院の2年間、合計6年間
の一貫教育が志向されることになる。多くの大学に、大学院の修士課程
が整備され、6年制一貫の教育プログラムが整備されることになる（小
林, 1989）。具体的な数値を見ると、学士課程卒業生全体の中で大学院に
進学するのは10%程度であるが、工学系に絞れば35.6%が大学院に進学
している（文部科学省 2021）。

　上記と関連することであるが、二つ目の特徴として、工学教育には専
門職養成という側面があることである。特に、大学院教育も含めた6年
間の教育を専門職教育とみなすことは多い。大学院教育をプロフェッ

ショナル・スクールの事例とみなすことや、高度職業人養成の事例として扱われることもある（小林 1989、濱中 2009）。このことからも、就職先に着目すると、工学と関連する業種への就職は高い。ただしその一方で、工学との距離のある業種への就職者も一定数存在する[1]。学生の量的規模が拡大し、学生が多様化する中で、現代の工学教育は、単に技術者の養成だけでなく、幅広い教育がなされている可能性がある。

　三つ目の特徴は、設置形態間での教育環境の差異である。前述したように、工学系学科は官主導での発展が志向されてきた側面がある。工学教育には、施設設備や実験等には多数の経費が必要とされるためである。後述するように、その違いはST比等の教育環境や大学院への進学率といった学生の意識と行動に表れている。

　四つ目の特徴は、教育内容の範囲である。今回作成したデータセットを用いて、工学系学科で授与される学位の名称を集計すると、88.5%が学士（工学）となる[2]。具体的には、機械や電気電子、土木建築、化学工学等が工学の構成要素とされ、学生数も多い。それに、原子力工学や経営工学といった相対的に新しい専門分野が加わる形となっている。なお、100年以上前に設置された帝国大学における工科大学の学科は、土木工学、機械工学、造船学、電気工学、造家学、応用化学、採鉱冶金学から構成されている（杉本 2010）。両者を比較すると、総じて大きな変動はない。工学が扱う内容については、一定の範囲があり、それを基盤にして、新しい学問も内包しつつ、それを深めてきたといえよう。そして、そのような教育を受けたものには、学士(工学)を授与するというのが工学教育の一つの特徴といえる。

## 2.　工学系学科のカリキュラムに関する分析

### 2.1　先行研究の整理と課題の設定

　工学教育について着目すると、先行研究は数多く見られる。日本工学教育協会は1952年に設置されるとともに、年次大会の実施や紀要の作

成等を通して、工学教育の研究に寄与してきた[3]。このように、工学教育の研究は長い歴史とその蓄積がある。また、早期に国際認証であるJABEEの取組が行われる等、教育の質保証の取組がなされていた分野でもある。

　工学教育に関するカリキュラム研究としては、森口編(1971)において、工学教育においては科目選択の自由度が十分ではなく、知の越境がなされていないことを課題として指摘している。このように、工学教育のカリキュラムを理念的に論じる論考は一定数存在する。ただし、1970年代以降の工学教育の実態に着目すると、大学進学率の向上に伴い、学生の学力の多様化と学習歴の多様化が生じた。この多様化は、工学教育の質を揺るがすことになる。卒業生の質の低下や高大接続等の問題が生じる中で、工学教育はいかにして教育の質を保証するかという問題に向き合うことになる。実際、このような変化の中で、工学系分野における教養教育の専門準備教育化が生じている実態等が明らかにされてきた（杉谷2005）。工学教育のカリキュラムの研究は、現実の課題である質の保証に向き合う研究に焦点化されることになる。

　先行研究の知見を踏まえれば、工学教育を考察する視点として、質の保証が優先される事項と思われる。

## 2.2　工学系学科の必修単位率の状況
### （1）全体像の検討

　ここでは、初めにデータの概要を記述する。

　序章（表0-4）で提示しているように、工学系の特徴として、進学率の高さが指摘できる。全体が15.6%であるのに対して、工学系は31.5%となっている。先述した、修士課程を含めた6年制一貫教育の拡大の結果であろう。ただし、ばらつきに着目すると進学率の最大値が85.9%であるのに対して、最小値は0%である。このばらつきも、拡大した工学教育のもう一つの側面である。

　表4-1は、必修単位率に加えて、偏差値、ST比、進学率、設置年の記

述統計量を表したものである。工学系学科の必修単位率の平均は、46.1%である。全体の平均値が35.1%であることからも必修単位率は相対的に高いことが分かる。工学系は、理系分野であり、一定の標準性が担保されていると言われるが、それが必修単位率の割合の高さに表れている。

表4-2は、設置形態別の必修単位率等の平均値を示したものである。ST比を見れば、国立が11.8、公立が13.2であるのに対して、私立は29.5となっている。進学率についても、国立が58.6%、公立が42.7%であるのに対して、私立が15.8%となっている。このように、教育の環境や学生の学習に対する態度には設置形態間で差異があることが分かる。

**表 4-1　記述統計量（工学系全体）**

|  | 度数 | 平均値 | 最小値 | 最大値 | 標準偏差 |
|---|---|---|---|---|---|
| 必修単位率 | 841 | 46.1% | 3.5% | 96.0% | 16.1 |
| 偏差値 | 841 | 45.6 | 33 | 67 | 7.8 |
| ST 比 | 841 | 22.6 | 1.4 | 51.8 | 10.8 |
| 進学率 | 824 | 31.5% | 0% | 85.9% | 25.6 |
| 設置年 | 841 | 1996.4 | 1948 | 2018 | 20.0 |

**表 4-2　設置形態別の記述統計量**

|  | 必修単位率 | 偏差値 | ST 比 | 進学率 | 設置年 |
|---|---|---|---|---|---|
| 国　立 | 48.4% | 50.6 | 11.8 | 58.6% | 2007 |
| 公　立 | 47.7% | 48.7 | 13.2 | 42.7% | 2003 |
| 私　立 | 44.9% | 42.5 | 29.5 | 15.8% | 1990 |

## （2）下位分類での分析

続いて、本データセットで扱った学科系統ごとの分析を行う。表4-3は、各学科系統のカリキュラム数と平均必修単位率である。

土木建築工学系が48.7%で最も高く、原子力工学が38.4%で最も低い。学科系統間で差異があり、その幅はおよそ10%程度であることが分かる。ただし、全ての学科系統において、全体の平均（35.1%）よりも高い値となっていることは指摘すべきであろう。

次にカリキュラム数に着目すると、そこにもばらつきがあることが
分かる。電気通信工学系が最も多く、300を超えるカリキュラムがあり、
機械工学系や土木建築工学系、応用化学系については100を超えるカリ
キュラムがあるのに対して、カリキュラム数が限定的な学科系統も存在
する。

表4-3　学科系統ごとの平均必修単位率

|  | 度数 | 平均値 |
|---|---|---|
| 機械工学系 | 179 | 46.9% |
| 電気通信工学系 | 318 | 45.0% |
| 土木建築工学系 | 163 | 48.7% |
| 応用化学系 | 105 | 45.4% |
| 応用理学系 | 29 | 44.9% |
| 原子力工学系 | 3 | 38.4% |
| 航空工学系 | 13 | 48.5% |
| 経営工学系 | 20 | 41.4% |
| 工芸学系 | 10 | 43.5% |
| 水産学系 | 1 | 41.9% |

（3）相関分析と回帰分析

続いて、必修単位率と偏差値、ST比、進学率の関係を検討する。表
4-4は、上記の変数についての相関分析を行ったものである。

結論を端的にいえば、必修単位率と偏差値、ST比、進学率について
は単純な相関関係は見いだせない。前述したように、設置形態間での教
育環境の差異や専門分野間での差異などいくつかの状況が複合的に絡み
合っている可能性がある。そこで、重回帰分析を通して、必修単位率と
三つの変数の関係を考察することとする[4]。

**表4-4　必修単位率との相関（工学系全体）**

|  | 偏差値 | ST 比 | 進学率 |
|---|---|---|---|
| Pearson の相関係数 | -.083* | -.125** | .000 |
| 有意確率（両側） | .019 | .000 | .991 |
| 度数 | 798 | 798 | 781 |

**表4-5　重回帰分析の結果**

|  | モデル 1 | モデル 2 | モデル 3 |
|---|---|---|---|
| 国立 |  | 0.089 | 0.074 |
| 公立 |  | 0.020 | 0.015 |
| 機械工学系 |  |  | 0.103 |
| 電気通信工学系 |  |  | 0.075 |
| 土木建築工学系 |  |  | 0.194* |
| 応用化学系 |  |  | 0.066 |
| 応用理学系 |  |  | 0.013 |
| 偏差値 | -0.205*** | -0.161* | -0.184*** |
| ST 比 | -0.247*** | -0.217*** | -0.225*** |
| 進学率 | -0.010 | -0.093 | -0.050 |
| R2 | 0.040 | 0.051 | 0.068 |
| 調整済み R" | 0.045 | 0.045 | 0.056 |
| N | 755 | 755 | 755 |

数値はいずれも標準化偏回帰係数。* ＜ .05，** ＜ .01，*** ＜ .001

　表4-5は、被説明変数を必修単位率に設定した重回帰分析の結果であ
る。モデル1は、偏差値、ST比、進学率だけを投入したものであるが、
偏差値とST比が有意な変数となっている。偏差値が高いほど、必修単
位率が低下することになっている。また、ST比が低下するほど、必修単
位率の値が向上することが分かる。モデル2は前述した三つの変数に設
置形態ダミー(基準は私立ダミー)を投入したモデルである。ここでも有
意な変数となったのは、偏差値とST比である。最後に、モデル3とし
て、設置形態ダミーと専門分野ダミー(基準は経営工学ダミー)でコント
ロールを行ったものである。土木建築工学が有意な変数とはなっている
ものの、偏差値とST比が有意であることに変わりはない。

工学系については、入口のコントロールができていれば、必修単位の割合が低くなり、学生の科目履修に選択の余地を与えること、学生あたりの教員数が多いほど、多くの科目が提供可能となり必修単位の割合を低くすることが可能であることが分かる。また、土木建築工学系にはある程度の特徴があるものの、設置形態や専門分野間での差異はほとんどなかった。加えて、設置形態や専門分野をコントロールしても、偏差値とST比が影響を与えているという事実に変化が無いことも明らかとなった。

（4）クラスター分析

　回帰分析から、必修単位率については偏差値とST比という二つの指標が影響を与える変数であることが分かった。図4-1は、偏差値と必修単位率をプロットした図である。確かに、高い偏差値になるほど、必修単位率は低い値に収れんしていることが分かる。その一方で、偏差値が低くなると、必修単位率が高まるカリキュラムがあるものの、必修単位率が低いカリキュラムも存在する。このように、線形の関係から外れるカリキュラムの実態を把握するために、クラスター分析を行い、異なる観点からの知見を得ることとする。

　ここでは、「偏差値」、「ST比」、「卒業率」、「進学率」という四つの変数を用いてクラスター分析（Ward法）によるカリキュラムタイプの類型化を行った。ここでは4クラスターでの解釈解を採用し、解釈を試みることとする。

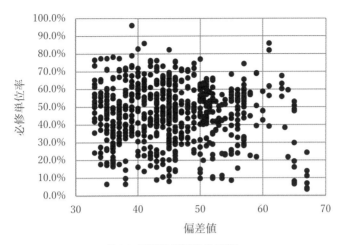

図 4-1　偏差値と必修単位率の関係

表 4-6　クラスター分析に基づく、グループ分けの結果

|  | 必修単位率 | 偏差値 | ST 比 | 進学率 | 卒業率 |
|---|---|---|---|---|---|
| 質保証グループ | 47.2% | 54.8 | 10.2 | 69.3% | 83.6% |
| 質低下グループ | 54.7% | 48.0 | 18.3 | 36.9% | 80.0% |
| 質困難グループ | 53.5% | 39.9 | 30.3 | 9.9% | 79.0% |
| 質多様グループ | 26.1% | 42.8 | 29.3 | 19.6% | 77.6% |

|  | 国立 | 公立 | 私立 |
|---|---|---|---|
| 質保証グループ | 145 | 19 | 20 |
| 質低下グループ | 75 | 21 | 48 |
| 質困難グループ | 0 | 1 | 267 |
| 質多様グループ | 20 | 5 | 134 |

|  | 機械工学系 | 電気通信工学系 | 土木建築工学系 | 応用化学系 | 応用理学系 | 経営工学系 |
|---|---|---|---|---|---|---|
| 質保証グループ | 38 | 66 | 24 | 33 | 19 | 4 |
| 質低下グループ | 38 | 58 | 24 | 19 | 1 | 4 |
| 質困難グループ | 59 | 96 | 77 | 27 | 1 | 8 |
| 質多様グループ | 35 | 70 | 24 | 20 | 6 | 4 |

初めに、各グループのそれぞれの平均値を算出することにする。なお、ここからは、出口のコントロールの指標となる「卒業率」も追加して検討を行う。

　質保証グループは、全体として偏差値が高く、卒業率も高い値になっている。またST比も低いことから、入り口と出口の管理が（相対的に）なされており、教育環境も良いといえる。また、大学院進学率も高くなっている。必修単位率は全体の平均と近い値となっている。設置形態に着目すると、国立及び公立の大学群が多く、私立大学は少ない。専門分野として応用理学系が多いことが分かる。

　質低下グループは、質保証グループと比較すると、偏差値が低くなっており、卒業率も質保証グループよりも低くなる。結果、必修単位率を上げることで、質のコントロールを維持しようという戦略が見て取れる。その意味で、必修単位率は質を維持するためのツールになっていることが分かる。設置形態は、質低下グループと比較すると、国立の割合は低下し、私立の割合は高まる。専門分野については、応用理学系の低さを除くと、際立った傾向はない。なお、国公立の90％が質保証グループ及び質低下グループであることから、国公立大学は、ST比の有利さも利用し、必修単位率をコントロールしながら、質をコントロールしていることが推測される。

　続いて、質困難グループであるが、質低下グループ以上に偏差値が低くなっており、入り口のコントロールは非常に難しい。一方で、卒業率は、質低下グループと大きく変わらないことから、出口の管理は成功している。ただし、ST比の値が大きくなっており、必修単位率をこれ以上増やすことが難しいのかもしれない。結果、質低下グループと同程度の必修単位率に留まる。また、大学院進学率は9.9％であり、ほとんどの学生が学部卒で就職をすることから、カリキュラムとしては、4年間完成教育が中心であることが推測される。このグループのほぼ全ては私立大学から構成されており、公立大学が1カリキュラムあるだけである。また、土木建築工学系においては、このグループに属することが多い。

　質多様グループについては、入り口の管理が行えていないにも関わらず、必修単位率が低い。このグループの特徴は、他のグループとの比較から見えてくる。質困難グループと環境が近くなっているが、大学院への進学率は比較して高い。質困難グループと比べて、大学院進学の余地を残すカリキュラム群であることが考えられる。質多様グループは、4年間完成教育がありつつも、一定数存在する大学院進学者のための余地を残した形での教育プログラムが設置されていることが推測される。その結果、質保証の多様化が生じ、4年で完了する教育と大学院準備教育を準備することが必要となり、焦点化できずに必修単位率を上げるという選択が難しくなっているのかもしれない。ただし、卒業率が最も低くなっている点は注意が必要であろう。設置形態については、私立の数が圧倒的に多いものの、一定数の国公立大学がこのグループに属していることが分かる[5]。

## 3. 知見の整理と今後の課題

### 3.1　知見の整理

　得られた知見として、工学教育においては、他の分野と比較して必修単位率が高いことが明らかにされた。次に、相関分析においては、必修単位率と関係する変数は見いだせないものの、回帰分析を行うことで、偏差値とST比が、必修単位率に負の影響を与えていることが分かった。最後に、必修単位率というカリキュラムの特徴が大学教育の戦略の中でどのような役割を担っているかの検討を行ったところ、ST比が小さい環境であれば、入り口と出口のコントロールを行うためのツールとして、必修単位率を上げている実態が明らかにされた。一方で、ST比が大きい環境になると、質保証の対象が卒業率の向上に絞り込めていれば必修単位率を上げる戦略が採用される。しかし、質保証としての卒業率の向上に加えて、大学院進学というミッションが加わると、卒業予定者と進学予定者の両者に向けた、カリキュラムを準備する必要が生じる。ただ

し、ST比に代表される教育環境の制約の中で、必ずしも必修科目を増やせない状況も考えられる。結果として、卒業予定者と進学予定者のそれぞれに必修科目を設定するのではなく、両者のニーズに対応する「選択」科目を数多く開講することになる。その結果、必修単位率が必ずしも高くない状況が発生したことが予想される。

　最後に分析方法に着目する。回帰分析においては、偏差値とST比が優意な変数であった。その結果とクラスター分析の結果を統合すると、偏差値については、質保証グループ、質低下グループ、質困難グループにおいて合致するものであったし、ST比については、質保証グループ・質低下グループと質困難グループ・質多様グループとの比較を行うとその結果と合致している。回帰分析の結果は、全てでは無いが工学教育の一定の部分を説明してくれるものである。ただし、質多様グループのような回帰分析の結果から外れるものの存在がクラスター分析から明らかにされた。多様なカリキュラムがある中では、異なるアプローチの分析手法を採用することの意義も認められた。

## 3.2　今後の課題

　本章では、工学系学科について、必修単位率を軸に、カリキュラムが大学教育の戦略の中でどのように位置づいているかの検討を行った。その結果、多様化する工学教育の一端は明らかにされたと思われる。特に、4年間完結を志向する学科の存在は、従来の研究が指摘する工学教育に関する研究とは一線を画すものであった。現状の工学系学科の規模と、今後の学生の多様化によって、このような教育を志向するカリキュラム群は増えるかもしれない。一方で、高度理工系人材養成への期待も高まっている。両者のずれを埋めるための研究が期待される。

## 【注】

1) 学士課程段階の卒業生の就職先は、製造業（27.4%）、情報通信業（19.6%）、建設業（17.2%）といった関連性のある業種への就職は確かに多いが、サービス業（8.6%）、公務（4.8%）といったように、距離のある業種への就職者数が一定数存在する実態もある。
2) これは学士（工学）のみを授与するカリキュラムの数値である。それ以外にも、学士（理学）や学士（学術）と学士（工学）を選択できるカリキュラムがわずかながら存在する。
3) 1952年発足時は、日本工業教育協会であった
4) 重回帰分析及びクラスター分析については、学科系統別において、一定のサンプルが得られた、機械工学系、電気通信工学系、土木建築工学系、応用化学系、応用理学系、経営工学系のみを分析の対象とする。
5) 科目名称を用いて計量分析を行うと、その特徴が見えてくる。工学系学科の科目名称において、上位に出現する語は、工学、基礎、演習、実験、といった語である。全体の場合は、それに、化学、力学、建築といった専門分野と関連した語が出現する。一方で、質多様グループにおいては、英語や卒業、研究といった語が上位の出現語となっている。これは、質多様グループにおける必修科目として、工学系の専門教育科目よりも英語及び卒業研究が上位となっていないことを反映していると考えられる。すなわち、質多様グループにおいては、初年時と最終学年のコントロールは行うものの、そのプロセスの部分は学生の選択にゆだねられていることが予想される。

|     | 全体 | 質多様化グループ |
| --- | --- | --- |
| 1位 | 演習 | 基礎 |
| 2位 | 工学 | 工学 |
| 3位 | 基礎 | 実験 |
| 4位 | 実験 | 演習 |
| 5位 | 化学 | 英語 |
| 6位 | 力学 | 卒業 |
| 7位 | 情報 | 研究 |
| 8位 | 建築 | 情報 |
| 9位 | 機械 | 機械 |
| 10位 | 物理 | 化学 |

## 【参考文献】

天野郁夫（2009）『大学の誕生（上）』中央公論新社.

小林信一（1989）「工学系大学院の発展過程と現段階」『教育社会学研究』44:132-145.

功刀滋（2016）『なぜ日本の大学には工学部が多いのか：理系大学の近現代史』講談社.

濱中淳子（2009）『大学院改革の社会学』東洋館出版.

文部科学省（2021）「学校基本調査報告書　令和2年度」（https://www.e-stat.
　　go.jp/stat-search/files?page=1&toukei=00400001&tstat=000001011528
　　最終閲覧日：2021年4月11日）.

文部省大学学術局技術教育課編（1998）『専門学校資料』大空社.

森口繁一（1971）『工学部の研究と教育』東京大学出版会.

大崎仁（1999）『大学改革1945 ～ 1999』有斐閣.

杉谷祐美子（2005）「日本における学士学位プログラム」『高等教育研究』8：
　　29-52.

杉山滋郎（2010）『日本の近代科学史（新装版）』朝倉書店.

# 第5章　農学系学科のカリキュラム：
## 生命科学の総合的学問として

原田健太郎（島根大学）

## 1.　本稿の課題と分野定義

### 1.1　本稿の課題

本章では、学士課程の中の農学系学科に着目し、日本の農学教育の概要を説明したうえで、農学系学科のカリキュラムの実態を必修単位率、偏差値、ST比、進学率との関係性を通して明らかにすることとする。

本データセットで農学に該当するカリキュラムは129あり、それが分析の対象となる。

### 1.2　農学系学科の概要

高等教育機関における農学教育の歴史は古い。明治政府による近代化政策の一つとして、農商務省に農林生産学校が設置されることになる。これが、我が国で初めての農学教育を担う高等教育機関となる。その後、1890年に帝国大学の農科大学に移行することとなった。また、北海道に札幌農学校を設置するなど、独自の学校設置も見られた（杉山 2010）。その後の帝国大学における農学部設置や、旧制専門学校における高等農林専門学校等の設置を通して、教育機関が拡大する農学教育であるが、その拡大は官主導であった。一方で、私学セクターにおける農学系の専門学校の拡大は、主に獣医師養成の学校であったことが指摘できよう。本稿で扱う農学教育について、戦前期の私学セクターの拡大は極めて限定的であったといえる（天野 2009、文部省大学学術局技術教育課編 1998）。

その後の敗戦を経て、新制大学が発足することになる。新制大学は、

戦前の高等教育機関の伝統と遺産を継承するものであった。すなわち、戦後の農学教育についても、官中心であった。

　新制大学発足後であるが、農学分野は他の専門分野と比べて、その拡大が限定的であったことは指摘できる。1960年代には、大学定員の拡大がみられるものの、その中心は人文・社会科学系学部の設置であった。また、工学系分野における積極的な拡大政策も見られなかった。結果、新制大学発足時の構造の影響はいまなお残っている。

　そのような中で、1990年代以降のバイオテクノロジー分野の発展によって、いわゆる生命科学系分野へのニーズが高まることになる。実際、農学部や水産学部といった学部名称を、生物生産学部や生物資源科学部とった学部名称に変更する動きも見られた。加えて、新たに生命科学と関連する実学的な学部・学科の設置も見られる。これらの一部は、本データセットの農学系学科に含まれることになる。ただし、この時期の拡大も限定的であったことは指摘できよう。

　結果として、農学系学科に在籍する学生数が全体に占める割合は、令和2年度の時点で3％である（文部科学省 2021）。

　続いて、農学系学科の特徴を見ていくこととする。

　一つ目として、進学者数に着目すると、全学生の進学率が10.4％であるのにたいして、農学が22.7％となっている（文部科学省 2021）。理学の進学率が40.3％、工学の進学率が35.6％となっており、全体と比較すると大学院進学率が高いものの、理系の他分野と比べれば低い状況にある。

　二つ目として、就職に着目すると、就職先の多様性も確認できる。就職先として最も多いのは製造業（21.2％）であるものの、それに続くのが、卸売業・小売業（15.9％）、公務（11.4％）となっている。食を扱うことや、農産業への貢献というもので理解できつつも、多様な業種についていることが分かる。なお、農業・林業への就職が4.1％、魚業への就職が0.2％となっている。

　三つ目として、設置形態間での教育環境の差異も指摘できる。前述したように、農学系学科は官主導での発展が志向されてきた側面がある。

農学教育には、施設設備や実験等には多くの経費が必要とされるためである。後述するように、その違いはST比等の教育環境や大学院への進学率といった学生の意識と行動に表れている。

　最後に、四つ目として、農学教育に着目すると、その多様性が指摘できる。農科大学設置時の学科構成は、農学科、林学科、獣医学科の三学科であった（杉山 2010）。その後に分野が分かれる形で、農業化学や農業工学、農業経済学、水産学等の専門分野が形成されることになる。今回のデータセットでは、7つの学科系統（農学系、農芸化学系、農業工学系、農業経済学系、林学系、獣医学畜産学系、水産学系）となっているが、それとの対応関係が見て取れる。

　ただし、学科名称の曖昧性は指摘できよう。理系学部の理学や工学においては、学科レベルでの分類は比較的明確であった。理学系学科における数学や物理学、工学系学科における機械工学や電気通信工学が、同一学科となることは極めて稀である。その一方で、農学系学科については、生物生産学科といった名称の中に、農学に加えて、農業工学や農業経済学、獣医畜産学等の専門が含まれていることがある。このような学科レベルでの学際性が農学系学科の一つの特徴といえる[1]。

## 2.　農学系カリキュラムに関する分析

### 2.1　先行研究の整理と課題の設定

　農学教育を対象にした先行研究は一定の蓄積がある。石塚編（1971）における農学教育の包括的研究では、農学教育の歴史、政策・制度から詳細なカリキュラムの検討までも行っている。田島他（1993）においてはカリキュラム改革を経た後の1980年代の農学教育のカリキュラムの状況を明らかにしている。田島（1999）は農学教育の歴史と制度を概観したうえで、調査時点での農学教育の課題を明らかにしている。

　これらの研究においては、共通する問題設定があった。それは、日本の農学教育の存在意義である。石塚編（1971）においては、就職先として

の農業を選択するものが少ないものの、農学教育が間接的には農業という産業への貢献を行っていると指摘する。田島 (1999) においても、農産業が停滞する中で、農学教育がどのような形をとるべきか問題視している。農学教育において人材養成のギャップという課題がある中で、先行研究は農学教育そのものがどのような状況にあるかを明らかにすることを行ってきた。その過程で、農学教育のカリキュラムの実態把握も行われてきたというのが実情であろう。1990年代までの農学教育に関する研究は、根本的にそのような問題意識のもとで実施されてきた。

　ただし、1990年代以降においては、発想の転換も見られる。国立大学農学系学部長会議は、農学を「人類の生存・生活に貢献することを目標とした生物・生命に関する総合科学」と定義し、広く食料問題・環境問題に対応する学問であると転換を目指す (国立大学農学系学部長会議 1997)。従来の農業等のための学問から、生命科学の総合科学の学問へと変換を遂げる。1990年代以降のバイオテクノロジーの発展も、それを後押しすることになる。現在の農学教育は、生命科学を総合的に扱う分野と定義されるようになった (日本学術会議 2015)。

## 2.2　農学系学科カリキュラムの必修単位率の状況
### （1）全体像の検討
　初めに全体との比較を通した、農学系学科の特徴を把握する (表0-4)。進学率については、全体が15.6%であるのに対して、農学系は28.9%となっている。理学系が42.9%、工学系が31.5%であることから、全体と比較すると進学率は高いが、理系分野と比較すると低い値になっていることが分かる。次に、ST比については、全体が27.7であるのに対して、農学系17.4となっている、国公立大学での設置が多いことが影響していると考えられる。

　表5-1は、農学系学科に係る記述統計量となる。平均値に着目すると、必修単位率の平均値は41.0%であり、全体の35.1%と比較すると高い値となっている。これは、自然科学を扱っていることにその要因があろう。

　表5-2は、設置形態別の必修単位率と偏差値、ST比、進学率の平均値を表したものである。国公立大学と私立大学の置かれている状況に差異があることが分かる。必修単位率は、国立が低く、公立・私立大学が高い値となっている。ST比は、国公立大学が低く、私立大学では高くなっている。進学率は、国立大学が極めて高く、公立大学がそれに続き、私立大学は低い値となっている。設置形態間で教育環境、学生の意識等が大きく異なる点は留意する必要がある。

**表 5-1　記述統計量（農学系全体）**

|  | 度数 | 平均値 | 最小値 | 最大値 | 標準偏差 |
|---|---|---|---|---|---|
| 必修単位率 | 129 | 41.0% | 0.0% | 84.7% | 17.2 |
| 偏差値 | 129 | 49.3 | 33 | 64.5 | 5.4 |
| ST 比 | 129 | 17.4 | 4.2 | 41.2 | 10.3 |
| 進学率 | 129 | 28.9% | 1.2% | 78.1% | 22.0 |
| 設置年 | 129 | 2001.1 | 1949 | 2018 | 17.1 |

**表 5-2　設置形態別の平均値**

|  | 必修単位率 | 偏差値 | ST 比 | 進学率 | 設置年 |
|---|---|---|---|---|---|
| 国立 | 38.6% | 51.5 | 10.3 | 41.0% | 2003 |
| 公立 | 43.4% | 48.0 | 9.2 | 17.4% | 2005 |
| 私立 | 44.2% | 45.9 | 30.1 | 9.6% | 1998 |

## （2）下位分類での分析

　続いて、本データセットで扱った学科系統ごとの分析を行う。最もカリキュラム数が多いのは農学系の43で、それに農芸化学系の30が続いている。必修単位率が最も高いのは農業工学系の51.0%で、それに林学系等の47.5%が続いている。一方で必修単位率が低いのは水産学系の33.6%となっている。必修単位率の全体の平均は、35.1%であることから、多くの系統は、全体の平均（35.1%）よりも高い値を取っている。なお、最も高い学科系統と最も低いものでは必修単位率に18%も開きがある。仮に卒業要件が124単位としたら、22単位の差があることになる。

表 5-3　学科系統別の数と必修単位数

|  | 度数 | 平均値 |
|---|---|---|
| 農学系 | 43 | 38.0% |
| 農芸化学系 | 30 | 44.0% |
| 農業工学系 | 6 | 51.0% |
| 農業経済学系 | 7 | 37.5% |
| 林学系 | 6 | 49.9% |
| 獣医学畜産学系 | 15 | 47.5% |
| 水産学系 | 22 | 33.6% |

（3）相関分析と回帰分析

　続いて、必修単位率と偏差値、ST比、進学率の関係を検討する。表5-4は、上記の変数について相関分析を行ったものである。

　必修単位率と弱い相関があると判断できるのは、偏差値と進学率である。偏差値が高いほど必修単位率が低下し、進学率が高いほど必修単位率が低下することになる。

　最後に、重回帰分析に基づいて、三つの指標の影響力の検討を行う[2]。モデル1は、三つの指標だけであるが、有意な変数は偏差値だけとなる。弱い相関があるとされた進学率は、有意な変数となっていないことが分かる。モデル2は、前述した三つの変数に設置形態ダミー（基準は私立ダミー）を投入したモデルである。ここでも、偏差値だけが有意な変数となる。モデル3としては、設置形態ダミーと専門分野ダミー（基準は水産学系ダミー）でコントロールを行ったものである。分野（農芸化学系）と偏差値が有意な変数となっていることが分かる。

　以上の統計分析からは、必修単位率は偏差値の影響力が強いことが明らかにされた。

**表5-4　必修単位率との相関（農学系全体）**

|  | 偏差値 | ST比 | 進学率 |
|---|---|---|---|
| Pearson の相関係数 | -.374** | 0.126 | -.288** |
| 有意確率（両側） | 0 | 0.163 | 0.001 |
| 度数 | 124 | 124 | 120 |

**表5-5　重回帰分析の結果**

|  | モデル1 | モデル2 | モデル3 |
|---|---|---|---|
| 国立 |  | -0.345 | -0.161 |
| 公立 |  | -0.067 | -0.009 |
| 農学系 |  |  | 0.126 |
| 農芸化学系 |  |  | 0.338** |
| 獣医学畜産学系 |  |  | 0.224 |
| 偏差値 | -0.36* | -0.352* | -0.378** |
| ST比 | -0.100 | -0.390 | -0.211 |
| 進学率 | -0.096 | -0.075 | -0.070 |
| R2 | 0.151 | 0.168 | 0.248 |
| 調整済み R" | 0.125 | 0.125 | 0.183 |
| N | 102 | 102 | 102 |

数値はいずれも標準化偏回帰係数。* ＜ .05,　** ＜ .01,　*** ＜ .001

**（4）クラスター分析**

　回帰分析からは、必修単位率については偏差値という指標が影響を与える変数であることが分かった。図5-1は、偏差値と必修単位率をプロットした図である。確かに、負の相関関係があることは見いだせる。一方で、その傾向から外れるカリキュラムがあることも事実である。そこで、別の観点からカリキュラムの実態を把握するために、クラスター分析を行い、新たな知見を得ることとする。

　ここでは、「必修単位率」、「偏差値」、「ST比」、「進学率」という四つの変数を用いてクラスター分析（Ward法）によるカリキュラムタイプの類型化を行った。4クラスターでの解釈解を採用し、解釈を試みる。

　初めに各グループのそれぞれの平均値を算出することにする。表5-6

は、各グループのそれぞれの指標の平均値である。併せて、出口の管理
となる「卒業率」の平均値も算出した。

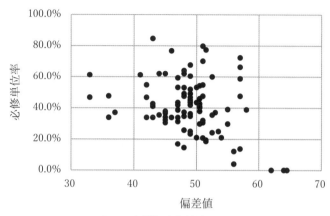

図 5-1　偏差値と必修単位数の関係

表 5-6　クラスター分析に基づく、グループ分けの結果

|  | 必修単位率 | 偏差値 | ST 比 | 進学率 | 卒業率 |
|---|---|---|---|---|---|
| 質保証グループ | 29.7% | 57.5 | 7.4 | 70.5% | 91.2% |
| 質低下グループ | 35.6% | 49.4 | 11.8 | 29.9% | 89.5% |
| 質困難グループ | 63.3% | 47.2 | 18.9 | 14.7% | 89.0% |
| 質多様グループ | 37.2% | 45.5 | 31.7 | 9.9% | 87.4% |

| 設置形態 | | | | 専門分野 | | | |
|---|---|---|---|---|---|---|---|
| 国立 | 公立 | 私立 | | 農学系 | 農芸化学系 | 獣医 /畜産学系 | 水産学系 |
| 16 | 0 | 0 | 質保証グループ | 5 | 6 | 1 | 4 |
| 39 | 1 | 2 | 質低下グループ | 18 | 8 | 8 | 8 |
| 6 | 2 | 9 | 質困難グループ | 6 | 6 | 3 | 2 |
| 0 | 0 | 27 | 質多様グループ | 13 | 6 | 2 | 6 |

　質保証グループについては偏差値が高く、卒業率も高い。加えて、ST比も極端に低い。入口と出口の管理が行えており、教育環境も整備されていることから、必修単位率が低く、学生に選択肢を与えるカリキュラムになっている。また、進学率も極めて高く、設置形態は国立大学だけとなっている。

　質低下グループについては、質保証グループと比較して偏差値は低くなり、卒業率も低くなる。その結果、質をコントロールするための手段として、必修単位率を高める戦略を採用する。ST比は質保証グループと比較すると若干高くなるものの、まだ必修単位率を上げることは可能となっている。また、質保証グループと比べて進学率は低くなる。設置形態としては、国立大学の占める割合が極めて高いが、公立大学及び私立大学も含まれることになる。専門分野としては、獣医学畜産学系のカリキュラムの数が多いことが分かる。

　質困難グループは、更に偏差値が低下することになる。卒業率も質保証グループ、質低下グループと比べて低いことから、質をコントロールするために必修単位率を更に高めることになる。確かにST比は高くなるものの、必修単位率をまだ上げることが可能なのであろう。

　最後の質多様グループであるが、偏差値は低く、卒業率も低い。加えて、進学率も極めて低くなっている。私立大学から構成されており、ST比の値は高くなっている。

　質多様グループのような場合、質困難グループのように、必修単位率が高めることで質の保証を行う戦略を採用するはずであるが、必修単位率は低い水準となっていることが分かる。このようなグループの特徴を最後に見ていくことにする。

(5) 質多様グループのカリキュラム

　表5-7は、各グループ及び全体の共通教育科目及び専門教育科目の必修単位率の平均である。共通教育の必修単位率は、全体と同じような水準であるが、専門教育について必修単位率は低めに設定されている。専

門教育において学生が選択する余地を残している。また、このグループは、大学院進学率の水準は極めて低い。更には、これらのグループは、大都市圏の総合大学に設置された学科のカリキュラムであることが多い。

以上のような状況を踏まえると、生命科学に関心がある学生で、4年間で完成する教育を希望する学生の受け皿としての機能を果たしていることが考えられる。そして、その中では、教育内容の標準性の水準を高めるのではなく、個々の学生の興味・関心に沿った履修ができるように必修単位率を下げるという戦略を採用していると考えられる。多様な学生がいる中で、様々なことを学べる機会を提供し、4年間での卒業を目指す教育に意義を見出しているカリキュラム群だと解釈される。生命科学のジェネラルな教育を行うことを志向したカリキュラムとも解釈可能であろう。私立大学における農学教育の一つの形ともいえよう。

**表 5-7　共通科目と専門科目の必修単位率**

|  | 共通科目必修単位率 | 専門科目必修単位率 |
|---|---|---|
| 質保証グループ | 7.8% | 19.8% |
| 質低下グループ | 7.9% | 29.0% |
| 質困難グループ | 13.5% | 48.0% |
| 質多様グループ | 9.2% | 27.7% |
| 全体 | 9.0% | 30.2% |

## 3. 知見の整理と今後の課題

### 3.1　知見の整理

得られた知見として、農学においては、必修単位率は、全体と比べると高い水準であるものの、理系の他の分野と比べると低い水準であることが分かった。また、必修単位率については、学科系統間での差異が大きいことも確認された。

相関分析を行うと、必修単位率と弱い相関があるのは、偏差値と進学率であった。更に重回帰分析を行うと、偏差値のみが有意な変数となっ

ていることが分かった。最後に、必修単位率というカリキュラムの構成
要素が教育戦略の中でどのような役割を担っているかの検討を行った。
基本的には、入り口の管理ができれば、必修単位率の値は低くなり、入
り口の管理が難しくなると、必修単位率を上げて、質の向上を目指すカ
リキュラムが多いことが明らかにされた。しかし、一部の私立大学にお
いては、入り口の管理が難しくなっても、必修単位率をあげるのではな
く、多様な教育を提供することを行っていた。大学院への進学も多くな
い中で、四年間の学士課程教育で、幅のある学習が可能となるカリキュ
ラムが設置されていた。農学教育においては、大学院までも見据えた教
育から、学士課程教育で完結する教育まで多様な教育環境があることも
明らかにされた。

　農学教育については、回帰分析の結果が教えてくれるように、基本的
には偏差値という入口のコントロールができれば、カリキュラム選択の
自由度をあげていた。一方で、入り口のコントロールができない場合は、
必修単位率を上げることで、質のコントロールを行っている。その事実
から離れるものとして、偏差値は必ずしも高くないものの、学生の科目
選択の幅を広げるカリキュラム群が一定数存在している。それらのカリ
キュラムの卒業率については、若干程度低い程度であり、ジェネラルな
生命科学の学習が行える環境を整備し、提供することで、生命科学を学
びたい学生のニーズに対応していることが伺えた。このような多様性を
許容するのは理系学部の中での農学教育の特徴の一つといえるかもしれ
ない。


## 3.2　今後の課題

　本章では、農学系学科のカリキュラムについて検討を行った。農学系
は、伝統的な官主導の歴史の中で、国公立と私立で、教育環境に大きな
差異が形成された。一部の大学においては、大学院教育を見据えた高度
な教育がなされる一方で、4年間の学士課程教育を前提に、幅広い科目
を受講することが可能となるカリキュラムが整備されていた。

先行研究にもあるように農学教育とは何かが問われる一方で、近年は、生命科学を総合的に扱う教育という位置づけがなされるようになった。生命科学に関する問題は、食料問題等だけでなく、環境問題や鳥インフルエンザのような感染症の問題等も絡み合いながら複雑化している。このような学問の高度化によって、現在の農学教育は、大学院教育の充実がある一方で、生命科学に関心のある学生の受け皿としての役割も果たしていることが考えられる。改めて、今日的な課題に対応できる農学教育の姿を検討する研究が期待される。

【注】

1）日本学術会議において作成された、大学教育の分野別質保証のための教育課程編成上の参照基準においても、「農学」という単位での質保証の基準の作成がなされている。理学においては「数理科学」や「物理学」という単位で、工学においては「機械工学」や「電気電子工学」という単位で作成されたものとは対照的である。参照基準の中には、農学は7つの基本分野で構成されるものの、生命科学系の「総合科学」であることに言及し、「現代的課題に対応するため、それぞれ発展するだけなく、連携、融合することで新たな発展をとげ、新しい領域も生まれている」（3頁）と述べている。

2）重回帰分析及びクラスター分析については、学科系統別において、一定のサンプルが得られた、農学系、農業化学系、獣医畜産学系、水産学系のみを分析の対象とする。

【参考文献】

天野郁夫（2009）『大学の誕生（上）』中央公論新社.

石塚喜明編（1971）『大学における農学教育』東京大学出版会

国立大学農学系学部長会議（1997）『21世紀の農学のビジョン』（http://www.buchokaigi.nougaku.jp/past/o_vision/1997-1.html　最終閲覧日：2021年4月11日）.

文部科学省（2021）「学校基本調査報告書　令和2年度」（https://www.e-stat.go.jp/stat-search/files?page=1&toukei=00400001&tstat=000001011528　最終閲覧日：2021年4月11日）.

文部省大学学術局技術教育課編（1998）『専門学校資料』大空社.

日本学術会議（2015）『大学教育の分野別質保証のための教育課程編成上の参照基準　農学分野』（http://www.scj.go.jp/ja/info/kohyo/pdf/kohyo-23-h151009.pdf　最終閲覧日：2021年4月11日）.

大崎仁 (1999)『大学改革 1945 〜 1999』有斐閣.

杉山滋郎 (2010)『日本の近代科学史 (新装版)』朝倉書店.

田島淳史・比企弘・遠藤織太郎・佐藤昭二・近宗千城 (1993)「わが国の大学における農学教育カリキュラムに関する調査研究」『大学研究』11：203-221.

田島淳史 (1999)「日本の大学における農学教育の現状と課題」『大学研究』19：163-180.

# 第 6 章　教育学系学科のカリキュラム：
## 教員養成との関連に注目して

中島　夏子（東北工業大学）

## 1.　本分野の背景と分析対象

　教育学系学科は、国家資格に直結する専門職養成を目的とした学科を除外している本研究の対象としては異質な領域である。なぜならば、教育学分野の教育課程には大きく「教育学の教育研究に関する教育課程」と「教員養成に関する教育課程」の二つの種類があり、（日本学術会議 2020: 17-18）、後者が教員という国家資格に直結する専門職の養成課程であるという点で、本研究の対象にはそぐわないと考えられるからである。その一方で、「教育学の教育研究に関する教育課程」という要素があることに加え、戦後日本の教員養成が、「大学における教員養成」と「開放制」を原則としている（高橋 2009）ことから、必ずしも専門職養成を目的とした学科であるともいえない。つまり、教育学系学科においては「教育学と教員養成は不可分の関係」（日本学術会議 2020: 21）にあり、程度の差はあれ、その両方の要素を含んでいるということができる。

　教育学系学科における教育学と教員養成との関係は、新制大学に教育学部が発足した当初から、戦前の旧帝国大学系や旧高等師範学校系、その他の総合大学系の由来の別による分離や対立などが問題とされてきた（TEES研究会 2001）。国の政策との関連では、教育職員免許法（以下、教免法）及び同施行規則により教職課程は統制されているが、教職課程に含める科目や単位数の増加によって非教員養成大学での教員養成が困難になり、開放制を後退させる危険性があることが指摘されている（浦野・羽田 1998）。また、2000 年代には、多くの私立大学に教員養成課程が設立される自由化が進むと同時に、教免法施行規則の改正と課程認定による「再統制化」の傾向が強まっている（佐久間 2010）。

本章は、以上の教育学系学科の特性と状況を踏まえ、対象とするカリキュラムを次のように定義した。まず、本章が扱うのは学科系統大分類「教育」のうち、中分類「教育学関係」及び「その他」に分類される学科である。なお、この中には中分類「小学校課程」等の教員養成課程は含まれていない。また、「教育学関係」や「その他」に分類される学科であっても、教員免許の取得を卒業要件とする事を便覧に記載しているカリキュラムは除外した。こうすることによって、教員養成を目的としていることが明白なカリキュラムを除外した。そして残った113のカリキュラムを対象として、卒業要件に占める必修単位率の規定要因を明らかにすることを本章の目的とする。その際、共通独立変数である偏差値、ST比、進学率のほか、教育学系学科の特性を踏まえ、教員免許の取得の有無とその種類、教職課程の履修の強制力の程度という「教員養成に関する教育課程」の観点からの分析も行う。

## 2.　教育学全体の基本分析

　教育学系学科における共通独立変数の記述統計量は表6-1の通りである。必修単位率の平均は40.4%であり、全分野平均の35.2%よりも少し高く、人文・社会科学分野としては高い値である。偏差値の平均値は43.6であり、全分野平均の44.0と同程度となっている。ST比の平均は20.9であり、全分野平均の27.7と比べると少ない。進学率の平均は6.4%であり、全分野平均の15.6%と比べると少ないが、進学率が高い分野の多くが理学、工学、農学といった自然科学領域の分野であり、人文・社会科学領域の分野としては高い傾向にある。

表 6-1　記述統計量（教育学全体）

|  | 度数 | 最小値 | 最大値 | 平均値 | 標準偏差 |
|---|---|---|---|---|---|
| 必修単位率 | 113 | 9.6 | 86.3 | 40.4 | 18.4 |
| 偏差値 | 113 | 33.0 | 64.0 | 43.6 | 8.3 |
| ST 比 | 113 | 4.8 | 46.7 | 20.9 | 7.9 |
| 進学率 | 99 | 0 | 31.3 | 6.4 | 7.8 |

表 6-2　必修単位率との相関（教育学全体）

| | 偏差値 | ST 比 | 進学率 |
|---|---|---|---|
| Pearson の相関係数 | -.273** | -0.034 | -.298** |
| 有意確率（両側） | 0.0 | 0.7 | 0.0 |
| 度数 | 113 | 113 | 99 |

** p < 0.01

　必修単位率と共通独立変数との相関は表6-2の通りである。偏差値と進学率はそれぞれ-.273と-.298と必修単位率に対して低い負の相関（p < 0.01）が認められたが、ST比には相関がみられなかった。

## 3. 「教員養成に関する教育課程」の観点からの分析

　本節では、「教員養成に関する教育課程」の観点からの分析を行うため、取得できる教員免許の有無とその種類、教職課程の履修の強制力を表す変数として、教職課程の導入と総括に位置付けられる科目の必修指定の有無で相関分析を行う。

### 3.1　教員免許の取得の有無とその種類

　教員免許を取得できないカリキュラム（N=8）に対して、大多数（N=105）が、例えば幼稚園と小学校の免許の両方を取得できる等、一つ以上の教員免許を取得できるカリキュラムであった。また、免許種別では、それぞれ幼稚園（N=55）、小学校（N=65）、中学校（N=51）、高校（N=36）、特別支援学校（N=41）、養護教諭（N=7）であった。また、司書教諭(N=35)や保育士(N=37)の資格もとれるカリキュラムがあった。（養護教諭は7ケースしかないため、以降、分析の対象から除く。）

　教員免許種ごとの記述統計量は表6-3である。必修単位率の平均値は、取得できる免許種の順に特別支援（42.6）＞小学校（41.7）＞幼稚園（40.0）＞高校（40.0）＞中学校（37.1）であった。表6-4は免許取得の有無や免許種ごとにダミー変数（1=免許あり、0=免許なし）を設定した時の必修単位率との相関である。いずれも相関はみられなかった。

表 6-3　層別記述統計量（教員免許種別）

|  |  | 度数 | 最小値 | 最大値 | 平均値 | 標準偏差 |
|---|---|---|---|---|---|---|
| 幼稚園免許あり | 必修単位率 | 55 | 9.6 | 86.3 | 40.0 | 20.0 |
|  | 偏差値 | 55 | 33.0 | 56.0 | 40.1 | 5.2 |
|  | ST比 | 55 | 12.2 | 34.2 | 21.5 | 5.1 |
|  | 進学率 | 50 | 0.0 | 14.3 | 2.8 | 2.9 |
| 小学校免許あり | 必修単位率 | 65 | 9.6 | 86.3 | 41.7 | 20.2 |
|  | 偏差値 | 65 | 33.0 | 62.5 | 41.2 | 5.8 |
|  | ST比 | 65 | 4.8 | 38.8 | 21.5 | 6.2 |
|  | 進学率 | 58 | 0.0 | 27.8 | 3.4 | 4.4 |
| 中学校免許あり | 必修単位率 | 51 | 12.9 | 73.4 | 37.1 | 17.1 |
|  | 偏差値 | 51 | 33.0 | 64.0 | 46.7 | 9.4 |
|  | ST比 | 51 | 4.8 | 46.7 | 20.2 | 9.8 |
|  | 進学率 | 46 | 0.0 | 31.3 | 8.8 | 9.8 |
| 高校免許あり | 必修単位率 | 36 | 12.9 | 73.4 | 40.0 | 18.4 |
|  | 偏差値 | 36 | 33.0 | 64.0 | 48.3 | 10.1 |
|  | ST比 | 36 | 4.8 | 46.7 | 19.4 | 10.6 |
|  | 進学率 | 31 | 0.0 | 31.3 | 11.6 | 10.8 |
| 特別支援免許あり | 必修単位率 | 41 | 12.9 | 86.3 | 42.6 | 21.0 |
|  | 偏差値 | 41 | 33.0 | 64.0 | 44.8 | 9.2 |
|  | ST比 | 41 | 5.7 | 34.2 | 20.2 | 7.0 |
|  | 進学率 | 37 | 0.0 | 31.3 | 6.4 | 9.3 |

表 6-4　必修単位率との相関（教員免許種別）

|  | 免許取得の有無ダミー | 幼稚園ダミー | 小学校ダミー | 中学校ダミー | 高校ダミー | 特別支援学校ダミー |
|---|---|---|---|---|---|---|
| Pearson の相関係数 | 0.035 | -0.021 | 0.097 | -0.165 | -0.113 | 0.076 |
| 有意確率（両側） | 0.7 | 0.8 | 0.3 | 0.1 | 0.2 | 0.4 |
| 度数 | 113 | 113 | 113 | 113 | 113 | 113 |

　表6-5の免許種別に分けた時の共通独立変数と必修単位率との相関では、免許種ごとに特徴が見られた。偏差値との相関では、幼稚園、小学校、特別支援学校で無相関だが、中学校で-.310（p < 0.05）、高校で-.525（p < 0.01）とそれぞれ低い負の相関が認められた。ST比について

は、幼稚園免許において低い負の相関が認められたが、それ以外は無相関であった。進学率については、幼稚園と小学校で無相関、中学校、高校、特別支援学校においては低い負の相関が認められた。

表 6-5　層別相関分析（免許種別）

| | | 偏差値 | ST 比 | 進学率 |
|---|---|---|---|---|
| 幼稚園免許あり | Pearson の相関係数 | -0.07 | -.271* | -0.20 |
| | 有意確率（両側） | 0.61 | 0.05 | 0.16 |
| | 度数 | 55 | 55 | 50 |
| 小学校免許あり | Pearson の相関係数 | -0.04 | -0.08 | -0.21 |
| | 有意確率（両側） | 0.78 | 0.55 | 0.12 |
| | 度数 | 65 | 65 | 58 |
| 中学校免許あり | Pearson の相関係数 | -.310* | 0.15 | -.315* |
| | 有意確率（両側） | 0.03 | 0.31 | 0.03 |
| | 度数 | 51 | 51 | 46 |
| 高校免許あり | Pearson の相関係数 | -.525** | 0.19 | -.509** |
| | 有意確率（両側） | 0.00 | 0.27 | 0.00 |
| | 度数 | 36 | 36 | 31 |
| 特別支援免許あり | Pearson の相関係数 | -0.23 | -0.05 | -.343* |
| | 有意確率（両側） | 0.15 | 0.74 | 0.04 |
| | 度数 | 41 | 41 | 37 |

** $p < 0.01$.　* $p < 0.05$

　以上の結果から、小学校と幼稚園、そして中学校と高校の免許が取得できるカリキュラムとで異なる傾向あることが明らかになった。その理由を探るために、中学校と高校の免許しか取得できないカリキュラムに注目して、具体的な事例を見ていきたい。それに該当するのが表6-6の23のカリキュラムである。必修単位率の低いものから順に並んでいる。これらのカリキュラムには、全体からすると例外的な特徴を持つものが多く含まれている。アミカケをしたセルがそれに該当する。学科名やプログラム名は、例えば「教育学コース」や「教育心理学コース」等の、教員免許との関連がない、学問分野を冠した名称が多い。取得できる教員

免許は中学校の社会や高校の地理歴史や公民に偏っている。そして共通独立変数は、偏差値が50以上、ST比10以下、進学率10%以上で、国立大学であることが多い。このような特徴を全て持つ典型的な例が、京都大学の教育学部教育学学科、現代教育基礎学系である。偏差値64、ST比5.7、進学率31.3%の国立大学であり、取得可能な免許は中学校の社会と高校の地理歴史と公民である。その必修科目は、「外国文献研究（教育・英）Ⅰ・Ⅱ」（4単位）、「教育研究入門」（4単位）、「講読演習」（4単位）、「卒業論文」（16単位）の合計28単位であり、必修単位率は20%である[1]。専門教育科目の選択科目の中には、教職科目でもある「教育原理」や「教育方法学」といった科目も含まれているが、多くが教職課程とは関係のない教育学の科目である。また、これらの科目も学生の専門領域の科目として履修している事の方が多いのではないかと推察される。なぜならば、教員免許を取得する学生は、令和元年度のデータで卒業者数69名のうち2名（実数）とごく少数だからである[2]。したがって、このようなカリキュラムは、教育学を学生の専門領域として深く学ぶ「教育学の教育研究に関する教育課程」であるということができる。同様に、北海道大学、東北大学、九州大学のカリキュラムも「教育学の教育研究に関する教育課程」であると考えられる。

　これらの大学の8つのカリキュラムを教育学全体から除外すると、表6-7の通り、必修単位率に対する偏差値と進学率の相関はなくなり、逆にST比に低い負の相関（$p < 0.05$）が認められた。この事から、中学校と高校の免許の層別相関だけではなく、教育学全体にも低い負の相関が認められた理由は、「教育学の教育研究に関する教育課程」を持つ、偏差値と進学率が高い国立大学の教育学部が一定数あったからであると考えられる。

表 6-6　中学校と高校の免許しか取得できないカリキュラム一覧

| | 名称 | 学部 | 学科 | プログラム名 | 中学校免許 | 高校免許 | 偏差値 | ST比 | 進学率 | 設置者 |
|---|---|---|---|---|---|---|---|---|---|---|
| 1 | 創価大学 | 教育学部 | 教育学科 | | 中（社会）| 高（公民）| 46 | 22.9 | 6.8 | 私立 |
| 2 | 明治学院大学 | 心理学部 | 心理学科 | | 中（社会）| 高（公民）| 52.5 | 46.7 | 9.6 | 私立 |
| 3 | 京都大学 | 教育学部 | 教育科学科 | 現代教育基礎学系 | 中（社会）| 高（地理歴史・公民）| 64 | 5.7 | 31.3 | 国立 |
| 4 | 京都大学 | 教育学部 | 教育科学科 | 教育心理学系 | 中（社会）| 高（地理歴史・公民）| 64 | 5.7 | 31.3 | 国立 |
| 5 | 京都大学 | 教育学部 | 教育科学科 | 相関教育システム系 | 中（社会）| 高（地理歴史・公民）| 64 | 5.7 | 31.3 | 国立 |
| 6 | 東北大学 | 教育学部 | 教育科学科 | 教育学コース | 中（社会）| 高（公民）| 57 | 6.7 | 19.5 | 国立 |
| 7 | 九州大学 | 教育学部 | 教育学系 | | 中（社会）| 高（地理歴史・公民）| 59 | 7.7 | 23.2 | 国立 |
| 8 | 東北大学 | 教育学部 | 教育科学科 | 教育心理学コース | 中（社会）| 高（公民）| 57 | 6.7 | 19.5 | 国立 |
| 9 | 九州大学 | 教育学部 | 教育心理学系 | | 中（社会）| 高（地理歴史・公民）| 59 | 7.7 | 23.2 | 国立 |
| 10 | 筑美大学 | 教育学部 | 教育心理学科 | | 中（保健）| 高（保健）| 42 | 18.5 | 1.9 | 私立 |
| 11 | 早稲田大学 | 教育学部 | 教育学科 | 教育心理学専修 | 中（社会）| 高（地理歴史・公民）| 62.5 | 26.5 | 11.7 | 私立 |
| 12 | 北海道大学 | 教育学部 | 教育学科 | | 中（社会）中（保健体育）| 高（地理歴史・公民）高（保健体育）| 57 | 6.1 | 29.7 | 国立 |
| 13 | 早稲田大学 | 教育学部 | 教育学科 | 生涯教育学専修 | 中（社会）| 高（地理歴史・公民）| 62.5 | 26.5 | 11.7 | 私立 |
| 14 | 関西学院大学 | 教育学部 | 教育科学科 | 教育科学科コース | 中（社会）| 高（地理歴史・公民）| 52 | 34.2 | 5.1 | 私立 |
| 15 | 東京学芸大学 | 教育支援課程 | 教育支援課程 | E類生涯スポーツ | 中（保健体育）| 高（保健体育）| 52.5 | 15.5 | 15.3 | 国立 |
| 16 | 宮城学院女子大学 | 教育学部 | 教育学科 | 健康教育専攻 | 中（保健体育）| 高（保健体育）| 40 | 26.2 | 1.8 | 私立 |
| 17 | 東京学芸大学 | 教育学部 | 教育支援課程 | E類多文化共生教育 | 中（社会）中（英語）| 高（地理歴史・公民）高（英語）| 52.5 | 15.5 | 15.3 | 国立 |
| 18 | 早稲田大学 | 教育学部 | 教育学科 | 教育学専修 | 中（社会）| 高（地理歴史・公民）| 62.5 | 26.5 | 11.7 | 私立 |
| 19 | 帝京科学大学 | 教育人間科学部 | 学校教育学科 | 中高保健体育コース（英語）| 中（保健体育）| 高（保健体育）| 36 | 20.0 | 2.2 | 私立 |
| 20 | 開智国際大学 | 教育学部 | 教育学科 | 中等教育専攻（英語）| 中（英語）| 高（英語）| 35 | 14.4 | | 私立 |
| 21 | 開智国際大学 | 教育学部 | 教育学科 | 中等教育専攻（国語）| 中（国語）| 高（国語）| 35 | 14.4 | | 私立 |
| 22 | 北翔大学 | 教育文化学部 | 教育学科 | 音楽コース | 中（音楽）| 高（音楽）| 35 | 17.8 | 2.8 | 私立 |
| 23 | 東北福祉大学 | 教育学部 | 教育学科 | 中等教育専攻 | 中（社会）| 高（地理歴史・公民）| 44 | 19.6 | 2.5 | 私立 |

表6-7 「教育学の教育研究に関する教育課程」の8つのカリキュラムの層別相関

|  |  | 偏差値 | ST比 | 進学率 |
|---|---|---|---|---|
| 「教育学の教育研究に関する教育課程」8ケース | Pearson の相関係数 | -0.657 | 0.174 | -0.061 |
|  | 有意確率（両側） | 0.08 | 0.68 | 0.89 |
|  | 度数 | 8 | 8 | 8 |
| それ以外 | Pearson の相関係数 | -0.16 | .194* | -0.18 |
|  | 有意確率（両側） | 0.10 | 0.05 | 0.09 |
|  | 度数 | 105 | 105 | 91 |

* p＜0.05

### 3.2　教職の導入科目と総括科目の必修指定の有無

　次に教員免許を取得する強制力がどの程度あるのかという観点から分析を行うため、教職課程の導入と総括にそれぞれ位置付けられる科目が必修となっているか否かで分類した。教職科目の導入科目に位置付けられるのは、「教職の意義等に関する科目」として開講される「教職概論」、「教職原論」、「教職論」、「教職入門」、「教師論」等の名称の科目である。これらの科目が必修となっているカリキュラムは、すべての学生に少なくとも教職課程の履修を開始させることを意図していると理解できる。同様に、総括に位置付けられている「教職実践演習」が必修となっているカリキュラムは、すべての学生に教職課程を修了させることを意図していると理解できる。なお、「教職実践演習」が必修になっているカリキュラムは、いずれも「教職の意義等に関する科目」も必修であった。

　その層別の記述統計量は表6-8にある通りである。「教職の意義等に関する科目」と「教職実践演習」が必修に指定されているか否かによって、必修単位率は大きく異なっている。「教職の意義等に関する科目」が必修となっている場合の必修単位率の平均値は52.7%であるのに対して、そうでない場合は29.6%である。そして、「教職実践演習」を必修にしているカリキュラムは11と少ないが、その必修単位率の平均値は67.9%であり、そうでない場合の37.5%と比べると非常に高い値となっている。参考までに、67.9%という値は、教員免許の取得を卒業要件としている東京学芸大学のカリキュラムと同程度の必修単位率であった。

「教職の意義に関する科目」や「教職実践演習」の必修指定の有無をダミー変数（1＝必修あり、0＝必修なし）とした場合の必修単位率との相関は表6-9の通りである。「教職の意義に関する科目」が.631、「教職実践演習」が.492と、両者ともに正の相関（p < 0.01）があった。

**表6-8　層別記述統計量（教職科目別）**

| | | 度数 | 最小値 | 最大値 | 平均値 | 標準偏差 |
|---|---|---|---|---|---|---|
| 教職の意義等に関する科目あり | 必修単位率 | 53 | 19.4 | 86.3 | 52.7 | 18.0 |
| | 偏差値 | 53 | 34.0 | 62.5 | 40.2 | 6.0 |
| | ST比 | 53 | 12.2 | 38.8 | 20.6 | 6.1 |
| | 進学率 | 42 | 0.0 | 12.1 | 2.9 | 2.6 |
| 教職の意義等に関する科目なし | 必修単位率 | 60 | 9.6 | 58.4 | 29.6 | 10.1 |
| | 偏差値 | 60 | 33.0 | 64.0 | 46.6 | 9.0 |
| | ST比 | 60 | 4.8 | 46.7 | 21.3 | 9.3 |
| | 進学率 | 57 | 0.0 | 31.3 | 9.0 | 9.3 |
| 教職実践演習あり | 必修単位率 | 11 | 47.6 | 86.3 | 67.9 | 11.6 |
| | 偏差値 | 11 | 34.0 | 44.0 | 38.5 | 4.6 |
| | ST比 | 11 | 15.4 | 22.2 | 19.0 | 2.2 |
| | 進学率 | 9 | 0.0 | 3.7 | 2.3 | 1.4 |
| 教職実践演習なし | 必修単位率 | 102 | 9.6 | 81.5 | 37.5 | 16.5 |
| | 偏差値 | 102 | 33.0 | 64.0 | 44.2 | 8.5 |
| | ST比 | 102 | 4.8 | 46.7 | 21.2 | 8.3 |
| | 進学率 | 90 | 0.0 | 31.3 | 6.8 | 8.1 |

**表6-9　必修単位率との相関（教職科目別）**

| | 教職の意義ダミー | 教職実践演習ダミー |
|---|---|---|
| Pearson の相関係数 | .631** | .492** |
| 有意確率（両側） | 0.0 | 0.0 |
| 度数 | 113 | 113 |

** p < 0.01

「教職の意義に関する科目」と「教職実践演習」が必修になっているカリキュラムのうち、もっとも必修単位率が高かったのは東北福祉大学の初等教育専攻（小特コース）である。なお、このカリキュラムは教育学

全体でも、最も必修単位率が高い。幼稚園、小学校と特別支援学校の免許を取得することができ、必修単位率は86.3%、偏差値は44.0、ST比は19.61、進学率は2.5%である。そのカリキュラムは、全学共通の総合基礎教育科目と学部の専門教育科目に分かれている。総合基礎教育科目の必修単位数は19単位であるが、これは要卒業単位数（124単位）の15.3%を占めるに過ぎず、必修単位率の高さに大きな影響を与えているとはいえない。一方、学部・学科の専門教育科目は表6-10の通りであり、合計88単位が必修となっているが、そのうち、L・C群を除くすべての科目が教職科目である[3]。これは要卒単位数の66%を占めており、こうした小学校や特別支援学校の教員免許を取得するための教職科目が必修単位率を上げている。

　小学校や幼稚園の免許を取得するカリキュラムであっても、教職科目を必修にしていなければ、必修単位率は低くなる傾向にある。その一例が、教育学系学科で最も必修単位率の低かった中国学園大学の子ども学部子ども学科である。偏差値38.9、進学率2.4%、ST比22.2である。必修単位率は9.6%であり、必修単位は教養教育科目の「英語」（4単位）と専門教育科目の「課題研究Ⅰ・Ⅱ」（2単位）、「卒業研究」（6単位）の計12単位である。専門教育科目は、保育士、幼稚園教諭、小学校教諭、児童厚生一級指導員の資格に必要な科目によって編成されているが、全て選択科目である[4]。このように、取得する免許・資格に応じて学生が科目を選択できるカリキュラムは、必修単位率が低くなる傾向にある。

表6-10　東北福祉大学 初等教育専攻（小特コース）専門教育科目

| 専門基礎科目 | | 12 | 日本国憲法 (2)、教育学概論 A (2)、教育社会学概論 A (2)、教育心理学概論 A (2)、教職論 A (2)、特別支援教育の基礎 (2) |
|---|---|---|---|
| 専門基幹科目 | L・C群 | 6 | リエゾンゼミⅡ（専門基礎演習）(2)、リエゾンゼミⅢ（専門演習Ⅰ）(2)、リエゾンゼミⅣ（専門演習Ⅱ）(2) |
| | A群 | 12 | 教育方法論 (2)、教育相談の理論と方法 A (2)、道徳の指導法 A (2)、特別活動の指導法 A (2)、生徒指導・進路指導論 A (2)、教職実践演習 (2) |
| | B群 | 28 | 国語科概論 (2)、社会科概論 (2)、算数概論 (2)、理科概論 (2)、初等教育課程の意義と編成 (2)、国語科の指導法 (2)、社会科の指導法 (2)、算数科の指導法 (2)、理科の指導法 (2)、生活科の指導法 (2)、家庭科の指導法 (2)、音楽家の指導法 (2)、図画工作科の指導法 (2)、体育科の指導法 (2) |
| | D群 | 28 | 特別支援教育総論 (2)、知的障碍者の心理・生理・病理 (2)、肢体不自由者の心理・生理・病理 (2)、病弱者の心理・生理・病理 (2)、聴覚障害者の心理 (2)、知的障害者教育論 (2)、肢体不自由者教育論 (2)、病弱者教育論 (2)、聴覚障害者教育論 (4)、重複障害者教育総論 (2)、発達障害者教育総論 (2)、視覚障碍者教育総論 (2) |
| 専門発展科目 | | 2 | 障害児の学習支援 (2) |

（括弧内は単位数）

## 4.　考察

　本節では、教育学系学科のカリキュラムの必修単位率が学科属性のどのような側面に規定されているのかについて、まとめと考察を行う。

　まず3つの共通独立変数である偏差値、ST比、進学率に関しては、教育学系学科全体では、偏差値が -.273、進学率が -.298と、それぞれ必修単位率との低い負の相関（p < 0.01）が認められた。一方、ST比については必修単位率との相関は認められなかった。

　これらの変数よりも教育学系学科のカリキュラムの必修単位率を強く規定していたのは、教職課程を履修させる強制力の程度であった。「教職の意義に関する科目」や「教職実践演習」を必修に指定することと必修単位率には、それぞれ.631と.492の正の相関（p < 0.01）が認められた。これは、教免法及び同施行規則によって、それぞれの免許を取得するために必要な科目や単位数が定められているからである。例えば、小学校（一種）の免許を取得するためには、教科に関する科目8単位、教職に関

する科目41単位、教科又は教職に関する科目10単位の計59単位が必要であり（2018年度の場合）、各科目に含めることが必要な事項も決められている。このように、教職課程の課程を履修させる強制力が強い、すなわち「教員養成に関する教育課程」の要素が強いカリキュラムは、教員免許種にかかわらず必修単位率が高くなる傾向にある。そして、このようなカリキュラムは、教職課程による必修科目や単位数の規制が強いため、偏差値やST比、進学率等の変数による影響はあまり見られない。

　一方、教職課程を履修させる強制力が弱いカリキュラムには二つのタイプがあった。一つ目は京都大学の教育学部教育学学科、現代教育基礎学系のように、教育学を学生の専門領域として深く学ぶことができる「教育学の教育研究に関する教育課程」の要素が強いカリキュラムである。必修単位数を大幅に増加させる教免法等の法令に強く縛られることなく、学生自身の専門科目として教育学を深く学べるカリキュラムとなっている。二つ目は、中国学園大学子ども学部子ども学科のように、教員免許を取得するか、あるいはどの免許種を取得するのかを学生が選択できるカリキュラムである。このカリキュラムは教免法に規定された教職科目で専門教育科目が構成されているが、必修にはなっていない。以上の二つのタイプのカリキュラムは、理由は異なるが、いずれも教職課程を履修させる強制力が弱いため、必修単位率が低くなっている。

　教育学全体において認められた必修単位率に対する偏差値と進学率の低い負の相関は、偏差値と進学率の高い旧帝国大学系の教育学部のカリキュラムがあることに起因すると考えられる。これらのカリキュラムの必修単位率が低いのは、前述の通り、それが「教育学の教育研究に関する教育課程」であり、「教員養成に関する教育課程」の影響が少ないからである。また、必修単位率が低いのは系統的に積み上げる学修の傾向が弱い人文・社会科学領域の学部・学科に共通する傾向であり、偏差値と負の相関があるという全体的な傾向とも合致する。

　以上、教員養成との関連に注目して教育学系学科のカリキュラムの分析を行い、そのカリキュラムの必修単位率が、共通独立変数よりも教職

課程を履修させる強制力の程度に大きな影響を受けていることが明らかになった。本研究では、カリキュラムに影響を与える教育目的に関する共通の変数として進学率が使われているが、教員養成と不可分な関係にある教育学系学科においては、教員免許という資格の観点から変数を設定する方が適切であろう。本稿では、「教職の意義に関する科目」と「教職実践演習」の必修指定の有無をダミー変数として分析を行ったが、より正確な分析のためには、全必修科目に占める教職科目の割合を変数とするべきだろう。また、教職課程を履修させる強制力が弱い二つのタイプの例からも分かるように、必修単位率が同程度であっても、その選択科目まで調べてみると、異なる教育目的や編成原理でカリキュラムが編成されていることがある。したがって、より詳細な分析をするためには、そこまで対象を広げて教職課程の影響を具体的に調べていくことが必要である。

【注】

1）京都大学教育学部「学部履修単位表」（https://www.kyoto-u.ac.jp/contentarea/ja/about/publication/publish-education/documents/2020/6-2-2-102.pdf）
2）京都大学「平成30年度卒業者教員免許状取得状況・学校教員就職状況」（https://www.kyoto-u.ac.jp/sites/default/files/inline-files/license-acquirer_2109.pdf）
3）東北福祉大学教育学部「STUDENT HANDBOOK ＜教育学平成30年度入学生用＞」（https://www.tfu.ac.jp/students/arpn890000001r6d-att/s9n3gg000000foye.pdf）
4）中国学園大学学則2018年度（https://www.cjc.ac.jp/wp/wp-content/uploads/2018/06/gakusoku_01_2018.pdf）
（ウェブサイトは2020/03/11情報取得）

【参考文献】

文部科学省（2019）『課程認定申請の手引き（平成31年度開設用）再課程認定』.
日本学術会議（2020）『大学教育の分野別質保証のための 教育課程編成上の参照基準 教育学分野』.
佐久間亜紀（2010）「1990年代以降の教員養成カリキュラムの変容：市場化と再統制化」『教育社会学研究』86：97-112.
高橋哲（2009）「教員：未完の計画養成」橋本鉱市編『専門職養成の日本的構

造』玉川大学出版部，104-125.

TEES研究会（2001）『「大学における教員養成」の歴史的研究：戦後「教育学部」史研究』学文社.

浦野東洋一・羽田貴史（1998）『変動期の教員養成：日本教育学会課題研究「子ども人口減少期における教員養成及び教育学部問題」報告書』同時代社.

# 第7章　教養系学科のカリキュラム：
## 　　　教員数・学生収容定員・学科設置年度との関連

## 1.　本分野の背景

　教養系学科は2000年代以降に急増し、一定の存在感のある分野になったといえる。だがそのカリキュラムは、体系化・系統化されておらず、その実状が一般的に認識されにくい。この背景には、教養学関係の教育課程は、分野の参照基準という考え方に馴染まないとされ、「教育課程編成上の参照基準を策定するために取り上げる分野」において、当分取り上げない (広田2010) という見解や、「教養学」なる学問体系も不在 (串本2004) という見方がある。

　教養系学科と関連の深い、教養系学部関係研究のレビューは、栗原 (2021)で実施しているので詳細には述べないが、関係事項の要点をここにまとめる。関連研究としては、まず関(1986)がある。そこでは国立大学を対象として教育研究組織の変遷が分析された。次に舘(1996)が日本の大学における「教養学部」「文理学部」「学芸学部」の学科及び専攻の構成を考察している。現代の教養系学部の全体的特徴を考察した研究として、栗原 (2018, 2019a, 2019b, 2021) がある。また教養系学部のカリキュラム構造と多様性を検討した本庄 (2019) がある。

　さらに、教養系学科を対象とした先行研究としては、本章の予備的分析の意味合いを含んだ栗原・串本(2020: 22)がある。一部を補足の上、引用して本分野を概観しておく。

　　　日本の学士課程教育においては概して、大きくは二つに区分される科目群によって教育が行われている。一つは一般教育を基底にその役割を引き継いだ共通科目であり、そこでは幅広い知識や汎用的

スキルを培う、いわゆる教養教育が行われる。もう一つは、各学問分野に立脚した専門科目群による専門教育である。教養系学科の特徴は、両者を併せたカリキュラムで、明示的に教養教育を追求する点にある。

　これまでに、カリキュラム全体を通じた教養教育のあり方は、高等教育政策の諸答申の中において種々の名称により、理念的に提示されてきた。具体的には、まず1971年の中教審の「四六答申」において、大学の教育課程の類型として「将来の社会的進路のあまり細分化されない区分に応じて、総合的な教育課程により、専門的な教養を身につけさせようとするもの（総合領域型）」と示された。2000年の「グローバル化答申」では「各大学の理念・目標に基づく主体的判断により、米国におけるリベラルアーツ・カレッジのような教養教育を中心とした幅広い教育プログラムを持つ学部への改組転換を促進」することが推奨された。2002年の「教養教育答申」では、「教養教育重点大学（仮称）」として重点的に支援することにも触れられた。また、2005年の「将来像答申」の中で示された大学の機能類型として「総合的教養教育」としても示され、2018年の「グランドデザイン答申」でもこの機能の位置づけが継承されている。以上のように「学士課程全体を教養教育の場にしようとする議論」（吉田 2013）は、理念的には再三強調されてきたものの、具体的なカリキュラムのあり方の指針については、各審議会等からは示されていない。他方、いわゆる総合的教養教育の理念に最も親和的であると考えられる教養系学科においては、各大学が掲げる諸理念に基づき実際に教育が行われている。

## 2. 分析対象と量的概要
　分析に先立ち、本章で扱う教養系学科を定義しておきたい。本章でいう教養系学科とは、学科名称に「教養」「リベラルアーツ」「アーツ・アンド・サイエンス」といった教養に関する名称を含む学科群と定義しておく。分析対象は表7-1に示す29の教養系学科である。東京大学教養学部教養

学科は、その教育内容が前期課程と後期課程で大きく異なり明確に区分されていることから、本書では一つの教養系学科と扱いにくいため対象から除外している。放送大学教養学部教養学科も、他大学と比較するとその大学規模の面で著しく異なるため分析対象から除いた。また埼玉大学教養学部は、本書のオリジナルのデータセットにおいては、教養学科のグローバル・ガバナンス専修課程、現代社会専修課程、哲学歴史専修課程、ヨーロッパ・アメリカ文化専修課程及び日本・アジア文化専修課程という5つの課程を、それぞれ1件としてカウントしていた。分析上、一つの教養系学科の状況をこの5件として捕捉すると、この他の28学科のデータとの解析上のバランスがとれなくなる恐れがある。このため他のデータとの兼ね合いを考慮し、学科を単位として「埼玉大学教養学部教養学科」を1件として扱い、序章の34件から本章は29件に絞った上で以後の分析を進める。

　表7-1では、大学名、学部名、学科名、授与する学位の付記専攻分野名称及び当該学科設置年度を記載し、その年度順に配列している。先に挙げた諸答申に呼応するかのように、2000年代以降に多くの教養系学科が設置された。学部名称に着目すると、いわゆる教養系学部以外でも、文学部や外国語学部という人文系学部に教養系学科が設置されている。また学科名称を見ると、国際・グローバル・世界といった名称の学科が多く、21学科となっている。

　さらに表7-1から抽出した表7-2の学位付記専攻分野名称を見ると、やはり国際教養（学）が最も多く16件であり55.2%の割合を占めている。次に教養（学）の5件で17.2%、リベラルアーツの2件で6.9%、その他各1件ずつと続く。

　以上までの学科名称及び学位付記専攻分野名称を通じた特徴として、国際・世界といったエリアを想起させる単語が多用されている点が挙げられる。そして、教養系学科群にはこのような「国際教養系」と「教養系」の2つの系列があると捉えることができる。後でこの系列区分を用いる。

表 7-1　分析対象の教養系学科

| No. | 大学名 | 学部名 | 学科名 | 学位付記専攻分野名称 | 設置年度 |
|---|---|---|---|---|---|
| 1 | 埼玉大学 | 教養学部 | 教養学科 | 教養 | 1965 |
| 2 | 愛知大学 | 国際コミュニケーション学部 | 国際教養学科 | 国際教養学 | 1997 |
| 3 | 昭和女子大学 | 人間社会学部 | 現代教養学科 | 人間社会学 | 2002 |
| 4 | 早稲田大学 | 国際教養学部 | 国際教養学科 | 国際教養学 | 2004 |
| 5 | 上智大学 | 国際教養学部 | 国際教養学科 | 国際教養 | 2006 |
| 6 | 神戸女子大学 | 文学部 | 国際教養学科 | 国際教養学 | 2006 |
| 7 | 同志社女子大学 | 学芸学部 | 国際教養学科 | 国際教養学 | 2007 |
| 8 | 追手門学院大学 | 国際教養学部 | 国際教養学科 | 国際教養学 | 2007 |
| 9 | 玉川大学 | リベラルアーツ学部 | リベラルアーツ学科 | リベラルアーツ | 2007 |
| 10 | 国際基督教大学 | 教養学部 | アーツ・サイエンス学科 | 教養 | 2008 |
| 11 | 法政大学 | グローバル教養学部 | グローバル教養学科 | 国際教養学 | 2008 |
| 12 | 中京大学 | 国際教養学部 | 国際教養学科 | 国際教養学 | 2008 |
| 13 | 帝塚山学院大学 | リベラルアーツ学部 | リベラルアーツ学科 | リベラルアーツ | 2008 |
| 14 | 群馬県立女子大学 | 文学部 | 総合教養学科 | 文学 | 2009 |
| 15 | 名古屋商科大学 | 国際学部 | グローバル教養学科 | 教養 | 2010 |
| 16 | 福岡女子大学 | 国際文理学部 | 国際教養学科 | 国際教養 | 2010 |
| 17 | 日本大学 | 国際関係学部 | 国際教養学科 | 国際関係 | 2011 |
| 18 | 名古屋外国語大学 | 現代国際学部 | 国際教養学科 | 国際学 | 2013 |
| 19 | 創価大学 | 国際教養学部 | 国際教養学科 | 国際教養学 | 2014 |
| 20 | 山梨学院大学 | 国際リベラルアーツ学部 | 国際リベラルアーツ学科 | 国際リベラルアーツ | 2014 |
| 21 | 中国学園大学 | 国際教養学部 | 国際教養学科 | 国際教養 | 2014 |
| 22 | いわき明星大学 | 教養学部 | 地域教養学科 | 教養 | 2015 |
| 23 | 千葉商科大学 | 国際教養学部 | 国際教養学科 | 国際教養学 | 2015 |
| 24 | 順天堂大学 | 国際教養学部 | 国際教養学科 | 国際教養学 | 2015 |
| 25 | 名古屋外国語大学 | 外国語学部 | 世界教養学科 | 世界教養 | 2015 |
| 26 | 千葉大学 | 国際教養学部 | 国際教養学科 | 国際教養学 | 2016 |
| 27 | 中央学院大学 | 現代教養学部 | 現代教養学科 | 教養学 | 2016 |
| 28 | 開智国際大学 | 国際教養学部 | 国際教養学科 | 国際教養学 | 2017 |
| 29 | 南山大学 | 国際教養学部 | 国際教養学科 | 国際教養学 | 2017 |

表 7-2　学位付記専攻分野

| 名称 | 件数 | 割合 |
|---|---|---|
| 国際教養（学） | 16 | 55.2% |
| 教養（学） | 5 | 17.2% |
| リベラルアーツ | 2 | 6.9% |
| 国際リベラルアーツ | 1 | 3.4% |
| 国際学 | 1 | 3.4% |
| 国際関係 | 1 | 3.4% |
| 人間社会学 | 1 | 3.4% |
| 世界教養 | 1 | 3.4% |
| 文学 | 1 | 3.4% |
| 合計 | 29 | 100.0% |

## 3. 分析方法及び記述統計量

### 3.1　分析方法

　本章では、序章で示された研究の目的及びデータセットと変数を踏ま
え、教養系学科カリキュラムにおける必修単位率の背景要因を、探索的
に分析することを課題とする。分析は、教養系学科に係る属性変数や、
カリキュラム上の基本的な変数を扱って考察していく。まず、変数間の
相関係数を確認し必修単位率との関連を検討する。次に散布図を用いて、
必修単位率と特に相関している変数の関連を考察する。最後に必修科目
名称の分析を行う。

　本章で用いる変数は、「必修単位率」「偏差値」「設置年度」「教員数」
「定員」「ST比」「卒業率」及び「進学率」である。さらに「設置者」（名義
尺度：1＝国立、2＝公立、3＝私立）と、「国際教養系ダミー」（基準カ
テゴリの0は教養系とし、国際教養系を1とする）の二つの変数を加えて
分析する。その他の変数の定義については、序章を参照されたい。デー
タセットは教養系学科の29件について、10の変数で作成した。

### 3.2 記述統計量

各変数の記述統計量は表7-3のとおりである。卒業率及び進学率の
データについては、調査を重ねたものの捕捉数はやや不十分となった。
本分析課題の重要性を優先し、本章ではひとまず保有データの範囲で分
析を行う。

**表7-3 記述統計量**

| 変数 | 設置者 | 偏差値 | 国際教養系ダミー | 設置年度 | 教員数 | 定員 | ST比 | 卒業率 | 進学率 | 必修単位率 |
|---|---|---|---|---|---|---|---|---|---|---|
| N | 29 | 29 | 29 | 29 | 29 | 29 | 29 | 18 | 18 | 28 |
| 平均 | 2.79 | 46.22 | 0.72 | 2008.76 | 33.03 | 596.69 | 22.01 | 75.99 | 4.24 | 25.7% |
| 標準偏差 | 0.56 | 9.36 | 0.45 | 9.73 | 34.70 | 557.48 | 10.03 | 11.21 | 3.84 | 14.0% |
| 最小値 | 1 | 33 | 0 | 1965 | 7 | 80 | 5.83 | 54.8 | 0 | 1.6% |
| 最大値 | 3 | 65 | 1 | 2017 | 155 | 2480 | 50 | 95.9 | 13.8 | 50.0% |

### 3.3 教養系と国際教養系の記述統計量の比較

前節でふれた教養系と国際教養系の2系列で、記述統計量を比較して
確認する。表7-4では、系列別に各変数の平均をクロス表に整理したも
のである。まず必修単位率は、教養系21%に対して国際教養系は27.6%
となり6ポイント以上国際教養系の方が高く、国際教養系の系列に区分
された教養系学科は、平均的に必修単位率が高くなることが確認できた。

このような国際教養系の教養系学科にどのような特徴があるか、さら
に確認してみよう。偏差値は国際教養系の方が3.3ポイント高く、設置
年度も7年新しい。これは近年設置された同系列の選抜度の高さや学生
からの人気の高さを表していると考える。次に、学科の規模を示す教員
数は平均して9人程度国際教養系の方が低く、定員は同じく平均で140
人ほど少ない。国際教養系は学科規模が比較的小さいことがわかる。し
かしST比については国際教養系の方が2.4ポイント高い。国際教養系の
教養系学科は、学科規模はやや小さめだがST比が若干高いことを指摘
しておく。なお、卒業率は両系列間で大きな差はない。進学率は2.2ポ
イント国際教養系の方が低く、大学卒業後に大学院等へ進学する者が比
較的少なくなる傾向があるといえる。

表7-4　教養系と国際教養系の記述統計量の比較

| 変数 | 教養系 | 国際教養系 | 全体 |
|---|---|---|---|
| 必修単位率 | 21.0% | 27.6% | 25.7% |
| 偏差値 | 43.8 | 47.1 | 46.2 |
| 設置年度 | 2004 | 2011 | 2009 |
| 教員数（人） | 39.3 | 30.7 | 33.0 |
| 定員（人） | 700.0 | 557.3 | 596.7 |
| ST比 | 20.3 | 22.7 | 22.0 |
| 卒業率 | 76.4% | 75.8% | 76.0% |
| 進学率 | 5.7% | 3.5% | 4.2% |

## 4. 分析

### 4.1　相関行列

　前節で示した変数の相関行列を表7-5に示す。必修単位率に対して統計的に有意な相関があった変数は、設置年度、教員数及び定員の3つである。必修単位率と設置年度の相関係数は0.4で最も高かったので、これについては次項以降で詳しく検討する。本項では教員数及び定員について分析を行う。

　教員数と学生の定員は、必修単位率に対して同値-0.29で負の相関が確認できる。教員数や学生の定員が多くなると、必修単位率が低くなる相関が見られる。学科設置上は、収容定員に応じた教員数を確保することが必須となる。同時に学科の定員規模が大きくなると、比較的多様な科目を開講できる余力を持っているといえる。必修単位率と教員数・定員との負の相関の背景には、比較的規模が大きい教養系学科において、選択科目の多い可能性があると考える。しかし、必修単位率とST比の相関は統計的に有意な関連と認められなかった。教員一人当たりの学生数であるST比より、前述した学科規模を象徴する教員数や定員の方が、解析上は相関が強い結果となった。

表 7-5　必修単位率とその他の変数との相関係数

| | 設置者 | 偏差値 | 国際教養系ダミー | 設置年 | 教員数 | 定員 | ST比 | 卒業率 | 進学率 | 必修単位率 |
|---|---|---|---|---|---|---|---|---|---|---|
| 設置者 | 1 | | | | | | | | | |
| 偏差値 | -.27 | 1 | | | | | | | | |
| 国際教養系ダミー | .20 | .16 | 1 | | | | | | | |
| 設置年 | .03 | -.24 | .17 | 1 | | | | | | |
| 教員数 | -.14 | .15 | -.04 | -.08 | 1 | | | | | |
| 定員 | .05 | .23 | -.13 | -.18 | .58 ** | 1 | | | | |
| ST比 | .39 * | .07 | .08 | .01 | -.28 * | .15 | 1 | | | |
| 卒業率 | -.15 | -.28 | -.06 | -.24 | -.26 | -.22 | .06 | 1 | | |
| 進学率 | -.16 | .23 | -.24 | .04 | -.01 | -.02 | -.11 | .07 | 1 | |
| 必修単位率 | -.06 | -.08 | .18 | .40 ** | -.29 * | -.29 * | .11 | .15 | -.08 | 1 |

値はケンドールの順位相関　* P < 0.05,　** P < 0.01

　また、ST比と設置者の相関が確認できた。私大の方がST比は高くな
り、公立や国立大学に設置される教養系学科はST比が低くなる傾向が
ある。なお「設置者」「偏差値」「卒業率」「進学率」や、教養系学科群を
二つに大別するためのダミー変数である「国際教養系ダミー」も、ほとん
ど相関がないといってよい。ちなみに、必修単位率を従属変数とした重
回帰分析を試行したが、採択できるモデルはなかった。

### 4.2　散布図による必修単位率と設置年度の関係の分析

　必修単位率との相関は設置年度が最も高かったため、図7-1に散布図
を描いてさらに詳細を検討してみたい。

　X軸は設置年度、Y軸は必修単位率として、各教養系学科を配置して
いる。また国際教養系ダミーが付された教養系学科を■印、同ダミーの
ない教養系の教養系学科を◆印でプロットした。

　必修単位率と設置年度の関係は、比較的近年となると必修単位率が高
くなり、逆に設置当初から年数が経っている教養系学科は必修単位率
が低く、選択単位率が高くなり選択科目の開講数が多くなる傾向があ
る。表7-3の設置年度の平均値が2008.76であるため、2009年以降と2008
年度以前の設置学科群を二群に分けて必修単位率の平均を取ってみたと

ころ、前者は30.7％、後者は18.8％となり、この点からも明らかである。近年に設置された教養系学科は、学科設置時に学内的に必修単位率・選択単位率のバランスを検討し、一定の条件の下で教育課程をコントロールしている傾向があると考える。

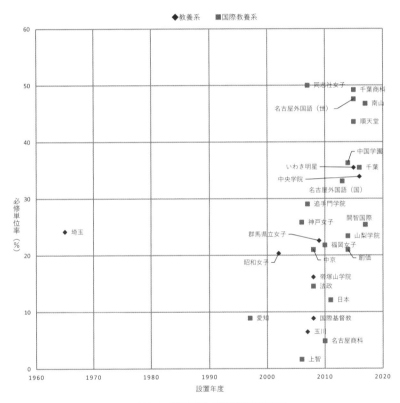

図7-1　設置年度と必修単位率の散布図

## 4.3　必修科目名称の分析

本項では、設置年度が近年であると必修単位率が高い傾向に対して、その背景要因をさらに分析する。分析対象は、必修単位率が特に30％以上と高い、10の教養系学科における必修科目の授業科目名称172件とする。

授業科目の分析は、予め実施した栗原・串本（2020）の手法を参考に実施する。具体的には、同稿における教養系学科の全授業科目名称を整理して設定した、43分野で構成される「授業科目分類」を分類軸とし、172の授業科目名称を分類して置き換えていく。この作業後、10の教養系学科ごとかつ授業科目分類ごとに単位数を集計したのが表7-6である。

　表頭に系列区分・大学名、表側に授業科目分類の分野を記している。これらの区分に従い単位数の合計値を示している。10学科の必修科目群は、本分類上では24の分野に区分された。分野の共通性の観点で見ると、10学科全てで必修科目に設定されている分野は「英語」のみであり、「情報処理」が7学科、「総合・総論」「卒業論文等」が6学科と続く。

　他方、分野の多様性の観点で見ると、学科ごとに分野数をカウントすると、千葉大学国際教養学部国際教養学科が14分野、南山大学国際教養学部国際教養学科が13分野、いわき明星大学教養学部地域教養学科が12分野という状況である。対して名古屋外国語大学現代国際学部国際教養学科と名古屋外国語大学外国語学部世界教養学科の分野数はいずれも4である。その他の学科間でも扱う分野数にバラツキがある。また国際教養系であっても、英語科目を必修科目に設定して比較的多くの単位数を取得させるとは限らない点も浮き彫りになった。少なくとも、必修単位率が高い教養系学科では、各大学の状況に応じて、種々の分野の科目を設定していることが背景にある、といえそうである。

　なお、カリキュラム上、必修科目をどの分野でどの程度設定するかどうかは、学科設置時の学内議論や、改組前の教員組織に拠る点が大きいと推測されるが、その検討には本章での分析範囲を超えており、この点が限界となる。

**表 7-6　授業科目分類の分野ごとの単位数**

| 系列区分 / 大学 / 授業科目分類 | 教養系 | | 国際教養系 | | | | | | | | 合計 |
|---|---|---|---|---|---|---|---|---|---|---|---|
| | いわき明星 | 中央学院 | 順天堂 | 千葉 | 千葉商科 | 南山 | 名古屋外国語(国) | 名古屋外国語(世) | 同志社女子 | 中国学園 | |
| 01_ 英語 | 6 | 6 | 26 | 2 | 4 | 7 | 21 | 43 | 26 | 9 | 150 |
| 05_ 言語・文学 | | | 2 | 2 | | 2 | 2 | | | | 8 |
| 06_ 日本語 | 1 | 8 | | | 2 | | | | | | 11 |
| 07_ 文化・文明 | | | 4 | 1 | | 2 | | | | 6 | 13 |
| 08_ 哲学・思想・宗教 | | | | | | 4 | | | | | 4 |
| 11_ 社会 | 2 | | | | | | | | | | 8 |
| 12_ 心理学 | 2 | | | | | | | | | | 2 |
| 13_ コミュニケーション | 2 | 2 | 2 | 1 | | | | | | 2 | 9 |
| 16_ 地域研究 | | | | 5 | | | | 4 | 8 | | 17 |
| 17_ 国際・グローバル研究 | | | 12 | 3 | | 18 | | | 4 | 2 | 39 |
| 20_ 経済・金融 | | | | | | | | | | 2 | 2 |
| 24_ 科学技術・自然科学 | | | | 3 | | | | | | | 3 |
| 25_ 生命・生物 | | | | 2 | | | | | | | 2 |
| 30_ 工学 | | | | 1 | | | | | | | 1 |
| 32_ 調査法・統計 | | | 2 | 4 | | | | | | | 6 |
| 33_ 総合・総論 | 2 | 4 | | 7 | 10 | 4 | | | | | 29 |
| 34_ 体育・スポーツ | 4 | | | 2 | | 2 | | | | | 8 |
| 35_ 情報処理 | 1 | 4 | | 3 | | 4 | 2 | | | 6 | 24 |
| 36_ 卒業論文等 | 8 | 4 | | | | | | 2 | 10 | | 30 |
| 37_ キャリア形成 | 8 | | | | | 6 | 4 | | | 4 | 22 |
| 38_ 大学の適応支援科目 | 4 | | | | | 2 | | | | 2 | 8 |
| 39_ 学術的文章作成・発表スキル | | | | | | 4 | | | | | 4 |
| 42_ 留学 | | | | | | 14 | | | 4 | | 18 |
| 43_ その他 | 4 | 12 | 2 | 8 | 12 | 3 | 16 | 10 | 10 | 12 | 89 |
| 合計 | 44 | 42 | 54 | 44 | 60 | 56 | 41 | 59 | 62 | 45 | |

## 5.　まとめ

　本章では、教養系学科カリキュラムにおける必修単位率の背景要因を探索的に分析した。その知見を3点まとめておく。

　まず、学生の定員と教員数は必修単位率と統計的に有意な関係があった。しかしこれらと密接に関係する変数であるST比は統計的に有意でなかった。必修単位率に対する教員数と定員との負の相関は、規模が比較的大きい教養系学科において、開講科目の多さが背景にあると考察された。

次に、必修単位率と設置年度の関係は、比較的近年となると必修単位率が高くなり、逆に設置当初から年数が経っている教養系学科は必修単位率が低かった。近年に設定された学科では、設置時に必修単位率・選択単位率のバランスを検討し、一定の条件の下で教育課程をコントロールする傾向があると推量した。

　最後に、近年に設置された学科で必修単位率が高い傾向がある背景要因を検討するために、10の教養系学科における必修科目の授業科目名称を分析した。共通して必修科目に設定されている分野は「英語」のみであり、その他の分野は学科間で扱う分野数にバラツキがあった。国際教養系であっても、英語科目の単位数を多く取得させるとは限らない状況が見てとれた。必修単位率が高い教養系学科では、各大学の状況に応じて、種々の分野の必修科目を設定していることが背景にあることを確認した。

　以上の分析結果から、教養系学科の必修単位率の背景要因には、学科を構成する教員組織や収容定員といった基本的・構造的な事項と、近年の学科設置時における様々な必修単位率・選択単位率のバランスの検討過程がある、ということが示唆される。

## 【参考文献】

広田照幸(2010)「分野別質保証のための参照基準について」『学術の動向』6：12-20.

本庄秀明(2019)「日本における教養系学部のカリキュラム：専門履修・LS・自由履修の3類型と学びの内容に着目して」『大学経営政策研究』9：17-35.

栗原郁太(2018)「日本の大学における「専門としての教養」の現状分析：教養系学部の専攻分野及びディプロマ・ポリシーの分析を通じて」『大学経営政策研究』8：75-91.

栗原郁太(2019a)「日本の教養系学部における学際性の特質：専門教育授業科目の名称の分析を通じて」『大学経営政策研究』9：17-35.

栗原郁太(2019b)「教養系学部の教育内容の多様性」『IDE現代の高等教育』610：41-45.

栗原郁太・串本剛(2020)「教養系学科カリキュラムの共通性：授業科目名称の計量分析を通じて」『大学評価・学位研究』21：19-38.

栗原郁太(2021)「第2章　現代日本における教養系学部の特徴：包摂性・多様性・学際性・共通性」福留東土・戸村理・蝶慎一編『教養教育の日米比較研究』(高等教育研究叢書158)，13-24.

串本剛(2004)「教育成果を用いた教養教育の評価活動」『高等教育研究』7：137-155.

関正夫(1986)「戦後日本の大学における教育研究組織の変遷：国立大学の場合」『大学論集』16：1-24.

舘昭(1996)「大学制度における教養概念に関する一考察」『学位研究』5：61-73.

吉田文(2013)『大学と教養教育：戦後日本における模索』岩波書店.

# 第8章　音楽系学科のカリキュラム：
## 大学属性・専攻系列による影響

栗原　郁太（津田塾大学）

## 1.　音楽大学を取り巻く環境

　日本の大学において、音楽の専門教育を施す学部が設けられたのは、新制大学発足時である。旧学制期にそれは大学に存在せず、専門学校など諸学校にこの分野は委ねられて（児玉編 2018）おり、「音楽学校」として高度な音楽教育が行われていた。

　現代の音楽大学や音楽系学科の役割には、作曲家・演奏家、指導者・学校教員や音楽研究者を含む人材の輩出の他に、いわゆる「教養」としての音楽を習得した人材や聴衆、アート・マネジメント人材、音楽業界・メディア関連に対応できる人材の養成も期待され、そのニーズは極めて多様である。背景には、少子化、初等中等教育段階の音楽科教育の影響、大学のユニバーサル化、社会の情報化に伴う音楽のコモディティ化といった現代的要因があると推察する。また、こうした音楽系学科等の変容は、諸外国にはない日本的特質や問題を孕んでいる。

　そうした問題を久保田（2017）が、「2018年問題」という視点で次のように考察している。「アメリカのコンセルヴァトワール型の音楽学校が、積極的にリベラルアーツのみならずビジネス系の学科を導入しているように、これからは、日本でもリベラルアーツ型の音楽大学が重要になってくるようにも思われ」るとし、その理由を「社会の周辺環境が、近年になって激変したことにある」と述べている。その上で日本の音楽大学教育について、次のように概念整理を試みた。「従来の演奏家養成（コンセルヴァトワール）型の音楽大学では、ピアノ、声楽、管弦打楽器、作曲という4つの分野が中核に位置」し、近現代では、「その周辺に『応用音楽』として、音楽教育、音楽学などの分野が設置」され、近年では「音楽

療法、コンピュータ音楽、ミュージカルなどの分野がさらに周辺領域に位置する」（久保田 2017: 149-150）と提示した。現在の日本の音楽大学には、①コンセルヴァトワール型の音楽演奏領域と、②リベラルアーツ型の教養としての音楽領域、そして③応用音楽領域が、併存しているとする見方を本章でも採用する。

　しかしこうした音楽大学自体の変化に関する指摘は、最近に始まったことではない。昭和末期に三善（1980）は、「音楽大学への学生への指向に果して花嫁学校意識がないかどうかが問われよう。少なくとも、大学で学ぶことが、単なる資格としての『教養』の免許取得でしかない一般風潮の一端が、音楽と芸術教育の場にも現れているとすれば、そしてその結果として前述の、私塾を含めた音楽教育ブーム現象への関連があるとすれば、そこには一般教養課程とはまたちがった批判が加えられるべきではないか」と述べた。また「今や各大学それぞれに、実技教育やカリキュラムの内容を含めて、自分たちが何をどのように学び教えあうのかについての『実論』を持たない限り、そしてそのための取捨選択を引き延ばしにしておいては、音楽大学が立たされている現状は、もうこれ以上決して展開しないこともたしかである」（三善 1980: 28-30）と厳しく言及し、各音楽大学が教育内容を見直す必要性を指摘した。その後、「十八歳人口の減少と、大学の自由化、加えてバブル崩壊に続く世界的な経済不況」を背景に、「そもそも音楽教育とはなになのか。この命題は、かつてのように、専門教育か、教育者養成教育か、教養教育かといった、目的別の弁別をもはや許さない」（三善 1995: 26）と述べ、問題の複雑さを示した。

　加えて、2020年より世界的に流行しているCOVID-19への対応は、音楽大学にも例外なく要請されている。「音楽大学のカリキュラムの中心にはマンツーマンの演奏の実技指導があり、授業中に音が奏でられない。あるいは音楽を視聴することのない授業科目はな」かったが、「音大の授業（レッスン）をオンラインで行うこと」（川野 2020a）が求められており、一般の大学と同じかそれ以上に対策に追われる局面が続いており、音楽

大学を取り巻く諸問題の錯雑化がさらに進むと考えられる。

## 2.　課題設定

　このような背景のある音楽大学や音楽系学科で学ぶ学生が、「4年間か
けてどのような学修をしているのかについては、関係者を除き意外と知
られていない」(川野 2020b) のが現状であろう。この意味で、音楽系学
科教育にアプローチする意義がある。本節では①入試科目と②教育課程
の二つの視点から、先行研究を検討して課題を設定したい。

### 2.1　入試科目に係る先行研究

　壬生(2013)によれば、少子化、入学志望者減等の問題が深刻化する兆
候がみられたのは1995年頃からであり、90年代終わり頃から入学試験で
課される問題の難易度や専門科目の相次ぐ変更が見られたとされた。さ
らに壬生 (2012) では、入学試験の内容のあり方は、多くの変化を遂げ、
それは各大学の方向性や置かれた状況のある一面を如実に反映している
と述べられている。そして、入学者減少を補充するように増加したのは
応用音楽領域であり、アート・マネジメント、文化政策、音楽療法、実
技を伴わずに音楽系大学への入学を可能にする専攻の増設や再編があっ
た点をあげている。さらに石井 (2018) による整理では、1990年代中頃ま
では、音楽系大学の一般入試は、一般科目以外に、専攻実技、楽典、新
曲視唱やコールユーブンゲン、聴音、副科ピアノ等、多数の音楽科目が
課せられていた。このため入試の数年前から個人レッスンや民間の音楽
教室等で学ぶ必要があったが、今日では入学前教育の在り方が変化して
いる、としている。

　他方、一般の大学の入試科目を分析した重厚な先行研究として佐々木
(2017)がある。佐々木は私立大学の入試科目に着目して、エリート、マ
ス、ユニバーサルの各段階の特色を分析した。そこでは1975年の時点
の、音楽系の学部を含めた募集定員、出題教科数、出題教科・科目数お
よび面接・小論文・実技等の組み合わせのパターンを整理している。た

だこれは当時の私立大学全体を対象にした考察であり、芸術・音楽系の学部・学科の特徴はつかみにくい。また、福島ら（2019）による一大学の事例研究として、入試科目の割合や受験倍率が、入学者のコンピテンシーやリテラシーに与える影響を検討した研究もある。

　以上から、音楽系学科の入試科目全般を対象とした研究は見当たらず、一つ目の課題として、入試科目と各専攻の教育との関連が見えてくる。

### 2.2　教育課程に係る先行研究

　まず音楽大学界全体の視座で検討してみたい。古くは上条(1971)が社会学の視点で音楽系大学を量的に把握した報告がある。次に大学教育の分野別質保証の文脈を見ると、日本学術会議の主導の下で各学問分野の参照基準が順次公表される施策も進んでいるところだが、「芸術関係の分野」は他の分野と異なり、「学術会議が対象としていない分野」であり、「教育課程編成上の参照基準を策定するために取り上げる分野」において「当分取り上げない」（広田2010）とされ、音楽分野の参照基準が整うには時間を要すると見込まれる。

　しかし反対に、欧米の音楽関係高等教育機関の認証評価制度を踏まえた上で、日本における課題として「現状追認型の付け焼刃的な評価基準」ではなく、①音楽に携わる高等教育機関の社会的位置づけをどう設定しなおすか、②そこで扱う音楽の範囲をどう設定するか、③音楽研究の射程をどう定めるか、といった点を視野に入れた評価基準を設定・運用する必要がある（中村2012）、という重要な指摘がある。さらに、内部質保証を考える際、芸術大学における専門実技教育においては「専門分野別評価」の促進が重要（森田2017）との主張もある。

　以上の点から、音楽大学等で行われている教育に関係者自身が目を向け、音楽分野のカリキュラムの統合性・共通性や特徴を確認し、教育の質保証に向けた検討を進めていくことが必要と示唆される。

　音楽大学のカリキュラムに係る先行研究としては、次のものがある。昭和音楽大学のアートマネジメントコースのカリキュラムを考察した石

田（2013）や、ドイツのカールスルーエ音大のカリキュラムを分析した高旗（2014）、さらに同大と東京藝大の教育課程を比較考察した高旗（2015）がある。ただ、以上の研究はいずれも本章のように日本の音楽系学科全般を対象とした研究ではない。

　他方、初等中等教育段階の音楽科カリキュラムの原理的・総論的研究は蓄積があり、西園（1993）や山本（2018）が挙げられる。さらに音楽科の授業実践例は関連学会で多く報告され、枚挙に暇がない。これは、高等教育段階の音楽教育カリキュラム論の研究動向とは異なる。

　本章では音楽大学カリキュラムに係る議論の端緒とするために、カリキュラム構造に着目し、本書を通底する分析課題である卒業要件単位に占める必修単位率の規定要因を探ることを、二つ目の観点とする。

　前項および本項の検討作業から、「入試科目や各専攻の教育とカリキュラム上の必修単位率との関連」が本章の課題といえる。

### 2.3　分析の枠組み

　本章では、図8-1の分析の枠組みにより、二つの分析を行う。

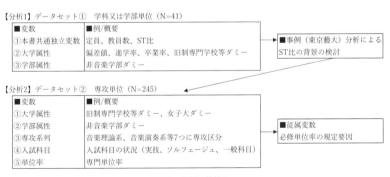

図8-1　分析の枠組み

　【分析1】では、学科又は学部を単位としたデータセットを用い、①本書の共通独立変数、②大学属性、③学部属性の変数における各独立変数と必修単位率の関連を検討する。加えて、日本で最も歴史のある音楽系

学科である東京藝術大学の事例を史的に考察し、必修単位率とST比・専門単位率との関連性を確認する。

　【分析2】では、音楽系学科の各専攻を単位としたデータセットを用いて、①大学属性、②学部属性、③専攻系列、④入試科目、⑤専門単位率の各区分で構成される変数を独立変数とし、必修単位率を従属変数とした分析を行う。仮説は「必修単位率は、大学・学部属性、専攻の特徴や入試科目、専門単位率により規定される」とする。

　ここで「音楽系学科」の語義を定義しておく。本章でいう音楽系学科とは、短期大学を除いた学士課程教育（学部教育）段階で、学科名称に「音楽」「演奏」等の音楽に関する用語を含む学科群とする。よって、音楽の専門教育を行う学科組織ではなく、専修・専攻・コースを基本かつ最大の単位としているケースは、本章では考慮の外に置いておく。例えば、教育学部における音楽科教員養成のコース等や、「芸術」「アーツ」という単語が用いられている学科において、コース単位で音楽教育が行われているケースがそれに当たる。

## 3. 分析

### 3.1　分析対象学科と量的概要
　本節の分析対象は表8-1に示す音楽系学科であり、抽出した学科は33大学48学科である。ただデータの都合上、「ST比」の集計単位が学科又は学部ごとのいずれかになっているため、表記上の件数は41件となっている。

　概観しておくと、国立大学は東京藝術大学の1大学、公立大学は3大学、私立大学29大学であり、8割以上が私立大学に設置されている。学部ごと学科数をカウントすると、音楽学部に37学科、芸術学部に4学科、学芸学部3学科、芸術情報学部に2学科、国際文化学部と文学部に各1学科となっている。音楽や芸術といった名称を冠しない学部にも音楽系学科は設置されている。次に学科名称ごとに学科数を確認すると、音楽

学科が21学科と最も多く、次いで演奏学科6となり、その他は2または1学科の名称が18種類となっている。いずれも音楽の専門教育が想起される学科名称といえる。

表 8-1　分析対象の音楽系学科

| No. | 設置区分 | 母体区分 | 名称 | 学部 | 学科名 | ST比単位 |
|---|---|---|---|---|---|---|
| 1 | 国立 | 旧制音楽学校等 | 東京藝術大学 | 音楽学部 | 作曲科，声楽科，器学科，指揮科，邦楽科，楽理科，音楽環境創造科 | 学部 |
| 2 | 公立 | 上記以外 | 愛知県立芸術大学 | 音楽学部 | 音楽科 | 学科 |
| 3 | | | 京都市立芸術大学 | 音楽学部 | 音楽学科 | 学科 |
| 4 | | | 沖縄県立芸術大学 | 音楽学部 | 音楽学科 | 学科 |
| 5 | 私立 | 旧制音楽学校等 | 東邦音楽大学 | 音楽学部 | 音楽学科 | 学科 |
| 6 | | | 国立音楽大学 | 音楽学部 | 演奏・創作学科 | 学科 |
| 7 | | | 国立音楽大学 | 音楽学部 | 音楽文化教育学科 | 学科 |
| 8 | | | 東京音楽大学 | 音楽学部 | 音楽学科 | 学科 |
| 9 | | | 武蔵野音楽大学 | 音楽学部 | 演奏学科 | 学科 |
| 10 | | | 武蔵野音楽大学 | 音楽学部 | 音楽総合学科 | 学科 |
| 11 | | | 昭和音楽大学 | 音楽学部 | 音楽芸術表現学科，音楽芸術運営学科 | 学部 |
| 12 | | | 大阪音楽大学 | 音楽学部 | 音楽学科 | 学科 |
| 13 | | 女子大 | 宮城学院女子大学 | 学芸学部 | 音楽科 | 学科 |
| 14 | | | フェリス女学院大学 | 音楽学部 | 音楽芸術学科 | 学科 |
| 15 | | | フェリス女学院大学 | 音楽学部 | 演奏学科 | 学科 |
| 16 | | | 金城学院大学 | 文学部 | 音楽芸術学科 | 学科 |
| 17 | | | 同志社女子大学 | 学芸学部 | 音楽学科 | 学科 |
| 18 | | | 神戸女学院大学 | 音楽学部 | 音楽学科 | 学科 |
| 19 | | | 武庫川女子大学 | 音楽学部 | 演奏学科 | 学科 |
| 20 | | | 武庫川女子大学 | 音楽学部 | 応用音楽学科 | 学科 |
| 21 | | | 活水女子大学 | 音楽学部 | 音楽学科 | 学科 |
| 22 | | 上記以外 | 札幌大谷大学 | 芸術学部 | 音楽学科 | 学科 |
| 23 | | | 尚美学園大学 | 芸術情報学部 | 音楽表現学科 | 学科 |
| 24 | | | 尚美学園大学 | 芸術情報学部 | 音楽応用学科 | 学科 |
| 25 | | | 聖徳大学 | 音楽学部 | 演奏学科 | 学科 |
| 26 | | | 聖徳大学 | 音楽学部 | 音楽総合学科 | 学科 |
| 27 | | | 上野学園大学 | 音楽学部 | 音楽学科 | 学科 |
| 28 | | | 桐朋学園大学 | 音楽学部 | 音楽学科 | 学科 |
| 29 | | | 日本大学 | 芸術学部 | 音楽学科 | 学科 |
| 30 | | | 洗足学園音楽大学 | 音楽学部 | 音楽学科 | 学科 |
| 31 | | | 名古屋音楽大学 | 音楽学部 | 音楽学科 | 学科 |
| 32 | | | 大阪芸術大学 | 芸術学部 | 音楽学科 | 学科 |

| 33 | | | 大阪芸術大学 | 芸術学部 | 演奏学科 | | 学科 |
|----|----|--------|-----------|---------|-------------|---|------|
| 34 | | | 相愛大学 | 音楽学部 | 音楽学科 | | 学科 |
| 35 | | | くらしき作陽大学 | 音楽学部 | 音楽学科 | | 学科 |
| 36 | | | エリザベト音楽大学 | 音楽学部 | 音楽文化学科 | | 学科 |
| 37 | 私立 | 上記以外 | エリザベト音楽大学 | 音楽学部 | 演奏学科 | | 学科 |
| 38 | | | 広島文化学園大学 | 学芸学部 | 音楽学科 | | 学科 |
| 39 | | | 徳島文理大学 | 音楽学部 | 音楽学科 | | 学科 |
| 40 | | | 平成音楽大学 | 音楽学部 | 音楽学科 | | 学科 |
| 41 | | | 鹿児島国際大学 | 国際文化学部 | 音楽学科 | | 学科 |

　母体区分の列には、旧制音楽学校等、女子大、上記以外の3区分に分けている。こうした大学属性は後述するデータセットにおいて、ダミー変数により処理している。

## 3.2　変数及び記述統計量

　表8-2に【分析1】で用いる変数とその記述統計量を示す。偏差値、卒業率、進学率、ST比、教員数及び定員の定義については、序章を参照されたい。サンプルサイズは基本的に41件であるが、卒業率と進学率の捕捉結果は34件となっている。

表8-2　変数と記述統計量（分析1）

| 変数 | 操作的定義 | 最小値 | 最大値 | 標準偏差 | 平均 | N |
|------|-----------|--------|--------|----------|------|---|
| 必修科目単位数 | | 10.00 | 106.00 | 20.97 | 53.17 | 41 |
| 卒業単位数 | | 124.00 | 128.00 | 1.12 | 124.39 | 41 |
| 専門科目単位数 | | 82.00 | 124.00 | 9.93 | 101.46 | 41 |
| 必修単位率 | 必修単位数÷卒業単位数 | 8.06 | 84.13 | 16.78 | 42.73 | 41 |
| 専門単位率 | 専門単位数÷卒業単位数 | 66.13 | 100.00 | 8.12 | 81.58 | 41 |
| 旧制音楽学校等ダミー | 旧制音楽学校及び同等の各種学校を出自とする大学 =1 とする。 | 0 | 1 | 0.42 | 0.22 | 41 |
| 女子大ダミー | 女子大学 =1 とする。 | 0 | 1 | 0.42 | 0.22 | 41 |
| 国公立ダミー | 国公立大学 =1 とする。 | 0 | 1 | 0.30 | 0.10 | 41 |
| 非音楽学部ダミー | 音楽学部以外の学部 =1 とする。 | 0 | 1 | 0.45 | 0.27 | 41 |
| 偏差値 | | 33.00 | 47.00 | 3.54 | 36.44 | 41 |
| 卒業率 | | 71.40 | 97.40 | 6.52 | 85.28 | 34 |
| 進学率 | | 1.50 | 30.80 | 8.53 | 13.09 | 34 |
| ST比 | | 2.91 | 38.57 | 8.68 | 16.95 | 41 |
| 教員数 | | 7 | 110 | 25.60 | 27.27 | 41 |
| 定員 | | 80 | 2130 | 424.94 | 418.34 | 41 |

## 3.3　相関係数

　前項で扱った変数のうち、単位数に係る変数を除いた12の変数について相関係数を求めた。結果を表8-3に示す。必修単位率と相関のある変数は、ST比の-0.29のみであった。必修単位率が高くなる方向性とST比が低くなる方向性の相関関係がある。教員1人当たりの学生数が減ることと、必修単位率が高くなることの相関傾向が見てとれる。これは、音楽系学科の学生側の定員が少なく、対して教員数が多い方が、必修単位率が高くなる関係があると解される。この理由には、第1節でふれた音楽大学のカリキュラムの中心にはマンツーマンの演奏の実技指導があると考える。次項で事例分析によりこの実態を考察する。

　最後に、その他の主な相関関係についても簡単に確認しておく。ST比は偏差値とも負の相関がある。進学率は旧制音楽学校等、国公立、非音楽学部の各ダミーと、偏差値、教員数との間で正の相関がある。女子大ダミーは卒業率と正の相関がある。教員数は、旧制音楽学校等、国公立、非音楽学部の各ダミーと偏差値との間で正の相関があり、女子大ダミーは負の相関がある。ここまでの考察から、女子大学の音楽系学科群は、旧制音楽学校等・国公立大、非音楽学部の群と教育環境が異なることがわかる。

**表 8-3　相関行列**

| | 必修単位率 | 専門科目率 | 旧制音楽学校等ダミー | 女子大ダミー | 国公立ダミー | 非音楽学部ダミー | 偏差値 | 卒業率 | 進学率 | ST比 | 教員数 | 定員 |
|---|---|---|---|---|---|---|---|---|---|---|---|---|
| 必修単位率 | 1 | | | | | | | | | | | |
| 専門科目率 | -.07 | 1 | | | | | | | | | | |
| 旧制音楽学校等ダミー | .05 | .07 | 1 | | | | | | | | | |
| 女子大ダミー | -.18 | .05 | -.28* | 1 | | | | | | | | |
| 国公立ダミー | .22 | .07 | .02 | -.17 | 1 | | | | | | | |
| 非音楽系学部ダミー | .18 | .18 | .32* | -.08 | -.20 | 1 | | | | | | |
| 偏差値 | .10 | .02 | .08 | -.03 | .42** | -.02 | 1 | | | | | |
| 卒業率 | -.06 | .02 | .11 | .43** | -.03 | -.02 | .16 | 1 | | | | |
| 進学率 | .08 | .10 | .54** | -.23 | .34* | .46** | .24 | .03 | 1 | | | |
| ST比 | -.29** | .11 | .01 | .11 | -.28* | -.11 | -.28* | -.01 | -.08 | 1 | | |
| 教員数 | .11 | .07 | .47** | -.47** | .27* | .28* | .31** | -.02 | .50** | -.13 | 1 | |
| 定員 | -.02 | .14 | .44** | -.31* | .08 | .16 | .12 | .01 | .34** | .33** | .57** | 1 |

ケンドールの順位相関　* P＜0.05,　** P＜0.01

## 3.4 東京藝術大学の事例分析（ST比、専門単位率、必修単位率）

ST比の下降方向と必修単位率の上昇方向の相関がある。背景には、個人レッスンの比重が高い伝統的・特徴的で堅固なカリキュラムがあると考える。この背景を探索するために、東京藝術大学の事例を検討したい。

表8-4　旧東京音楽学校・東京藝術大学音楽学部の基本情報

| 年度 | 教員数 | 生徒/学生数 | ST比 | 専門時数/単位率 | 必修時数/単位率 | 設置学科等 | 学校/大学 |
|---|---|---|---|---|---|---|---|
| 1890（明治23） | 14 | 71 | 5.07 | 82.1% | 82.6% | 予科、本科（師範部、専修部）、選科、研究生 | 東京音楽学校 |
| 1940（昭和15） | 50 | 477 | 9.54 | 55.6% | 100.0% | 本科（声楽部、器楽部、作曲部）、師範科（甲種師範科、乙種師範科）、邦楽科、予科、研究科（声楽部、器楽部、作曲部、邦楽部） | 東京音楽学校 |
| 1949（昭和24） | 66 | 560 | 8.48 | 67.7% | 67.7% | 作曲科、声楽科、合唱（専攻）科、器楽科、楽理科、邦楽科 | 東京藝術大学 |
| 1993（平成5） | 79 | 1,065 | 13.48 | 61.9% | 60.3% | 作曲科、声楽科、器学科、指揮科、楽理科、邦楽科 | 東京藝術大学 |
| 2018（平成30） | 83 | 1,007 | 12.13 | 80.6% | 72.6% | 作曲科、声楽科、器学科、指揮科、邦楽科、楽理科、音楽環境創造科 | 東京藝術大学 |

出所：東京音楽学校・東京藝術大学関係資料を参照して著者作成
注1：生徒/学生数は、東京音楽学校時期は在学生徒数、東京藝術大学時期は在学学生数を記載。
注2：各時数/単位率は、東京音楽学校期における週当たり時数をカウント、東京藝術大学期は単位数をカウントして算出。
注3：1890年度の東京音楽学校の学科課程と分類を例示すると以下のとおり。
　　　・専門に分類した学科：唱歌、洋琴、音楽論、声楽、器楽（風琴・バイオリン等）、音楽史、和声学、教育
　　　・それ以外に分類した学科：倫理、文学、英語、外国語、体操・舞踏

　東京藝術大学・東京音楽学校の母体は、1879（明治12）年に文部省内に設置された音楽取調掛に遡る。音楽取調掛は、日本で最初の系統的な音楽の調査・研究・教育を行う機関であった。その流れをくむ東京音楽学校と東京藝術大学音楽学部の教育体制とカリキュラムを検討することで、この後の分析の手がかりがつかめると考えた。

　表8-4に東京藝術大学音楽学部とその前身の東京音楽学校のST比、専門時数/単位率、必修時数/単位率の史的変遷を示す。本表における時数/単位率は、器楽（ヴァイオリン）を専門とした場合に適用される規

定を読み取って記載した。

　まず設置学科等を見ると、1890年度はまだ作曲が学べる組織は設置されておらず、西洋音楽の受容と邦楽の研鑽といった音楽の演奏自体に重きが置かれていたことがわかる。時代を下るにつれて、作曲部、楽理科、指揮科、音楽環境創造科が設置され教育組織が拡充されている。

　教員数にはいわゆる専任教員に相当する職員又は教員の数を示している。ただ表には示していない非常勤講師・教務嘱託等も教育活動を担っている。生徒数・学生数は史料の統計表から記載した。ST比は、明治時代末から平成時代末にかけて、学校/大学規模の拡大とともに値自体は大きくなっている。ただ非常勤講師・教務嘱託等も含めれば、生徒/学生数に対して十二分な教育体制が整えられていることがわかる。現代の大学教育の感覚で見れば、ST比はかなり低い値の域の中で変化しているといえよう。

　専門時数/単位率は、時代によって変化がある。1940年度は45％以上、音楽以外の分野の教育が実践されている。当時は「文学関連科目は、音楽以外にも精通した音楽教員を育成するために重要」（淺野2014）だったという指摘もある。また新制大学となった1949・1993年度の一般教育科目の制度施行時期は、その前後より専門単位率は低い。逆に2018年度は80.6％まで高くなった。

　必修時数/単位率は、現代と比較すると一般教育実施期間を除けば、高い傾向にある。1940年度の必修時数率が100％である理由は、「随意科目」として、卒業に必要な時数にこだわらずに多彩な学科目を課すことができる仕組みとなっているためである。一般教育科目が設定されている1949・1993年度の必修単位率は60％台となっており、その前後に比べてやや低い。一般教育科目ではなく共通科目の制度がとられた2018年度の必修単位率は、72.6％と高くなった。

　なお、2018年度『履修便覧』で器楽科（弦楽専攻）の必修科目を調べると、専門実技、学内演奏、卒業演奏、西洋音楽史、和声初級、和声中級、弦楽合奏、オーケストラ・チェンバーオーケストラ、室内楽及びソ

ルフェージュである。和声と西洋音楽史の理論科目は12単位、実技は78単位であり、個人・少人数のレッスン科目や実技科目の単位数が多い。

2018年度は専門単位率も必修単位率も高く、専門科目かつ必修科目の比重が大きい。重要なのは、東京藝術大学期に入ってからは、専門単位率と必修単位率が密接に連動して推移している点である。このことは専門単位率と必修単位率に、何らかの関係がある可能性を示唆している。次節【分析2】では、専門単位率を独立変数の一つに位置づける。

以上までの考察から、専門単位率を高く設定し、学生に専門科目の履修を比較的多く求めて、かつ個人・少人数レッスンを中心とした演奏の実技指導がカリキュラムの中心となっている以上は、教育体制の構造上の理由からST比が低くなり、かつ卒業要件上の必修単位率が高くなる傾向にある、といえそうである。

## 4.【分析2】専攻単位の分析

次に、分析単位を学科から専攻に変えて検討する。【分析2】では【分析1】より分析範囲を細分化し、解析も精緻化していく。再掲となるが本節の仮説を「必修単位率は、大学・学部属性、専攻系列の特徴や入試科目、専門単位率により規定される」と提示し、検証していく。

### 4.1 変数と記述統計量

本節で扱う変数の定義と記述統計量は表8-5のとおりである。データセットは、大学属性、学部属性、専攻系列、入試科目の各ダミー変数と、専門単位率で作成した。入試科目のデータについては、堀内編（2017・2018）を参照し、必要に応じて各大学のウェブサイトに掲載されている「入試要項」を確認した。

ここで独立変数の区分や変数自体に使用している「ソルフェージュ」の意味を確認しておく。本章における「ソルフェージュ」とは、基本的な読譜力や表現力を養う基礎的な音楽教育としておく。具体的には、歌唱（コールユーブンゲンやコンコーネ等の教本の歌唱）、視唱（楽譜の新

曲視唱・初見視唱）、楽典（音楽用語の理解や基礎的な音楽理論）、聴音（音の高低や和音、リズム等の聴き取り楽譜に書きだす訓練）、リズム訓練等がこれに含まれる。このようにソルフェージュは種々の科目で構成されている。このため、各大学におけるソルフェージュの扱い方が、その入試科目やカリキュラムの特色に表れる可能性がある。

## 4.2　専攻系列ごとの専門単位率・必修単位率

次に各単位率の割合の分析を行う。表8-6では卒業要件単位数に占める専門科目単位数の割合（専門単位率）の平均をクロス表で整理している。表8-7では同じく必修科目単位数の割合（必修単位率）をまとめている。いずれも網掛けはこの平均値以上の箇所を示している。

**表 8-5　記述統計量（分析 2）**

| カテゴリー | 変　数 | 操作的定義 | 最小値 | 最大値 | 平均 | 標準偏差 | N |
|---|---|---|---|---|---|---|---|
| 大学属性 | 偏差値 | 本書のデータセット（NPO法人教育ソリューション協会「全国学校データ」）を使用。同協会により「国内の大手と言われる予備校、進学塾等複数を参考資料」として編集されたもの。 | 33 | 53 | 36.78 | 3.61 | 245 |
| 大学属性ダミー | 旧制音楽学校等ダミー | 旧制音楽学校及び同等の各種学校を出自とする大学=1とする。 | 0 | 1 | 0.40 | 0.49 | 245 |
| | 女子大ダミー | 女子大学=1とする。 | 0 | 1 | 0.08 | 0.27 | 245 |
| | 国公立大ダミー | 国公立大学=1とする。 | 0 | 1 | 0.19 | 0.39 | 245 |
| | （ダミーなし） | （私立大学とする。） | | | | | |
| 学部属性ダミー | 非音楽学部 | 音楽部学部以外の学部=1とする。 | 0 | 1 | 0.15 | 0.35 | 245 |
| | （ダミーなし） | （音楽学部とする。） | | | | | |
| 専攻系列ダミー | 音楽理論系 | 音楽学・楽理・作曲・指揮を専門とする専攻=1とする。 | 0 | 1 | 0.16 | 0.37 | 245 |
| | 音楽教育系 | 音楽教育を専門とする専攻=1とする。 | 0 | 1 | 0.06 | 0.23 | 245 |
| | 音楽演奏系 | 芸術音楽の演奏を専門とする専攻=1とする。 | 0 | 1 | 0.53 | 0.50 | 245 |
| | ポピュラー音楽系 | ポピュラー音楽（ジャズ・ロック・声優アニメソング等）を専門とする専攻=1とする。 | 0 | 1 | 0.04 | 0.21 | 245 |
| | 邦楽・民俗音楽系 | 邦楽・民俗音楽の演奏を専門とする専攻=1とする。 | 0 | 1 | 0.07 | 0.25 | 245 |
| | その他音楽系 | 音楽総合・音楽教養・音響・アートマネジメント・音楽療法等を専門とする専攻=1とする。 | 0 | 1 | 0.11 | 0.31 | 245 |
| | （ダミーなし） | （舞踊・ダンス・ミュージカルといった音楽以外の領域を専門とする専攻=0とする。） | | | | | |
| 〔入試〕実技 | 専門実技 | 入学後の専門に関する実技試験を実施=1とする。 | 0 | 1 | 0.71 | 0.45 | 245 |
| | 副科ピアノ（又は電子オルガン） | 左記科目の試験の実施=1とする。 | 0 | 1 | 0.42 | 0.49 | 245 |
| | 副科ピアノ又は声楽又は管弦打楽器　※ | 左記科目の試験の実施=1とする。 | 0 | 1 | 0.02 | 0.13 | 245 |

| | | | | | | | | |
|---|---|---|---|---|---|---|---|---|
| 〔入試〕実技 | 楽典又は聴音又はコールユーブンゲン又は新曲視唱又は副科ピアノ | ※ | 左記科目の試験の実施=1とする。 | 0 | 1 | 0.06 | 0.23 | 245 |
| | 【合成】副科選択型 | | 上記2つの※を合成した変数 | 0 | 1 | 0.07 | 0.26 | 245 |
| | 器楽試験 | | 左記科目の試験の実施=1とする。 | 0 | 1 | 0.09 | 0.29 | 245 |
| | 音楽実技 | | 左記科目の試験の実施=1とする。 | 0 | 1 | 0.03 | 0.17 | 245 |
| | 音楽実技又は小論文 | | 左記科目の試験の実施=1とする。 | 0 | 1 | 0.01 | 0.11 | 245 |
| | 適正検査・学力検査 | | 左記科目の試験の実施=1とする。 | 0 | 1 | 0.01 | 0.11 | 245 |
| 〔入試〕ソルフェージュ | 楽典 | | 左記科目の試験の実施=1とする。 | 0 | 1 | 0.81 | 0.39 | 245 |
| | 聴音 | | 左記科目の試験の実施=1とする。 | 0 | 1 | 0.44 | 0.50 | 245 |
| | コールユーブンゲン | | 左記科目の試験の実施=1とする。 | 0 | 1 | 0.05 | 0.22 | 245 |
| | コンコーネ・歌唱 | | 左記科目の試験の実施=1とする。 | 0 | 1 | 0.02 | 0.15 | 245 |
| | 新曲視唱 | | 左記科目の試験の実施=1とする。 | 0 | 1 | 0.34 | 0.47 | 245 |
| | 初見視奏・即興演奏 | | 左記科目の試験の実施=1とする。 | 0 | 1 | 0.04 | 0.21 | 245 |
| | リズム課題 | | 左記科目の試験の実施=1とする。 | 0 | 1 | 0.04 | 0.19 | 245 |
| | 聴音又は新曲視唱 | ※ | 左記科目の試験の実施=1とする。 | 0 | 1 | 0.07 | 0.26 | 245 |
| | 聴音又はコールユーブンゲン | ※ | 左記科目の試験の実施=1とする。 | 0 | 1 | 0.03 | 0.18 | 245 |
| | 聴音又はコールユーブンゲン又は新曲視唱 | ※ | 左記科目の試験の実施=1とする。 | 0 | 1 | 0.06 | 0.23 | 245 |
| | コールユーブンゲン又は新曲視唱 | ※ | 左記科目の試験の実施=1とする。 | 0 | 1 | 0.03 | 0.18 | 245 |
| | 【合成】ソルフェージュ選択型 | | 上記4つの※を合成した変数 | 0 | 1 | 0.20 | 0.40 | 245 |
| 〔入試〕作曲・音楽学関係 | 音楽学 | | 左記科目の試験の実施=1とする。 | 0 | 1 | 0.00 | 0.06 | 245 |
| | 和声 | | 左記科目の試験の実施=1とする。 | 0 | 1 | 0.08 | 0.27 | 245 |
| | スコアリーディング | | 左記科目の試験の実施=1とする。 | 0 | 1 | 0.01 | 0.11 | 245 |
| | 対位法 | | 左記科目の試験の実施=1とする。 | 0 | 1 | 0.01 | 0.09 | 245 |
| | 作品提出 | | 左記科目の試験の実施=1とする。 | 0 | 1 | 0.03 | 0.17 | 245 |
| | 作曲 | | 左記科目の試験の実施=1とする。 | 0 | 1 | 0.04 | 0.19 | 245 |
| | 伴奏付け | | 左記科目の試験の実施=1とする。 | 0 | 1 | 0.00 | 0.06 | 245 |
| | 作曲又は和声 | ※ | 左記科目の試験の実施=1とする。 | 0 | 1 | 0.01 | 0.09 | 245 |
| | 写譜又は作品提出 | ※ | 左記科目の試験の実施=1とする。 | 0 | 1 | 0.00 | 0.06 | 245 |
| | 作品提出又は和声又は作曲又は音源提出 | ※ | 左記科目の試験の実施=1とする。 | 0 | 1 | 0.01 | 0.09 | 245 |
| | 作品提出又は和声 | ※ | 左記科目の試験の実施=1とする。 | 0 | 1 | 0.01 | 0.11 | 245 |
| | 作品提出又は演奏又は小論文 | ※ | 左記科目の試験の実施=1とする。 | 0 | 1 | 0.00 | 0.06 | 245 |
| | 作品提出又は和声又はポピュラー作品作曲 | ※ | 左記科目の試験の実施=1とする。 | 0 | 1 | 0.00 | 0.06 | 245 |
| | 【合成】作曲選択型 | | 上記6つの※を合成した変数 | 0 | 1 | 0.03 | 0.18 | 245 |
| 〔入試〕一般科目 | 国語 | | 左記科目の試験の実施=1とする。 | 0 | 1 | 0.44 | 0.50 | 245 |
| | 英語等外国語 | | 左記科目の試験の実施=1とする。 | 0 | 1 | 0.51 | 0.50 | 245 |
| | 英語又は国語 | ※ | 左記科目の試験の実施=1とする。 | 0 | 1 | 0.12 | 0.33 | 245 |
| | 英数等選択科目 | ※ | 左記科目の試験の実施=1とする。 | 0 | 1 | 0.08 | 0.27 | 245 |
| | 国語等選択科目 | ※ | 左記科目の試験の実施=1とする。 | 0 | 1 | 0.03 | 0.17 | 245 |
| | 【合成】一般科目選択型 | | 上記3つの※を合成した変数 | 0 | 1 | 0.23 | 0.42 | 245 |
| 〔入試〕その他 | 専門英語 | | 左記科目の試験の実施=1とする。 | 0 | 1 | 0.01 | 0.11 | 245 |
| | 作文 | | 左記科目の試験の実施=1とする。 | 0 | 1 | 0.01 | 0.11 | 245 |
| | 小論文 | | 左記科目の試験の実施=1とする。 | 0 | 1 | 0.17 | 0.38 | 245 |

| | | | | | | | |
|---|---|---|---|---|---|---|---|
| 〔入試〕<br>その他 | 課題論文 | 左記科目の試験の実施＝1とする。 | 0 | 1 | 0.02 | 0.14 | 245 |
| | 朗読・ダンス・演技等 | 左記科目の試験の実施＝1とする。 | 0 | 1 | 0.04 | 0.21 | 245 |
| | 口頭試問・面接 | 左記科目の試験の実施＝1とする。 | 0 | 1 | 0.65 | 0.48 | 245 |
| 単位数 | 必修単位数 | 必修単位の数 | 10 | 118 | 62.04 | 20.20 | 245 |
| | 卒業単位数 | 卒業に必要な単位数 | 124 | 128 | 124.33 | 1.03 | 245 |
| | 専門科目単位数 | 卒業要件単位数における専門単位数 | 82 | 124 | 104.05 | 10.13 | 245 |
| 単位率 | 必修科目単位率 | 必修単位を卒業単位で除した割合 | 0.08 | 0.95 | 0.50 | 0.16 | 245 |
| | 専門科目単位率 | 専門科目を卒業単位で除した割合 | 0.66 | 1.00 | 0.84 | 0.08 | 245 |

### 表8-6　専攻系列ごとの専門単位率

(単位：%)

| 専攻系列 | 国公立大学 | | | 私立大学 | | | 全体<br>平均 | N |
|---|---|---|---|---|---|---|---|---|
| | 旧制<br>音楽学校 | 左記以外 | 平均 | 旧制<br>音楽学校 | 左記以外 | 平均 | | |
| 音楽理論系 | 76.9 | 87.0 | 84.0 | 82.9 | 81.8 | 82.2 | 82.6 | 40 |
| 音楽演奏系 | 79.4 | 83.0 | 81.6 | 85.7 | 82.4 | 83.5 | 83.2 | 130 |
| 音楽教育系 | − | − | − | 85.2 | 82.4 | 83.6 | 83.6 | 14 |
| 邦楽・民俗音楽系 | 80.6 | 72.6 | 79.0 | 0.0 | 100.0 | 100.0 | 80.3 | 16 |
| ポピュラー音楽系 | − | − | − | 87.7 | 95.2 | 91.8 | 91.8 | 11 |
| その他音楽系 | 80.6 | − | 80.6 | 86.0 | 83.4 | 84.4 | 84.2 | 27 |
| 舞踊・バレエ・<br>ミュージカル系 | − | − | − | 90.3 | 94.0 | 92.5 | 92.5 | 7 |
| 全系列平均 | 79.8 | 82.9 | 81.3 | 85.6 | 83.5 | 84.3 | 83.7 | 245 |
| N | 24 | 22 | 46 | 73 | 126 | 199 | | |

　まず表8-6で特徴的なのは、専門単位率の全体平均が83.7％となっていることである。杉谷（2005）における表5から、2001年時点での他分野の平均を算出すると70％程度、医療系であっても75.3％であることに対して、音楽系学科の専門単位率はかなり高い。特に舞踊・バレエ・ミュージカル系は92.5％であり、ほぼ専門科目の単位取得で卒業できる。ポピュラー音楽系も同様に高い。こうした専攻系列間の専門単位率に傾向の違いもあることから、専門単位率を次項の重回帰分析の独立変数の一つに位置づける。なお、国公立大学には音楽教育系、ポピュラー音楽系、舞踊・バレエ・ミュージカル系の専攻は設置されていない。つまり、設置者区分をまたいだ音楽系学科群の中で専門分化の様相がある。

　次に、表8-7の必修単位率を分析する。必修単位率は、専門単位率と

様相が異なり、国公立大の平均が57.6％、私大の平均が48.1％であり、設置者間の差が大きい。特に音楽演奏系（ピアノ・声楽・管弦打楽器の専攻）の傾向は設置者間で異なり、私大の方が必修単位率は低い。同様の傾向は、音楽理論系（音楽学・楽理・作曲・指揮を専門とする専攻）でも見てとれる。邦楽・民俗音楽系の割合の乖離は、国公立大学で邦楽の専攻と私大の民俗音楽の専攻との間で、必修・選択設定の特徴の違いがあるためであり、後者はとりわけ履修上の自由度が高い専攻といえる。

**表8-7　専攻系列ごとの必修単位率** (単位：%)

| 専攻系列 | 国公立大学 | | | 私立大学 | | | 全体平均 | N |
|---|---|---|---|---|---|---|---|---|
| | 旧制音楽学校 | 左記以外 | 平均 | 旧制音楽学校 | 左記以外 | 平均 | | |
| 音楽理論系 | 57.5 | 50.1 | 52.3 | 50.5 | 42.7 | 45.8 | 47.4 | 40 |
| 音楽演奏系 | 65.7 | 52.3 | 57.7 | 56.1 | 47.0 | 50.1 | 51.2 | 130 |
| 音楽教育系 | – | – | – | 48.9 | 54.6 | 52.2 | 52.2 | 14 |
| 邦楽・民俗音楽系 | 66.1 | 47.0 | 62.3 | 0.0 | 19.4 | 19.4 | 59.6 | 16 |
| ポピュラー音楽系 | – | – | – | 41.9 | 39.2 | 40.5 | 40.5 | 11 |
| その他音楽系 | 38.7 | – | 38.7 | 43.0 | 46.3 | 45.0 | 44.8 | 27 |
| 舞踊・バレエ・ミュージカル系 | – | – | – | 61.6 | 35.2 | 46.5 | 46.5 | 7 |
| 全系列平均 | 63.8 | 50.9 | 57.6 | 52.0 | 45.8 | 48.1 | 49.9 | 245 |
| N | 24 | 22 | 46 | 73 | 126 | 199 | | |

### 4.3　重回帰分析

最後に必修単位率を従属変数とした重回帰分析を行う。表8-8に解析結果を示す。以下に独立変数の区分ごとに解釈していく。

大学属性の区分では、国公立ダミーはモデル内で3番目に係数が大きい。逆に非音楽学部は負の関連があり、3番目に係数が小さい。データセットに戻りこのカテゴリ内の必修単位率の平均を確認したところ39.4％であった。芸術学部や学芸学部等の音楽系学科では、当該学部内や他分野学科との関係で必修単位率が設定されている可能性がある。

専攻系列の区分では、音楽学・楽理・作曲・指揮を専門とする専攻で構成される音楽理論系と、音楽教養・音響、アート・マネジメント、音楽療法等を専門とする専攻で構成されるその他音楽系の各ダミーで負の

**表 8-8　必修単位率を従属変数とした重回帰分析**

| 区分 | 独立変数 | 偏回帰係数 | 標準化<br>偏回帰係数 |
|---|---|---|---|
| 大学・学部属性 | 旧制音楽学校等 | 0.050 | 0.150 |
| | 女子大 | 0.003 | 0.005 |
| | 国公立 | 0.098 | 0.236 * |
| | 非音楽学部 | -0.101 | -0.221 ** |
| 専攻系列 | 音楽理論系 | -0.130 | -0.298 * |
| | 音楽教育系 | -0.061 | -0.087 |
| | ポピュラー音楽系 | -0.075 | -0.096 |
| | 邦楽・民俗音楽系 | 0.007 | 0.011 |
| | その他音楽系 | -0.095 | -0.185 * |
| 【入試】実技 | 専門実技 | -0.034 | -0.096 |
| | 副科ピアノ（電子オルガン） | -0.031 | -0.093 |
| | 【合成】副科選択型 | 0.051 | 0.083 |
| | 器楽試験 | 0.051 | 0.090 |
| | 音楽実技 | 0.003 | 0.003 |
| | 音楽実技又は小論文 | 0.194 | 0.132 * |
| | 適正検査・学力検査 | 0.070 | 0.047 |
| 【入試】<br>ソルフェージュ | 楽典 | 0.004 | 0.011 |
| | 聴音 | -0.045 | -0.140 |
| | コールユーブンゲン | 0.020 | 0.028 |
| | コンコーネ・歌唱 | 0.019 | 0.018 |
| | 新曲視唱 | 0.122 | 0.357 ** |
| | 初見視奏・即興演奏 | -0.003 | -0.003 |
| | リズム課題 | 0.025 | 0.029 |
| | 【合成】ソルフェージュ選択型 | 0.093 | 0.227 ** |
| 【入試】<br>作曲・音楽学 | 音楽学 | -0.035 | -0.014 |
| | 和声 | -0.074 | -0.126 |
| | スコアリーディング | 0.191 | 0.130 * |
| | 対位法 | 0.092 | 0.051 |
| | 作品提出 | -0.030 | -0.031 |
| | 作曲 | 0.059 | 0.069 |
| | 伴奏付け | 0.270 | 0.106 |
| | 【合成】作曲選択型 | 0.072 | 0.079 |

| | | | | |
|---|---|---|---|---|
| 【入試】<br>一般科目 | 国語 | -0.002 | -0.006 | |
| | 英語等外国語 | -0.048 | -0.149 | |
| | 英語又は国語 | -0.056 | -0.114 | |
| | 英数等選択科目 | 0.185 | 0.313 | ** |
| | 国語等選択科目 | -0.047 | -0.048 | |
| | 専門英語 | -0.051 | -0.035 | |
| 【入試】<br>その他 | 作文 | 0.021 | 0.014 | |
| | 小論文 | -0.017 | -0.039 | |
| | 課題論文 | -0.031 | -0.028 | |
| | 朗読・ダンス・演技等 | -0.168 | -0.215 | ** |
| | 口頭試問・面接 | 0.078 | 0.231 | ** |
| 専門科目率 | | -0.521 | -0.268 | ** |
| 定数項 | | 0.907 | | ** |
| 自由度調整済決定係数 | | 0.382 | | |
| F 値 | | 4.433 | | |
| N | | 245 | | |

注1　* P < 0.05,　** P < 0.01
注2　VIF は最高値が 6.88 であり、多重共線性に問題はない。

関連があった。表8-7と併せて解釈すると、音楽系学科の中でも講義科目や理論的な内容を多く扱う専攻系列で、必修単位率がやや低くなる傾向がある。

　入試科目におけるソルフェージュの区分では、新曲視唱及びソルフェージュ選択型で有意に正の関連がある。前者はモデル内で最も係数が高い変数であり、音楽の基礎的能力の判定に特に重要な入試科目といえる。後者は聴音、コールユーブンゲン、歌唱・視唱といったソルフェージュ科目から受験生が任意に科目選択するタイプである。この方式を採っている音楽系学科の偏差値の平均は35.1であり全体平均より1.6ポイント低いことから、受験生数確保のための対応と思えなくもない。

　その他の入試科目では、口頭試問・面接は正の関連があり、4番目に高い係数である。また舞踊・バレエ等の舞台パフォーマンスの専攻で課される朗読・ダンス・演技等が、必修単位率と負の関連をもっており4

番目に低い係数となっている。

　最後に専門単位率を分析しておく。標準化偏回帰係数は-0.268であり3番目に低く、専門単位率が低くなるほど必修単位率が高くなる傾向がある。表8-6及び表8-7と併せて解釈すると、専攻系列の性質が要因となっていることがわかる。音楽理論系・音楽演奏系・音楽教育系及び邦楽・民俗音楽系の4専攻系列では、専門単位率が平均82.4%、必修単位率が平均52.6%である。他方、ポピュラー音楽系・その他音楽系、舞踊・バレエ・ミュージカル系の3専攻系列では、専門単位率が平均89.5%、必修単位率が平均43.9%である。後者3系列の特徴が解析結果に反映されている。

　なお、入試の一般科目の区分では、英数等選択科目で正の関連がある。国語とは別に、英語・数学・理科・社会の各科目から1科目選択させるタイプである。データセットを確認したところ、必修単位率の高い聖徳大学の各プログラムを中心としてこの形式を採っているため、係数として効いている。ゆえに一般化は留保したい。加えて、実技の区分において、音楽実技又は小論文が優位な関連がある値となったが、当該ダミーを与えたデータ件数が3件であり一般化するにはやや心もとないため、解釈を保留しておく。また作曲の区分におけるスコアリーディング（管弦楽曲や交響曲の総譜を予見した上で、ピアノにより初見演奏する試験）も同様とする。

　分析結果から、本節冒頭で示した仮説である「必修単位率は、大学・学部属性、専攻系列の特徴や入試科目、専門単位率により規定される」は、以上のとおり採択できると判断する。

## 5.　結論と議論

### 5.1　結論
【分析1】では学科又は学部単位で分析を行い、相関行列を確認したところ、必修単位率とはST比のみ相関があった。また東京藝術大学の事

例分析からは、専門単位率を高く設定し、個人・少人数レッスンを中心とした演奏の実技指導がカリキュラムの中心となっている以上は、教育体制の構造上の理由からST比が低くなり、必修単位率が高くなる傾向を確認した。

　【分析2】では専攻を単位とし、多様な入試科目に着目して、分析を実施した。まず専攻系列ごとに専門単位率をクロス表で整理した。全体平均は83.7%であり、他分野と比べても音楽系学科の専門単位率はかなり高かった。特に舞踊・バレエ・ミュージカル系やポピュラー音楽系は9割を超えていた。他方、必修単位率は、専門単位率と様相が異なり、私大平均より国公立大の平均の方が高く、設置者間の差が大きかった。特に音楽演奏系・音楽理論系の系列で顕著であった。

　必修単位率を従属変数とした重回帰分析の結果、大学属性の区分では、国公立大学で正の関連、芸術学部・学芸学部では負の関連があった。専攻系列の区分では、音楽理論系と、音楽教養・音響、アート・マネジメント、音楽療法等を専門とする専攻で構成されるその他音楽系で負の関連があった。これらの区分は、音楽演奏系とカリキュラム構造が異なることがわかる。入試科目におけるソルフェージュの区分では、新曲視唱及びソルフェージュ選択型で有意に正の関連があった。朗読・ダンス・演技等が、必修単位率と負の関連で効いていた。最後に、専門単位率が低くなるほど必修単位率が高くなる傾向があり、ポピュラー音楽系・その他音楽系、舞踊・バレエ・ミュージカル系の3専攻系列の特徴が要因となっていることを確認した。

　音楽系学科では大学属性や専攻系列に応じた、多彩な音楽教育プログラムが展開されている。それらの傾向は専門単位率に反映され、また受験生に課される入試科目にも違いが如実にある。入試科目は、各音楽系学科の各専攻の教育目的や、領域の特色を表す代理変数としても捉えることができる。こうした諸要素が、結果として必修単位率を規定しているといえる。音楽理論領域、伝統的な音楽演奏領域、リベラルアーツ型の教養としての音楽領域、応用音楽領域、ポピュラー音楽・その他音楽、

舞踊・バレエ・ミュージカルといった諸領域の幅広さが、音楽自体の多様性・広範性を象徴しており、音楽系学科のカリキュラム構造に影響を与えているのである。

## 5.2　議論　－入試科目・各単位率から見た「専門学部の論理」－

必修単位率を規定する独立変数は、大学・学部属性の2つ（国公立・非音楽学部）、専攻系列の2つ（音楽理論系・その他音楽系）、そして専門単位率といった「大学・学科自体の教育上の構え」が影響を与えていた。

しかし、それらの属性変数で統制しても入試科目区分の独立変数である新曲視唱の方が、本モデルの標準化偏回帰係数の値からするとインパクトが大きい。また口頭試問・面接、ソルフェージュ選択型、朗読・ダンス・実技等の3変数は、大学・学部属性・専攻系列の変数と並ぶくらい必修単位率に効いている。こうした点は、大学属性や専攻系列によって異なる各プログラムの教育目的の違いに表れており、また"入学前の"受験生に求める音楽的素養・資質・能力を象徴している。

関連して専門単位率から見た専門教育重視カリキュラムの様相や、必修単位率から見た類型ごとにカリキュラムの必修の度合いが異なる実状から、音楽系学科群内で専攻系列による専門分化の様相も垣間見られた。

したがって、大学の音楽の専門教育分野では、学士学位プログラムの中でも特殊な「専門学部の論理」（杉谷 2005）が働いていると考える。専門学部ないし学科や専攻の意向が、教員数、学生数、ST比、必修単位率、専門単位率、入試科目、入試での選抜、ひいては入学前段階における受験者自身の音楽的素養・資質の見極めや能力形成、さらには受験者の家庭のサポートや音楽環境（佐藤 2005）の程度といった文化資本（ブルデュー 1990）的側面に対して影響を与えている可能性がある。この検証が今後の課題となる。

【参考文献】

淺野麻衣 (2014)「明治後期の東京音楽学校における文学関連科目の実態」
　　『音楽教育学』44 (1)：1-12.

ブルデュー，ピエール (石井洋二郎訳) (1990)『ディスタンクシオン：社会
　　的判断力批判 I』藤原書店.

福島真司・日下田岳史 (2019)「入試科目，受験倍率が入学者のコンピテン
　　シー・リテラシーに与える影響を巡って」『大学入試研究ジャーナル』
　　29：257-262.

広田照幸 (2010)「分野別質保証のための参照基準について」『学術の動向』
　　6：12-20.

堀内久美雄編 (2017)『音楽大学・学校案内2018』音楽之友社.

堀内久美雄編 (2018)『音楽大学・短大・高校音楽科 入試問題集2018』音楽
　　之友社.

石田麻子 (2013)「音楽芸術マネジメント教育の在り方とその具体化：東京
　　藝大調査研究のモデルと昭和音大カリキュラムの分析から」『音楽芸術
　　運営研究』(6-7)：27-35.

石井環世 (2018)「日本の私立大学における専攻分野の拡大 1990年代以降の
　　新専攻の設置とその要因に着目して」一橋大学大学院言語社会研究科
　　修士論文.

上条勇次 (1971)「音楽教育の社会学的研究 (その2)：大学における教育の機
　　会等について」『日本教育社会学会大会発表要旨集録』23：130-137.

川野祐二 (2020a)「コロナ禍の広島，音楽の取組み」『IDE現代の高等教育』
　　624：19-22.

川野祐二 (2020b)「＜開催校企画シンポジウム＞音大生は何を学ぶか？」『大
　　学教育学会誌』42 (1)：17-18.

児玉善仁他編 (2018)『大学事典』平凡社.

久保田慶一 (2017)『2018年問題とこれからの音楽教育：激動の転換期をど
　　う乗り越えるか』株式会社ヤマハミュージックメディア.

壬生千恵子 (2012)「高等教育機関における音楽教育：キャリア支援教育の
　　視点から」東京学芸大学大学院連合学校教育学研究科 博士論文.

壬生千恵子 (2013)「全入時代の音楽系大学をふりかえる：高等教育機関の
　　パラダイム・シフトと音楽教育」『エリザベト音楽大学研究紀要』33：
　　29-41.

三善晃（1980）「空論たらしめないために」浅香准編『音楽芸術』5月号：26-30.

三善晃（1995）「音楽大学の模索と自問」浅香准編『音楽芸術』9月号：23-26.

森田学（2017）「芸術大学における教育の質保証に関する一考察：音楽実技系の学科の場合」『東京造形大学研究報』18：90-99.

中村美亜（2012）「音楽に携わる高等教育機関の評価：欧米での近年の動向と日本における課題と展望」『音楽教育実践ジャーナル』10（1）：56-66.

西園芳信（1993）『音楽科カリキュラムの研究：原理と展開』音楽の友社.

杉谷祐美子（2005）「日本における学士学位プログラムの現況」『高等教育研究』8：29-52.

佐藤典子（2005）「音楽大学への進学理由と進学後の適応に影響を与える諸要因の検討」『教育心理学研究』53（1）：49-61.

佐々木隆生（2017）「私立大学一般入試形態の戦後史：入試の多様化と少数科目入試の展開の軌跡」『年報 公共政策学』11：19-54.

高旗健次（2014）「ドイツ州立音楽大学の教育課程の現状分析：カールスルーエ音楽大学を中心として」『音楽学習研究』10：109-118.

高旗健次（2015）「日本の国立大学音楽学部の教育課程の特質：ドイツ州立カールスルーエ音楽大学との比較考察」『音楽学習研究』11：77-88.

東京芸術大学（1993）『平成五年度東京芸術大学概要』.

東京藝術大学（2018）『東京藝術大学大学概要2018』.

東京藝術大学音楽学部（1993）『履修便覧』.

東京藝術大学音楽学部（2018）『履修便覧』.

東京藝術大學庶務課（1952）「東京芸術大学学報」16・17・18合併号.

東京藝術大学音楽教育振興会（1978）『東京芸術大学創立90周年記念：音楽学部の歩み』.

東京音楽学校（1889）「東京音楽学校一覧」従明治廿二年至明治廿三年.

東京音楽学校（1939）「東京音楽学校諸規則」自昭和十四年至昭和十五年.

山本文茂（2018）『音楽はなぜ学校に必要か：その人間的・教育的価値を考える』音楽之友社.

財団法人芸術研究振興財団・東京芸術大学百年史編集委員会（2004）「東京芸術大学百年史　音楽学部篇」音楽之友社.

# 第9章　スポーツ系学科のカリキュラム：
## 　　　　　資格取得志向と学際志向の混在

鳥居　朋子（立命館大学）

## 1.　本章の課題と分野定義

　本章では、学士課程教育のカリキュラム研究の一環として、スポーツ系学科のカリキュラムにおける必修単位率（必修科目単位数／要卒単位数）に注目し、その規定要因分析の結果と解釈を議論する。とくに、必修単位率の規定要因として、偏差値、進学率、ST比の3変数を設定し、スポーツ系学科のカリキュラムに関して、分析結果とその解釈を探索的に検討する。ここで言う「スポーツ系」とは、本研究で使用するデータセットに基づき、その名称に「スポーツ」を含む学科を対象とする。本章が分析対象とするスポーツ系カリキュラム数は91である。

　本研究のデータセットにおいては、最も古い設置年度は東海大学体育学部生涯スポーツ学科の1971年であり（表9-1）、以後、1980年代に1学科、1990年代に7学科、2000年代に28学科、2010年代に42学科と、「スポーツ」を名称に含む学科は増加傾向にある（1学科に複数のカリキュラムを有する大学もあるため合計は79学科）。

表9-1　スポーツ系学科一覧

| 大 学 名 | 学 部 名 | 学 科 名 | 学位付記専攻分野名称 | カリキュラム数 | 設置年度 |
|---|---|---|---|---|---|
| 東海大学 | 体育学部 | 生涯スポーツ学科 | 体育学 | 1 | 1971 |
| 鹿屋体育大学 | 体育学部 | スポーツ総合課程 | 体育学 | 2 | 1981 |
| 順天堂大学 | スポーツ健康科学部 | スポーツ科学科 | スポーツ科学 | 1 | 1993 |
| 順天堂大学 | スポーツ健康科学部 | スポーツマネジメント学科 | スポーツマネジメント学 | 1 | 1993 |
| 福山平成大学 | 福祉健康学部 | 健康スポーツ科学科 | | 1 | 1993 |
| 至学館大学 | 健康科学部 | 健康スポーツ科学科 | 健康スポーツ科学 | 1 | 1994 |
| 日本女子体育大学 | 体育学部 | スポーツ健康学科 | スポーツ健康学 | 2 | 1998 |
| 福岡大学 | スポーツ科学部 | スポーツ科学科 | スポーツ科学 | 1 | 1998 |
| 国士舘大学 | 体育学部 | スポーツ医科学科 | スポーツ医科学 | 1 | 1999 |

| 大　学　名 | 学　部　名 | 学　科　名 | 学位付記<br>専攻分野名称 | カリキュ<br>ラム数 | 設置<br>年度 |
|---|---|---|---|---|---|
| 大阪国際大学 | 人間科学部 | スポーツ行動学科 | 人間科学 | 1 | 2001 |
| 関西医療大学 | 保健医療学部 | はり灸・スポーツト<br>レーナー学科 | 鍼灸学 | 1 | 2003 |
| 大東文化大学 | スポーツ・健康科学部 | スポーツ・健康科学科 | | 1 | 2004 |
| 東洋大学 | ライフデザイン学部 | 健康スポーツ学科 | | 1 | 2004 |
| 東海大学 | 体育学部 | 競技スポーツ学科 | 体育学 | 1 | 2004 |
| 東海大学 | 体育学部 | スポーツ・レジャーマ<br>ネジメント学科 | 体育学 | 1 | 2004 |
| 流通経済大学 | スポーツ健康科学部 | スポーツ健康科学科 | スポーツ健康科学 | 1 | 2005 |
| 新潟経営大学 | 経営情報学部 | スポーツマネジメント<br>学科 | スポーツ経営学 | 1 | 2005 |
| 九州共立大学 | スポーツ学部 | スポーツ学科 | スポーツ学 | 1 | 2005 |
| 名桜大学 | 人間健康学部 | スポーツ健康学科 | スポーツ健康学 | 1 | 2005 |
| 仙台大学 | 体育学部 | スポーツ情報マスメ<br>ディア学科 | スポーツ情報マスメ<br>ディア学 | 1 | 2006 |
| 大阪体育大学 | 体育学部 | スポーツ教育学科 | | 3 | 2006 |
| 大阪体育大学 | 体育学部 | 健康・スポーツマネジ<br>メント学科 | 体育学 | 3 | 2006 |
| 帝京大学 | 医療技術学部 | スポーツ医療学科 | | 1 | 2007 |
| 帝京大学 | 医療技術学部 | スポーツ医療学科 | | 2 | 2007 |
| 札幌国際大学 | スポーツ人間学部 | スポーツ指導学科 | スポーツ指導 | 1 | 2008 |
| 国士舘大学 | 体育学部 | こどもスポーツ教育学科 | 体育学 | 1 | 2008 |
| 法政大学 | スポーツ健康学部 | スポーツ健康学科 | スポーツ健康学 | 1 | 2008 |
| 立教大学 | コミュニティ福祉学部 | スポーツウエルネス学科 | スポーツウエルネス学 | 2 | 2008 |
| 同志社大学 | スポーツ健康科学部 | スポーツ健康科学科 | スポーツ健康 | 1 | 2008 |
| 大阪電気通信大学 | 医療福祉工学部 | 健康スポーツ科学科 | 健康科学 | 1 | 2008 |
| 神戸親和女子大学 | 発達教育学部 | ジュニアスポーツ教育<br>学科 | スポーツ教育学 | 1 | 2008 |
| 札幌国際大学 | スポーツ人間学部 | スポーツビジネス学科 | スポーツビジネス | 1 | 2009 |
| 北翔大学 | 生涯スポーツ学部 | スポーツ教育学科 | スポーツ教育学 | 3 | 2009 |
| 東京成徳大学 | 応用心理学部 | 健康・スポーツ心理学科 | 健康・スポーツ心理学 | 1 | 2009 |
| 名古屋学院大学 | スポーツ健康学部 | スポーツ健康学科 | スポーツ健康 | 1 | 2009 |
| 立命館大学 | スポーツ健康科学部 | スポーツ健康科学科 | スポーツ健康科学 | 1 | 2009 |
| 神戸女子大学 | 健康福祉学部 | 健康スポーツ栄養学科 | 栄養学 | 1 | 2009 |
| 帝京平成大学 | 健康医療スポーツ学部 | 医療スポーツ学科 | 保健科学 | 1 | 2010 |
| 早稲田大学 | スポーツ科学部 | スポーツ科学科 | スポーツ科学 | 1 | 2010 |
| 九州看護福祉大学 | 看護福祉学部 | 鍼灸スポーツ学科 | 鍼灸スポーツ学 | 1 | 2010 |
| 東京国際大学 | 人間社会学部 | 人間スポーツ学科 | 人間スポーツ学 | 1 | 2011 |
| 中京大学 | スポーツ科学部 | スポーツ教育学科 | スポーツ科学 | 1 | 2011 |
| 中京大学 | スポーツ科学部 | 競技スポーツ科学科 | スポーツ科学 | 1 | 2011 |
| 中京大学 | スポーツ科学部 | スポーツ健康科学科 | スポーツ科学 | 1 | 2011 |
| 中部大学 | 生命健康科学部 | スポーツ保健医療学科 | スポーツ保健医療学 | 1 | 2011 |
| 武庫川女子大学 | 健康・スポーツ科学部 | 健康・スポーツ科学科 | | 1 | 2011 |
| 東京国際大学 | 人間社会学部 | スポーツ科学科 | スポーツ科学 | 1 | 2012 |
| 東海学園大学 | スポーツ健康科学部 | スポーツ健康科学科 | スポーツ健康科学 | 1 | 2012 |
| 大阪大谷大学 | 人間社会学部 | スポーツ健康学科 | スポーツ健康学 | 1 | 2012 |
| 太成学院大学 | 人間学部 | 健康スポーツ学科 | | 1 | 2012 |

| 大 学 名 | 学 部 名 | 学 科 名 | 学位付記<br>専攻分野名称 | カリキュラム数 | 設置<br>年度 |
|---|---|---|---|---|---|
| 東亜大学 | 人間科学部 | スポーツ健康学科 | | 1 | 2012 |
| 日本経済大学 | 経済学部 | 健康スポーツ経営学科 | 健康スポーツ経営学 | 1 | 2012 |
| 日本体育大学 | 児童スポーツ教育学部 | 児童スポーツ教育学科 | 児童スポーツ教育学 | 2 | 2013 |
| びわこ学院大学 | 教育福祉学部 | スポーツ教育学科 | スポーツ 教育学 | 1 | 2013 |
| 北海道教育大学 | 教育学部 | 芸術・スポーツ文化学科 | スポーツ文化 | 2 | 2014 |
| 北海道教育大学 | 教育学部 | 芸術・スポーツ文化学科 | 芸術・スポーツビジネス | 1 | 2014 |
| 作新学院大学 | 経営学部 | スポーツマネジメント学科 | 経営学 | 1 | 2014 |
| 上武大学 | ビジネス情報学部 | スポーツ健康マネジメント学科 | ビジネス情報学 | 1 | 2014 |
| 名古屋学院大学 | スポーツ健康学部 | こどもスポーツ教育学科 | こどもスポーツ教育 | 1 | 2014 |
| 聖カタリナ大学 | 人間健康福祉学部 | 健康スポーツ学科 | 健康スポーツ学 | 1 | 2014 |
| 福井工業大学 | スポーツ健康科学部 | スポーツ健康科学科 | スポーツ健康科学 | 1 | 2015 |
| 山梨学院大学 | スポーツ科学部 | スポーツ科学科 | スポーツ科学 | 1 | 2015 |
| びわこ成蹊スポーツ大学 | スポーツ学部 | スポーツ学科 | スポーツ学 | 1 | 2015 |
| 高知工科大学 | 経済・マネジメント学群 | | 経済学又は<br>マネジメント学 | 1 | 2015 |
| 流通経済大学 | スポーツ健康科学部 | スポーツコミュニケーション学科 | スポーツ健康科学 | 1 | 2016 |
| 日本大学 | スポーツ科学部 | 競技スポーツ学科 | 体育学 | 1 | 2016 |
| 朝日大学 | 保健医療学部 | 健康スポーツ科学科 | 健康スポーツ科学 | 1 | 2016 |
| 京都産業大学 | 現代社会学部 | 健康スポーツ社会学科 | 健康スポーツ社会学 | 1 | 2016 |
| 大阪成蹊大学 | マネジメント学部 | スポーツマネジメント学科 | | 1 | 2016 |
| 久留米大学 | 人間健康学部 | スポーツ医科学科 | | 1 | 2016 |
| 平成国際大学 | スポーツ健康学部 | スポーツ健康学科 | スポーツ健康学 | 1 | 2017 |
| 日本体育大学 | スポーツ文化学部 | スポーツ国際学科 | 体育学 | 1 | 2017 |
| 中部学院大学 | スポーツ健康科学部 | スポーツ健康科学科 | スポーツ健康科学 | 1 | 2017 |
| 日本福祉大学 | スポーツ科学部 | スポーツ科学科 | 健康スポーツ科学 | 1 | 2017 |
| 日本ウェルネススポーツ大学 | スポーツプロモーション学部 | スポーツプロモーション科 | スポーツプロモーション学 | 1 | 2018 |
| 日本体育大学 | スポーツマネジメント学部 | スポーツマネジメント学科 | 体育学 | 1 | 2018 |
| 日本体育大学 | スポーツマネジメント学部 | スポーツライフマネジメント学科 | 体育学 | 1 | 2018 |
| 広島文化学園大学 | 人間健康学部 | スポーツ健康福祉学科 | 健康学 | 1 | 2018 |
| 九州産業大学 | 人間科学部 | スポーツ健康科学科 | | 1 | 2018 |

（学位付記専攻分野名称の空欄は「不明」）

また、学位付記専攻分野名称（表9-2）については、多い順に「体育学」（13件，14.3%）、「スポーツ科学」（8件，8.8%）、「スポーツ健康学」（7件，7.7%）、「スポーツ健康科学」（6件，6.6%）、「スポーツ教育学」（5件，5.5%）、「健康スポーツ科学」（3件，3.3%）、「スポーツウエルネス学」（2件，2.2%）、「スポーツ学」（2件，2.2%）、「スポーツ文化」（2件，2.2%）、「児童スポーツ教育学」（2件，2.2%）であり、以下、多様な名称が1件ずつ並ぶ（「不明」は15件）。概して、「スポーツ」を核に複数の専門分野やキーワードを複合した学位付記専攻分野名称が見られる。組み合わされるキーワードは、「保健医療」、「鍼灸」、「芸術」、「文化」、「経営」、「ビジネス」、「マネジメント」、「指導」、「教育」、「こども」、「児童」、「情報」、「マスメディア」、「健康」、「ウエルネス」、「人間」、「心理」、「プロモーション」等であり、スポーツ系カリキュラムにおける学位付記専攻分野名称の多彩さを印象付けている。

**表9-2　スポーツ系カリキュラムの学位付記専攻分野名称**

| 学位付記専攻分野名称 | 件数 | 割合 | 学位付記専攻分野名称 | 件数 | 割合 |
|---|---|---|---|---|---|
| 体育学 | 13 | 14.3% | スポーツ保健医療学 | 1 | 1.1% |
| スポーツ科学 | 8 | 8.8% | ビジネス情報学 | 1 | 1.1% |
| スポーツ健康学 | 7 | 7.7% | 栄養学 | 1 | 1.1% |
| スポーツ健康科学 | 6 | 6.6% | 経営学 | 1 | 1.1% |
| スポーツ教育学 | 5 | 5.5% | 経済学又はマネジメント学 | 1 | 1.1% |
| 健康スポーツ科学 | 3 | 3.3% | 芸術・スポーツビジネス | 1 | 1.1% |
| スポーツウエルネス学 | 2 | 2.2% | 健康・スポーツ心理学 | 1 | 1.1% |
| スポーツ学 | 2 | 2.2% | 健康スポーツ学 | 1 | 1.1% |
| スポーツ文化 | 2 | 2.2% | 健康スポーツ経営学 | 1 | 1.1% |
| 児童スポーツ教育学 | 2 | 2.2% | 健康スポーツ社会学 | 1 | 1.1% |
| こどもスポーツ教育 | 1 | 1.1% | 健康科学 | 1 | 1.1% |
| スポーツビジネス | 1 | 1.1% | 健康学 | 1 | 1.1% |
| スポーツプロモーション学 | 1 | 1.1% | 人間スポーツ学 | 1 | 1.1% |
| スポーツマネジメント学 | 1 | 1.1% | 人間科学 | 1 | 1.1% |
| スポーツ医科学 | 1 | 1.1% | 保健科学 | 1 | 1.1% |
| スポーツ経営学 | 1 | 1.1% | 鍼灸スポーツ学 | 1 | 1.1% |
| スポーツ健康 | 1 | 1.1% | 鍼灸学 | 1 | 1.1% |
| スポーツ指導 | 1 | 1.1% | 不明 | 15 | 16.5% |
| スポーツ情報マスメディア学 | 1 | 1.1% | 合計 | 91 | 100.0% |

## 2.　スポーツ系カリキュラムに関する分析

### 2.1　先行研究における議論および歴史的展開の概観

　大学教育の質保証および分野別質保証のあり方が問われる中、日本の大学における教養科目（一般・共通・基礎）としての体育授業や開講の状況等についてはこれまで検討が重ねられてきている（奈良ほか 2000、島本ほか 2009、梶田ほか 2018）。しかし、専門教育としてのスポーツ系カリキュラムの必修科目に焦点をあてて検討した研究の蓄積は見られない。本節では、ひとまず個別の体育系大学(学部)のカリキュラム改革等を検討した先行研究を手がかりに、スポーツ系カリキュラムをめぐる議論および歴史的な展開を概観する。

　上述の通り、本データセットにおいて「スポーツ」を冠する最初の学科設置は1970年代初頭であった。この背景には、スポーツの大衆化、すなわち1955年以降の経済の高度成長過程で、余暇時間を持った大衆が大量に創出され、広範な層がスポーツに参加する方向へ進むという潮流があったとされる（木村 1984）。木村（1984）は、こうしたスポーツの大衆化という状況をふまえつつ、それまでの体育大学(体育学部も含む)のカリキュラムの実態として、学校の体育教員養成を主に考えたカリキュラムという性格を強く持っていたことを指摘している。具体的には、体育大学の創設時に母体となったのが旧制の体育専門学校、高等師範学校等であったこと、体育学が一つの総合科学（医学、教育学、社会学、心理学等の諸学の協同）として構想されながら全体としては教育学的発想が強かったこと、体育大学への進学者のほとんどが教員志望であり、また卒業者の実際の進路も教員以外にあまり道が開けていないこと等を要因として挙げている。さらに、「体育大学が体育学科以外に健康教育学科や武道学科を置いた場合でも、結局体育教員志向に引きずられて、それぞれの学科の特色をあまり発揮できないようなカリキュラムになることが多かった」（木村 1984: 733）という興味深い指摘もなされており、教員養成志向の強さがカリキュラム編成における制約条件となっていたこと

が示唆されている。実際に、本章が分析対象とする91のスポーツ系カリキュラムのうち29が「教育学」の学部系統に位置付いており、この点にも伝統的な教員養成の流れを汲む固有性が窺える（表9-4）。

　こうした伝統から抜け、体育系の大学が新しい方向へと模索する動きが顕著となってきたのは1980年代だと見なせる。生涯教育政策の一環としての生涯スポーツが奨励される中、社会体育指導者の養成に主眼を置く鹿屋体育大学（体育学部スポーツ総合課程）が1985年に設置されたことは象徴的な出来事だろう。

　さらに、1991年7月の大学設置基準の改正により、教養教育カリキュラムの再編や各大学の特徴を生かした特色あるカリキュラムの編成が可能となった。政策的、社会的ニーズや学生の進路に関する志向への柔軟な対応が加速し、カリキュラムの自由化および多様化が進んだと見てよい。例えば、当時の筑波大学におけるカリキュラム改革を検討した杤堀（1993）は、体育専門学群でのカリキュラムの見直しの主な理由に、専門実技を中心とした第一専攻の14領域で対応し得ない学生数の増大（テニス、野球、バドミントン、卓球等のソシアルニーズの強い種目を専門とする者の扱い方）や、体育学の教育領域にあった体力学、運動方法学、運動学原論、コーチング論を希望する学生の増加と、学問領域の再編成とが検討の対象になったことを挙げている。その上で、新カリキュラムの構成要素のひとつとして、スポーツ産業界関係を想定した「スポーツ産業論」や国および地方公務員関係を想定した「社会体育・スポーツ指導者論」等の進路に見合った科目の設定を紹介している。

　また、1964年東京オリンピック・パラリンピックの翌年に開学した大阪体育大学のカリキュラムを検討した田村（1993）は、設置基準の大綱化に前後して体育系大学がカリキュラム改革を必然とした理由を挙げている。すなわち、卒業生が体育の教員になるのが難しくなったこと、18歳人口の減少期における大学の生き残り策として、教員養成だけに偏らない魅力ある特徴を持つ大学づくりの必要性が生じていたことである。一方で、大学進学率の向上、いわゆるユニバーサル化を学生募集の好機と

捉えれば、各大学の志願者獲得戦略が個性的な学部・学科の設置や改組の路線を敷いたことは想像に難く無い。各大学の経営的な判断に基づく対応は、2000年代以降もスポーツ系カリキュラムの自由化および多様化を一層加速する方向に作用したと考えられる。大阪体育大学も、1997年に全国初の生涯スポーツ学科を体育学部に設置し、2006年には同学科を改組して健康・スポーツマネジメント学科を設置している[1]。

　その後、2010年代において経済社会のグローバル化が進展する中、とくに2014年創設の「スーパーグローバル大学創生支援」（文部科学省）に代表されるように、高等教育の国際通用性や国際競争力の強化が重点的な政策課題となった。さらに、2013年9月に決定された2020年東京オリンピック・パラリンピックの開催がスポーツ系カリキュラムの展開に与えたインパクトも無視できないだろう。それは伝統的な体育系大学（体育学部）に限った話ではない。学位付記専攻分野名称の多彩さに見た通り、さまざまな専門分野を母体に、スポーツと諸科学を接合・融合した新たな学科が誕生し、スポーツ系カリキュラム全体としての学際性を強めてきたと考えられる。以下では、こうした歴史的背景を持つスポーツ系カリキュラムの必修単位率に着目し検討していく。

## 2.2　スポーツ系カリキュラムにおける必修単位率の状況
### (1) 3つの仮説とスポーツ系カリキュラムにおける相関関係
　スポーツ系カリキュラムの記述統計量（表9-3）と、同カリキュラムにおいて見られる5つの学部系統（教育学、総合・環境・情報・人間学、社会科学、保健学、工学）による傾向（表9-4）は以下の通りである。学部系統による傾向としては、「総合・環境・情報・人間学」において必修単位率が相対的に低い傾向、また「社会科学」、「工学」等も低い傾向にあり、「教育学」および「保健学」等の資格取得を視野に入れた系統と比べて科目選択の自由度の高さが窺える。さらに、「総合・環境・情報・人間学」において進学率の相対的な高さが窺えるが、本研究における他の分野系統と比べ低い傾向にあり最大でも11.9%であった。

**表 9-3　スポーツ系カリキュラムの記述統計量**

| | 度数 | 最小値 | 最大値 | 平均値 | 標準偏差 |
|---|---|---|---|---|---|
| | | | 記述統計量 | | |
| 偏差値 | 91 | 33.0 | 58.0 | 40.2 | 5.7 |
| ST 比 | 91 | 8.7 | 60.0 | 28.2 | 10.0 |
| 進学率 ［%］ | 74 | 0.0 | 11.9 | 4.0 | 2.6 |
| 必修単位率 ［%］ | 84 | 10.5 | 90.7 | 36.5 | 18.0 |

**表 9-4　スポーツ系カリキュラムにおける 5 つの学部系統**

| | 教育学 | 総合・環境・情報・人間学 | 社会科学 | 保健学 | 工学 |
|---|---|---|---|---|---|
| n | 29 | 35 | 11 | 8 | 1 |
| 必修単位率 (%) | | | | | |
| 平均 | 47.7 | 29.5 | 30.1 | 38.1 | 14.1 |
| 標準偏差 | 20.5 | 11.2 | 12.9 | 20.3 | |
| n | 29 | 39 | 12 | 10 | 1 |
| 偏差値 | | | | | |
| 平均 | 41.0 | 39.5 | 40.8 | 39.8 | 38.0 |
| 標準偏差 | 4.4 | 6.6 | 7.6 | 3.0 | |
| n | 29 | 39 | 12 | 10 | 1 |
| ST比 | | | | | |
| 平均 | 27.0 | 28.4 | 33.1 | 25.1 | 31.1 |
| 標準偏差 | 10.6 | 9.6 | 9.9 | 9.6 | |
| n | 24 | 31 | 8 | 10 | 1 |
| 進学率 (%) | | | | | |
| 平均 | 4.0 | 4.2 | 2.5 | 3.9 | 7.6 |
| 標準偏差 | 2.6 | 2.6 | 0.9 | 3.1 | |

　本研究では、偏差値、ST比、進学率を共通の関連する変数として設定している。3つの独立変数については以下の仮説が立てられる。

①偏差値：大学入学時の学力は、自律的学修を行うための準備の程度を表しているとも言える。このことを考慮すると、偏差値が高い大学になるほど、必修科目の配置によって履修を調節し学生の学びを方向づける必要性が低くなるため、必修単位率との間には負の相関が予測される。

②ST比：専門性の高い資格の取得や指導者養成等を目指す学科では、少人数で専門的な内容をきめ細かに指導することが求められるため、ST比が下がることが想定される。なおかつ、系統的な学びが必要となるため、必修単位率が高くなることが想定され、負の相関が予測される。

③進学率：大学院での学修に備えるには、ある程度体系だった知識が必要となるため、必修単位率とは正の相関が予測される。

　しかし、散布図（図9-1）の通り、スポーツ系学科では上述の全ての仮説とそぐわない相関関係が見られた。このうち、1つ目の偏差値と必修単位率の関係については、全体としては無相関であったが、学際的な性格を持つカリキュラムの大学に注目すると負の相関がみられた（r=-0.26）。早稲田大学スポーツ科学部スポーツ科学科（学部系統「総合・環境・情報・人間学」：偏差値58.0：必修単位率16.9）等の志願者が集まりやすい有名校は偏差値が高いという状況や、鍼灸や救急救命士等の資格および教員免許の取得を目的として入学する学生の動きに（学部系統「教育学」や「保健学」）、偏差値が低く必修単位率も低い傾向にある大学が一定数存在することが相まって、全体として明確な相関性が得られていないと想定される。

　2つ目のST比と必修単位率の関係については、異なる分布の混在が影響していると考えられる。具体的には、「教育学」や「保健学」の学部系統では資格取得を前提としたカリキュラム設計（必修単位率が高い）と

なっているため、ST比が全体的に低い傾向となっている（ST比60.0の日本大学は受け入れの絶対数が多くその限りでない）。一方、ST比が低く、自由度の高いカリキュラム設計（必修単位率が低い）の大学（例として、日本ウェルネススポーツ大学。「教育学」系統、ST比13.0：必修単位率14.5）の存在があり、このことが明確な相関性が得られていない原因になっていると考えられる。

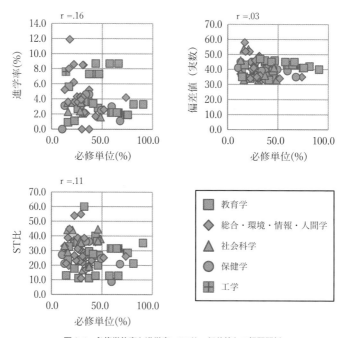

図9-1　必修単位率と進学率・ST比・偏差値との相関関係

（2）進学率と必修単位率への注目

　次に、3つ目の進学率と必修単位率の詳細な相関関係に関して、大学名とあわせて見たところ（図9-2）、立命館大学スポーツ健康科学部スポーツ健康科学科が「必修単位率が低いのに進学率が高い事例」（必修単位率17.7：進学率11.9）に、国士舘大学体育学部スポーツ医科学科が「必

修単位率が高いのに進学率が低い事例」（必修単位率90.7：進学率3.3）に
該当した。

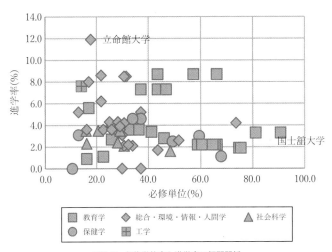

図9-2　必修単位率と進学率の相関関係

　国士舘大学体育学部は体育学科、武道学科、スポーツ医科学科、こど
もスポーツ教育学科の4学科で構成される。このうち、スポーツ医科学
科は日本で初めての4年制大学において救急救命士の国家試験受験資格
を取得できる学科として、1999年（開設は2000年）に多摩キャンパス（東
京都多摩市）に設置された。学部系統は「教育学」である。
　一方の立命館大学スポーツ健康科学部は、スポーツ健康科学科1学科
構成の学部であり、2009年（開設は2010年）にびわこ・くさつキャンパ
ス（滋賀県草津市）に設置された。グローバルな視野とリーダーシップ
を備え、スポーツ健康科学分野への理解を持ちつつ、社会の発展に貢献
する人間を育成することが目標に掲げられている[2]。学部系統は「総合・
環境・情報・人間学」である。
　これらの2学科は、いずれも私立の大規模総合大学を母体とし、2000
年代に設置ないし開設されている。21世紀初頭の志願者動向や社会の潜

在的なニーズを積極的に捉え、戦略的な経営判断をカリキュラム開発に反映した事例だと想定される。次節では、「進学率と必修単位率には正の相関が想定されるのに、スポーツ系学科では無相関になるのはなぜか」という問いにそくして、この2学科のカリキュラム上の特質について検討する。具体的には、大学のホームページで公開されている情報や自己点検・評価関連の資料等に基づき、どのような必修単位率の規定要因がはたらいているのかを進学率の観点から探っていく。

### 2.3 個別大学の事例
### (1) 国士舘大学体育学部スポーツ医科学科のケース
### ①学科の基本情報

　　国士舘大学体育学部の開設は 1958 年である。開設の背景には、当時不足していた中学校・高等学校の保健体育教員を養成するという社会的なニーズへの対応があった（国士舘大学体育学部，2018）。それから約 40 年後に、「高齢化社会に対応する高度な救急医療技術を持つ人材育成」（国士舘大学体育学部，2018: 13）を目的としてスポーツ医科学科が開設された。同学科の学位は学士（スポーツ医科学）である。救急救命士は 1991 年制定の救急救命士法により国家資格として制度化され、それまで救急搬送時の医療行為が禁止されていた救急隊員の行為拡大を促した。こうした制度改革や社会的ニーズへの応答が同学科の設置を後押ししたと考えられる。

### ②教育目的やディプロマ・ポリシー

　　国士舘大学体育学部（2018: 30）によれば、スポーツ医科学科の教育研究上の目的には、「大学に学び研鑽するものとして不可欠な主体性を持って学び、考える能力の育成と、医療職たる救急救命士資格取得を目指すものに必須の高い倫理観と豊かな教養の醸成」が掲げられ、その上で「基礎並びに臨床医学、救急処置、救助等広範な分野にわたり理論・基礎から最新の高度救急医療技術まで、確実に身につけ、救急現場やスポーツ時の事故に際し、全体を把握し柔

軟かつ総合的な判断を下すことの出来る職業人」を養成することが目指されている。

　こうした目的・目標のもと、ディプロマ・ポリシー（卒業認定・学位授与の方針　以下、DP と略記）では、「救急救命士の国家試験合格相当の素養を備え、所定の課程を経て所定の単位を修め、必修科目履修等の条件を満たすことで、次の資質・能力を有しているとして卒業を認定し、学士（スポーツ医科学）の学位を授与」[3] することが提示され、とくに「DP1」では、「高い教養と病院前救急医療を中心とした救急救命士として必要とされる専門的な知見や総合的な救急・救命処置技術を実践する能力を身に付け、学習成果を状況に応じて誠意を持って活用する姿勢を有している」[4] ことが掲げられている。

③カリキュラム・ポリシーと教育課程の特色

　DP と相互に関連するカリキュラム・ポリシー（教育課程編成・実施の方針　以下、CP と略記）においては、具体的な教育課程の内容が示されている。とくに「専門科目」においては、幅広い分野の教育研究に触れつつ、自らの興味・関心と能力・適性等に基づいて、知識や実践力を修得するために、「学部基礎科目」（体育に関する基本的知識や技術を身に付けるため必修科目として設置。また、武道教育として「柔道」と「剣道」のどちらかを選択必修とし、文武両道の実践を体得）、「学科基礎科目」（スポーツ医科学科として身に付けるべき知識・技能を学修するため必修科目）、「専修教育科目」（国家資格である救急救命士資格取得のために必要な救急救命、救急医学等専門的な医学知識を修得する科目を設けており、すべて必修科目に設定）、「体育専門教育科目」（体育学に関する科目や体育実習に関する選択科目を設置）、「関連教育科目」（消防官等の公務員採用試験対策として個人面接指導を行うなどの就職関連領域を学修し、就職に役立つ幅広い視野や知識を身に付ける科目）の科目群に分け、体系的な教育課程を編成している[5]。

④卒業後の進路

　国士舘大学体育学部スポーツ医科学科では、救急救命士の国家試験合格に向けて、学士課程の4年間で医学理論、救急医学等を専門に学び、卒業後は医療や福祉施設、消防等に就職する学生の育成に力を注いでいる。学科設立後、最初の卒業生が受験した平成15年実施の第15回救急救命士国家試験以来、平成30年第41回救命士国家試験までの16年間で2,014名の救急救命士を輩出している。また、この間の全国合格者（34,163名）の約6%を同大学卒業生が占めているという（国士舘大学体育学部，2018）。

　もとより、救急救命士養成課程では、厚生労働省によって救急救命士国家試験の受験資格としての必須科目（公衆衛生学、医学概論、解剖学、生理学、薬理学、病理学、生化学、微生物学、看護学概論、内科学、外科学、小児科学、産婦人科学、整形外科学、脳外科学、精神医学及び放射線医学のうち13科目）が定められている[6]。その上、国士舘大学体育学部スポーツ医科学科では、体育に関する基本的知識や技術を身に付けるための科目も取得する必要があるため、必修科目の割合が必然的に高くなっている。つまり、体育と医療が交差する将来の進路に必要な専門能力の育成が4年間の学士課程において可能となっていることに加え、体育学部卒業に要する科目の取得も課されていることが、スポーツ医科学科のカリキュラムにおける必修単位率を押し上げている要因になっている。逆に、救急救命士に必要な専門能力の育成が4年間の学士課程で完結しているカリキュラムであることが、大学院進学への動機付けを弱めていると捉えられる。これらのことが必修単位率と進学率の負の相関に影響していると考えられる。

（2）立命館大学スポーツ健康科学部スポーツ健康科学科のケース
①学科の基本情報
　立命館大学スポーツ健康科学部は、スポーツと健康に関わる高度

の知識の教育機関および身体活動・運動・スポーツに関する学際的
な文理融合の研究機関として 2010 年に開設された（立命館大学ス
ポーツ健康科学部・大学院スポーツ健康科学研究科, 2017）。学位は
学士（スポーツ健康科学）である。なおかつ、学部設置と同じ年に
大学院スポーツ健康科学研究科博士前期課程を設置し、2012 年度に
同後期課程を開設している。当初から教育だけではなく研究も重視
した設計理念を持つ学部として発足したと捉えられる。

②DP および CP に見るカリキュラムの特色

　DP では、卒業時点において学生が身につけるべき能力（教育目
標）として、「スポーツ健康に関する科学的視点や、基礎知識・基
礎理論を、総合的・学際的に理解することができる。幅広い教養と
国際的な感覚を身に付け、グローバルな視野からスポーツ・健康を
分析・検討・実践していくことができる。リーダーシップ、コーチ
ング理論への深い理解に基づいた指導を行うことができる。豊かな
倫理観および自らのキャリアに関する高い意識を持ち、社会の発展
に自らの能力を役立てるという、強い使命感を持つことができる。
社会貢献、地域貢献等を通じて、スポーツ健康科学を社会に広めて
行くことができる」[7] ことが示されている。

　さらに CP では、教育課程における学部共通事項として、以下の
5 つの編成原理が示されている。1) 総合的・学際的カリキュラム：
医学、保健衛生学、理学、工学、教育学、経済学、経営学といった
隣接する学問領域と連携し、総合的・学際的な視点で学びを進める、
2) 確実に学びを深める系統的カリキュラム：基礎科目・基礎専門
科目・専門科目の 3 つの科目区分の中に、さらに小科目区分を設け、
小科目区分ごとに必修科目や卒業に必要な単位数を定めて、系統的
な履修を進める。卒業時には 4 年間の履修の集大成として必ず卒業
論文を作成する、3) 発信を重視した英語教育：関心のあるテーマに
ついて英語で発表することを通じて、英語運用能力とコミュニケー
ション能力を高め、国際的に活躍できる力を養成する、4) 地域や

企業と連携した実践的カリキュラム：講義で得た理論を様々な実践を通じてより深く身につけるために、インターンシップ、サービスラーニングという学外での実習が可能なプログラムを実施する、5）4年間を通じた小集団教育：1回生から4回生まで小集団科目を配置し、学生一人一人へのきめ細かな指導を行う[8]。

　このように、スポーツ健康科学科のカリキュラムの基本的な性格として、スポーツ健康を核に総合・学際・教養・グローバル・実践を特色とする学びを深める系統的な履修や、国際的な活躍を支える英語運用能力やコミュニケーション能力の育成が重視されていることがわかる。こうしたグローバルな視野による学びの幅広さが、カリキュラム設計に一定の自由度をもたらし、必修単位率の低さにつながっていると考えられる。

③内部進学に関する状況

　立命館大学スポーツ健康科学部では、学士課程学生の大学院への進学を奨励している。立命館大学スポーツ健康科学部・大学院スポーツ健康科学研究科（2017）によれば、学園全体のビジョン・中期計画に相当する R2020 後半期計画（2016 ～ 2020 年度）における研究科の中期計画で、博士課程前期課程の定員確保目標として、毎年度入学定員比で入学者数 90% 以上かつ志願者 120% を目標としており、ストレートマスターの増加につながる学部教学と接続した具体的な取り組みのさらなる強化が検討されている。さらに、長期的な課題として、「社会人の1年修了や学部3年＋大学院2年といった枠組みや、留学生の確保、スポーツ健康科学分野における世界的な研究力の涵養に向けた大学院英語基準の導入、海外大学との連携によってさらなる国際化を図ること」（立命館大学スポーツ健康科学部・大学院スポーツ健康科学研究科，2017：54）が挙げられている。ここから、学士課程から大学院前期課程までを視野に入れたカリキュラム体系の志向が窺われる。学部・研究科を一貫するコンセプトとして、学士課程における幅広い学びの上に大学院における研

究を積み上げ、スポーツ健康に関する理論的深化や実践力の向上を
重視している点が、学生のキャリア選択としての大学院進学を促し、
高い進学率につながっていると考えられる。

## 3.　知見のまとめと今後の課題

　以上検討したように、本研究のデータセットにおけるスポーツ系カリ
キュラムでは、必修科目率と偏差値、ST 比、進学率との関係は無相関
であることが確認された。とくに、必修単位率と進学率との関係につい
て個別大学の事例をふまえて検討したところ、資格取得志向の強いカリ
キュラムでは必修単位率が高く進学率が低い傾向が認められた。例とし
て、国士舘大学体育学部スポーツ医科学科では、救急救命士の養成に必
要な必修科目および体育学部卒業に要する必修科目の割合が高い。また、
学士課程で取得可能な資格と卒業後のキャリア（専門資格職）とが分かち
難く結び付いていることが、逆に、大学院進学への動機付けを弱めてい
ると見なせる。一方の立命館大学スポーツ健康科学部は、「総合・環境・
情報・人間学」の学部系統に位置付き、グローバルな視点から学際色を
強く帯びたカリキュラムを提供している。なおかつ、学士課程から大学
院前期課程までを視野に入れた体系的なカリキュラム設計が高い進学率
につながっていることが示唆された。これらのことから、スポーツ系学
科全体としては、保健体育教員の免許や救命救急士の資格取得等を目的
としたカリキュラム（4 年で取得し就職）と、スポーツを核とした学際的
な性格を持つカリキュラムとが混在しており、それぞれに異なる目標お
よび方針でカリキュラムが編成されていることが、必修科目率と偏差値、
ST 比、進学率との無相関の要因になっていると考えられる。

　なお、国士舘大学体育学部スポーツ医科学科の設置以降、救命士養成
学科のある大学が全国で増えている（例として、2016 年に京都橘大学が
健康科学部に救急救命士学科設置、2020 年に広島国際大学が保健医療学
部医療技術学科救急救命学専攻を保健医療学部救急救命学科に改組等）。
全国における競合校の増加は、志願者に対する付加価値のアピールとい

う点から、スポーツ系カリキュラムのさらなる改革を促す可能性がある。また、高齢化の進展により救急医療のニーズが一層高まることが予想される。厚生労働省は、2020年12月の「医師の働き方改革を進めるためのタスク・シフト／シェアの推進に関する検討会」において、救急救命士が病院前に行ってきた救急救命処置を救急外来でも実施すること等、救急救命士の資質活用に向けた環境の整備に関する議論を整理している[9]。今後、法改正の動きとともに、スポーツ系学科で育成される専門資格職の業務が拡大・高度化することによって、養成課程をもつ学科の必修科目率が変動する可能性も否定できない。

　本章では、必修単位率と進学率に焦点を当てて個別大学の事例を検討してきたが、偏差値およびST比についても同様のケーススタディを行い、要因を分析することが有効だと考えられる。今後の課題としたい。

### 謝辞

　本章をまとめるにあたり、国士舘大学・内藤祐子先生、筑波大学・木内敦詩先生、立命館大学・伊坂忠夫副学長および大友智先生、大阪大学・島本英樹先生より資料提供等でご協力・ご教示を賜った（所属や役職は2000年の調査時点）。厚く御礼申し上げる.

### 【注】

1）大阪体育大学（日付無）「大阪体育大学 平成26年度 自己点検・評価報告書」
　（https://www.ouhs.jp/wp/wp-content/uploads/about_overview_juaa_2.pdf　2021.3.12）
2）立命館大学スポーツ健康科学部ホームページ（http://www.ritsumei.ac.jp/shs/　2021.3.12）
3）国士舘大学体育学部ホームページ「体育学部の教育研究上の目的及び3つのポリシー」。
　（https://www.kokushikan.ac.jp/faculty/PE/about/policy.html　2021.3.12）
4）同上。
5）同上。
6）厚生労働省ホームページ「第44回救急救命士国家試験の施行」
　（https://www.mhlw.go.jp/kouseiroudoushou/shikaku_shiken/kyukyukyumeishi/　2021.3.12）
7）立命館大学スポーツ健康科学部ホームページ「人材育成目的と3方針」
　（http://www.ritsumei.ac.jp/shs/introduce/policy.html　2021.2.2）
8）同上。
9）「『救急救命士の資質活用に向けた環境の整備に関する議論の整理』の概要」厚生労働省 第7

回 医師の働き方改革を進めるためのタスク・シフト／シェアの推進に関する検討会，資料 1，2020 年 12 月 11 日（https://www.mhlw.go.jp/content/10800000/000704432.pdf　2021.3.12）

## 【参考文献】

梶田和宏・木内敦詞・長谷川悦示・朴京眞・川戸湧也・中川昭（2018）「わが国の大学における教養体育の開講状況に関する悉皆調査研究（研究資料）」『体育学研究』63（2）：885-902.

木村吉次（1984）「スポーツの大衆化と体育大学のカリキュラム（スポーツの大衆化＜特集＞）」『体育の科学』34（10）：732-735.

国士舘大学体育学部（2018）『体育学部創設 60 周年記念誌』国士舘大学.

奈良雅之・小原晃・錦織由紀（2000）「＜フォーラム＞大学体育実技における授業の目標と成績評価に関する調査研究：学校類型による比較検討」『大学教育学会誌』22（2）：155-161.

立命館大学スポーツ健康科学部・大学院スポーツ健康科学研究科（2017）『自己評価・外部評価結果報告書』立命館大学.（http://www.ritsumei.ac.jp/shs/common/file/introduce/assessment/assessment-report.pdf　2021.3.12）

島本英樹・藤田和樹・坂東隆男・杉江正敏・小松敏彦（2009）「教養教育における保健体育科目の現状：平成 20 年度国立大学教養教育実施組織会議の結果から」『大阪大学教育実践センター紀要』5：37-40.

田村清（1993）「体育系大学の新しいカリキュラム（新しく試みられる大学体育＜特集＞）」『体育の科学』43（1）：24-27.

栃堀申二（1993）「筑波大学カリキュラム改革と体育（新しく試みられる大学体育＜特集＞）」『体育の科学』43（1）：19-23.

# 第10章　専門科目の分析：専門分野の特性に着目して

宇田　　響（くらしき作陽大学）

## 1.　目的

　本章では、「専門」の観点から、必修単位率に関する規定要因について検討を行う。その上で、そうした「専門」の観点からの検討が、系統ごとのカリキュラム構造をより正確に把握することにつながるのかについて考察することとしたい。

　本研究では、人文科学系や社会科学系といった系統ごとの必修単位率に関する規定要因についての検討を行ってきた（1章～9章を参照）。そこでは、様々な分析手法（相関分析や重回帰分析、さらにはクラスター分析など）によって、必修単位率と共通独立変数として設定されている偏差値、ST比、進学率といった変数との関係性が検討され、そうした検討によって抽出された変数の関係性に対する解釈が示されている。これら一連の研究によって得られた知見は、系統ごとのカリキュラム構造を理解する上で重要なものだといえる。

　しかしながら、留意しておかなければならないのは、これら一連の研究では、専門科目、共通科目といった科目区分を考慮していない必修単位率（以下、必修単位率（全体））が取り上げられているということである。それゆえ、そこで抽出された変数の関係性が専門分野の特性を十分に反映したものとはなっていない可能性がある。なぜなら、必修単位率（全体）は、専門分野の特性が反映されにくい（と考えられる）共通科目における必修科目も合めて算出されているからである。こうした状況に鑑みれば、科目区分を考慮した上で、専門分野の特性が反映されている専門科目における必修単位率を取り上げて検討する必要があると考えられる。

さて、専門科目における必修単位率の実態を明らかにした研究として
は、小島（2011）が挙げられる。小島（2011）は、私学高等教育研究所が
実施した「第2回 学士課程教育の改革状況と現状認識に関する調査」の
データを用いて、卒業要件単位数に占める専門科目（必修）の割合を明ら
かにしている。例えば、私立大学においては、卒業要件単位数に占める
専門科目（必修）の割合は、社会科学が最も低い（17.5％）ことを明らか
にしている[1]。

　このように、専門科目における必修単位率の実態については一定程度、
検討がなされている。しかしながら、専門科目における必修単位率がど
のような要因によって規定されているのかといったことについては、依
然として十分な検討がなされていない。専門科目における必修単位率の
規定要因について検討したものとしては、葛城・宇田（2020）が挙げられ
るものの、社会科学系に限定した分析となっており、他の系統について
は検討が十分になされていない状況にある。専門科目における必修単位
率の規定要因を検討することで、系統ごとのカリキュラム構造をより正
確に把握することができる可能性が高いことを考えれば、それを検討す
ることの意義は決して小さくないと考えられる。

　以上の議論をふまえ、本章では、各系統の基本的な情報を整理した上
で、必修単位率に関する重回帰分析を行う。その上で、必修単位率に関
する重回帰分析で得られた知見をもとに、「なぜそうした結果になるの
か」という問いに対する現時点での解釈を示すこととしたい。


## 2.　分析

### 2.1　分析対象に関する基本的情報

　これまでの章では、9系統のそれぞれについて検討を行ってきたが、
本章ではこのうち文部科学省による学科系統分類表の「大分類」において
主要なカリキュラムを十分に含んでいると考えられる、人文科学系、社
会科学系、理学系、工学系、農学系の（主要）5系統に限定して分析を行

う。分析の手続き上、卒業要件単位数や必修単位数が不明なカリキュラムについては分析対象から除外したため、分析に用いるカリキュラム数は 2626 となっている。系統ごとのカリキュラム数については、表 10-1 を参照されたい。

**表 10-1　分析対象**

| 系統 | 定義 | カリキュラム数 |
|---|---|---|
| 人文科学系 | 文部科学省による学科系統大分類<br>「人文科学」のうち，「その他」を除いた 3 中分類 | 516 |
| 社会科学系 | 文部科学省による学科系統大分類<br>「社会科学」のうち，「その他」を除いた 3 中分類 | 998 |
| 理学系 | 文部科学省による学科系統大分類<br>「理学」のうち，「その他」を除いた 5 中分類 | 190 |
| 工学系 | 文部科学省による学科系統大分類<br>「工学」のうち，「その他」を除いた 13 中分類 | 798 |
| 農学系 | 文部科学省による学科系統大分類<br>「農学」のうち，「その他」を除いた 8 中分類 | 124 |

　以下では、必修単位率に関する分析に先立ち、各系統の基本的な情報を整理しておきたい。様々な観点からの整理が考えられるが、本章では、本研究で共通独立変数として設定されている、偏差値、ST 比、進学率の観点から整理したい[2]。

　まずは、偏差値の観点から整理したい。表 10-2 は、偏差値に関する分析結果を全体及び系統別に示したものである。系統別の結果をみると、「平均値」は社会科学系（42.4）や人文科学系（44.1）では相対的に低い値となっているものの、理学系（51.9）や農学系（49.2）では相対的に高い値となっており、系統間で大きな差があることがうかがえる（なお、工学系は 45.5）。一元配置分散分析でも有意な差が確認（$p < 0.001$）できるため、多重比較（Tukey 法による、以下同様）による検討を行った。その結果をもとに、系統間の関係性を整理すると、社会科学系＜人文科学系＜工学系＜農学系＜理学系、という関係性があることが確認できた。このように、偏差値は系統によって大きな違いがあるといえよう。

表10-2　偏差値

|  | 全体 | 人文科学系 | 社会科学系 | 理学系 | 工学系 | 農学系 |  |
|---|---|---|---|---|---|---|---|
| 平均値 | 44.7 | 44.1 | 42.4 | 51.9 | 45.5 | 49.2 | *** |
| 最小値 | 33.0 | 33.0 | 33.0 | 35.0 | 33.0 | 33.0 | |
| 最大値 | 68.0 | 64.0 | 68.0 | 65.0 | 67.0 | 64.5 | |
| 標準偏差 | 8.2 | 7.4 | 8.3 | 6.6 | 7.8 | 5.3 | |
| N | 2626 | 516 | 998 | 190 | 798 | 124 | |

注：*** p＜0.001、** p＜0.01、* p＜0.05。以下同様。
　　検定結果は、一元配置分散分析の結果。表10-3～表10-6も同様。

　続いて、ST比の観点から整理したい。表10-3は、ST比に関する分析結果を全体及び系統別に示したものである。系統別の結果をみると、「平均値」は理学系（14.2名）や農学系（17.8名）では相対的に低い値となっているものの、社会科学系（37.9名）や人文科学系（30.7名）では相対的に高い値となっており、系統間で大きな差があることがうかがえる（なお、工学系は22.9名）。一元配置分散分析でも有意な差が確認（p＜0.001）できるため、多重比較による検討を行った。その結果をもとに、系統間の関係性を整理すると、理学系、農学系＜工学系＜人文科学系＜社会科学系、という関係性があることが確認できた。このように、ST比も系統によって大きな違いがあるといえよう。

表10-3　ST比

|  | 全体 | 人文科学系 | 社会科学系 | 理学系 | 工学系 | 農学系 |  |
|---|---|---|---|---|---|---|---|
| 平均値 | 29.3 名 | 30.7 名 | 37.9 名 | 14.2 名 | 22.9 名 | 17.8 名 | *** |
| 最小値 | 1.4 名 | 1.9 名 | 7.1 名 | 2.5 名 | 1.4 名 | 4.2 名 | |
| 最大値 | 96.9 名 | 72.0 名 | 96.9 名 | 32.0 名 | 51.8 名 | 41.2 名 | |
| 標準偏差 | 15.3 名 | 11.8 名 | 16.2 名 | 8.1 名 | 10.9 名 | 10.4 名 | |
| N | 2626 | 516 | 998 | 190 | 798 | 124 | |

　最後に、進学率の観点から整理したい。表10-4は、進学率に関する分析結果を全体及び系統別に示したものである。系統別の結果をみると、「平均値」は社会科学系（2.5%）や人文科学系（3.8%）では相対的に

低い値となっているものの、理学系（43.1%）、工学系（30.9%）、農学系
（28.4%）では相対的に高い値となっており、系統間で大きな差があるこ
とがうかがえる。一元配置分散分析でも有意な差が確認（p＜0.001）で
きるため、多重比較による検討を行った。その結果をもとに、系統間の
関係性を整理すると、社会科学系、人文科学系＜農学系、工学系＜理学
系、という関係性があることが確認できた。このように、進学率も系統
によって大きな違いがあるといえよう。

**表 10-4　進学率**

|  | 全体 | 人文科学系 | 社会科学系 | 理学系 | 工学系 | 農学系 | |
|---|---|---|---|---|---|---|---|
| 平均値 | 15.7% | 3.8% | 2.5% | 43.1% | 30.9% | 28.4% | *** |
| 最小値 | 0.0% | 0.0% | 0.0% | 3.0% | 0.0% | 1.2% | |
| 最大値 | 86.3% | 75.0% | 23.2% | 86.3% | 85.9% | 78.1% | |
| 標準偏差 | 22.3% | 4.1% | 3.1% | 22.5% | 25.7% | 21.6% | |
| N | 2554 | 507 | 956 | 190 | 781 | 120 | |

## 2.2　系統別の必修単位率

　各系統の基本的な情報が整理できたところで、系統によって必修単位
率がどの程度異なるのかを確認していきたい。

　表 10-5 は、必修単位率（全体）に関する分析結果を全体及び系統別
に示したものである。系統別の結果をみると、「平均値」は社会科学系
（23.8%）や人文科学系（30.5%）では相対的に低い値となっているものの、
工学系（46.1%）、農学系（41.0%）、理学系（38.0%）では相対的に高い値
となっており、系統間で大きな差があることがうかがえる。一元配置分
散分析でも有意な差が確認（p＜0.001）できるため、多重比較による検
討を行った。その結果をもとに、系統間の関係性を整理すると、社会科
学系＜人文科学系＜理学系、農学系＜工学系、という関係性があること
が確認できた。このように、必修単位率（全体）は系統によって大きな違
いがあるといえよう。

表 10-5　必修単位率（全体）

|  | 全体 | 人文科学系 | 社会科学系 | 理学系 | 工学系 | 農学系 |  |
|---|---|---|---|---|---|---|---|
| 平均値 | 33.7% | 30.5% | 23.8% | 38.0% | 46.1% | 41.0% | *** |
| 最小値 | 0.0% | 1.6% | 0.0% | 1.6% | 3.5% | 0.0% |  |
| 最大値 | 98.6% | 79.8% | 98.6% | 77.8% | 96.0% | 84.7% |  |
| 標準偏差 | 17.8% | 12.7% | 15.2% | 15.0% | 16.1% | 17.2% |  |
| N | 2626 | 516 | 998 | 190 | 798 | 124 |  |

　ただし、ここで留意しておかなければならないのは、先述の結果は、専門科目、共通科目といった科目区分を考慮していないものであるということである。そこで以下では、科目区分を考慮し、専門科目における必修単位率について確認していきたい[3]。

　表10-6は、専門科目における必修単位率に関する分析結果を全体及び系統別に示したものである。系統別の結果をみると、「平均値」は社会科学系（15.9%）や人文科学系（23.8%）では相対的に低い値となっているものの、工学系（37.1%）、農学系（30.7%）、理学系（30.6%）では相対的に高い値となっており、系統間で大きな差があることがうかがえる。一元配置分散分析でも有意な差が確認（$p < 0.001$）できるため、多重比較による検討を行った。その結果をもとに、系統間の関係性を整理すると、社会科学系＜人文科学系＜理学系、農学系＜工学系、という関係性があることが確認できた。このように、専門科目における必修単位率も系統によって大きな違いがあるといえよう。

表 10-6　必修単位率（専門科目）

|  | 全体 | 人文科学系 | 社会科学系 | 理学系 | 工学系 | 農学系 |  |
|---|---|---|---|---|---|---|---|
| 平均値 | 25.5% | 23.8% | 15.9% | 30.6% | 37.1% | 30.7% | *** |
| 最小値 | 0.0% | 0.0% | 0.0% | 0.0% | 3.2% | 0.0% |  |
| 最大値 | 92.3% | 71.0% | 92.3% | 69.4% | 74.2% | 67.7% |  |
| 標準偏差 | 16.1% | 13.2% | 12.6% | 14.8% | 13.7% | 15.2% |  |
| N | 2253 | 387 | 914 | 158 | 682 | 112 |  |

　さて、これまでの検討で明らかになった系統間の関係性を表10- 7に
まとめた。これをみると、人文科学系、社会科学系といった系統は、理
学系、工学系、農学系といった系統に比べて、偏差値、進学率が相対的
に低いのに対し、ST比は相対的に高いという傾向にあることが確認で
きる。また、人文科学系、社会科学系といった系統は、理学系、工学系、
農学系といった系統に比べて、必修単位率が相対的に低いという傾向に
あることも確認できる。こうした系統間の関係性が、次項で行う必修単
位率に関する重回帰分析の結果の差に関係していると考えられる。

表10-7　系統間の関係性

| 偏差値 | 社会科学系＜人文科学系＜工学系＜農学系＜理学系 |
|---|---|
| ST 比 | 理学系，農学系＜工学系＜人文科学系＜社会科学系 |
| 進学率 | 社会科学系，人文科学系＜農学系，工学系＜理学系 |
| 必修単位率（全体） | 社会科学系＜人文科学系＜理学系，農学系＜工学系 |
| 必修単位率（専門科目） | 社会科学系＜人文科学系＜理学系，農学系＜工学系 |

## 2.3　系統別の必修単位率の規定要因

　以下では、「専門」の観点からの検討に先立ち、必修単位率（全体）に
関する重回帰分析の結果について確認しておきたい。分析に用いた従属
変数は必修単位率（全体）であり、独立変数は偏差値、ST比、進学率で
ある。なお、統制変数として、設置年[4]を投入している。

　表10-8は、必修単位率（全体）を従属変数とした重回帰分析の結果を
全体及び系統別に示したものである。理学系については、F値が有意で
なかったことから、網掛け（濃いグレー）をした上で参考情報として掲載
している（以降も同様）。独立変数として設定した、偏差値、ST比、進
学率以外の何らかの変数が必修単位率（全体）を規定している可能性が高
く、今後は探索的な分析も必要となってくることを記しておきたい。

　系統別の結果をみると、人文科学系、社会科学系、さらには工学系で
は「偏差値」と「ST比」が必修単位率（全体）に有意な負の影響を与えて
いることが確認できる。残る農学系では「偏差値」が必修単位率（全体）

表10-8　必修単位率（全体）に関する重回帰分析

|  | 全体 | 人文科学系 | 社会科学系 | 理学系 | 工学系 | 農学系 |
|---|---|---|---|---|---|---|
| 設置年 | 0.017 | 0.050 | 0.130 *** | -0.119 | -0.063 | 0.184 |
| 偏差値 | -0.244 *** | -0.104 * | -0.203 *** | 0.130 | -0.212 ** | -0.317 * |
| ST 比 | -0.253 *** | -0.162 *** | -0.213 *** | 0.066 | -0.257 *** | -0.082 |
| 進学率 | 0.306 *** | 0.022 | 0.024 | 0.012 | 0.011 | -0.076 |
| 調整済み R² | 0.206 | 0.043 | 0.151 | 0.015 | 0.045 | 0.165 |
| F 値 | 166.138 *** | 6.740 *** | 43.418 *** | 1.740 | 10.200 *** | 6.898 *** |
| N | 2554 | 507 | 956 | 190 | 781 | 120 |

注: 値は標準化偏回帰係数。表10-9も同様。

に有意な負の影響を与えていることが確認できる。

　こうした必修単位率（全体）に関する重回帰分析の結果は、専門分野の特性を十分に捉えることができているのであろうか。なぜなら、先述したように、必修単位率（全体）は、専門分野の特性が反映されにくい（と考えられる）共通科目における必修科目も含めて算出されているからである。専門分野の特性をより正確に捉えるためには、専門科目における必修単位率を取り上げて検討する必要があるだろう。そこで以下では、専門科目における必修単位率を従属変数とした重回帰分析の結果を確認することとしたい。なお、独立変数及び統制変数については、先の重回帰分析と同様である。

　表10-9は、専門科目における必修単位率を従属変数とした重回帰分析の結果を全体及び系統別に示したものである。まず、決定係数（調整済み R²）の値をみると、先ほどの必修単位率（全体）に関する重回帰分析の結果に比べて、いずれの系統でも低くなっていることが確認できる。すなわち、専門科目における必修単位率に関する重回帰分析よりも、専門科目、共通科目といった科目区分を考慮していない必修単位率（全体）に関する重回帰分析の方がモデルの説明力が高い状況にあるということである。

　次に系統別の結果をみると、人文科学系については、「ST比」が専門科目における必修単位率に有意な負の影響を与えていることが確認でき

る。すなわち、ST 比が高いほど、専門科目における必修単位率が低くな
るという関係性にあるということである。なお、必修単位率（全体）に関
する重回帰分析で有意な負の影響を与えていた「偏差値」については、専
門科目における必修単位率には有意な影響を与えていないことが確認で
きる。このように、人文科学系においては、必修単位率（全体）の結果で
確認できた変数の関係性のすべてが、専門科目における必修単位率の結
果で確認できるわけではない。

　社会科学系については、「偏差値」と「ST 比」が専門科目における必修
単位率に有意な負の影響を与えていることが確認できる。すなわち、偏
差値や ST 比が高いほど、専門科目における必修単位率が低くなるとい
う関係性にあるということである。このように、社会科学系においては、
必修単位率（全体）の結果で確認できた変数の関係性が、専門科目におけ
る必修単位率の結果でも確認できる。

　工学系については、「偏差値」と「ST 比」が専門科目における必修単位
率に有意な負の影響を与えていることが確認できる。すなわち、偏差値
や ST 比が高いほど、専門科目における必修単位率が低くなるという関
係性にあるということである。このように、工学系においては、必修単
位率（全体）の結果で確認できた変数の関係性が、専門科目における必修
単位率の結果でも確認できる。

表 10-9　必修単位率（専門科目）に関する重回帰分析

| | 全体 | 人文科学系 | 社会科学系 | 理学系 | 工学系 | 農学系 |
|---|---|---|---|---|---|---|
| 設置年 | 0.000 | -0.047 | 0.132 *** | 0.028 | -0.022 | 0.238 * |
| 偏差値 | -0.225 *** | -0.072 | -0.165 *** | 0.184 | -0.192 ** | -0.230 |
| ST 比 | -0.245 *** | -0.187 *** | -0.195 *** | 0.173 | -0.228 *** | 0.028 |
| 進学率 | 0.310 *** | -0.049 | -0.012 | 0.009 | -0.004 | -0.014 |
| 調整済み R² | 0.193 | 0.027 | 0.123 | 0.010 | 0.036 | 0.125 |
| F 値 | 131.561 *** | 3.612 ** | 31.581 *** | 1.398 | 7.253 *** | 4.813 ** |
| N | 2190 | 379 | 874 | 158 | 671 | 108 |

残る農学系については、共通独立変数として設定した変数、いずれも有意な影響を与えていないことが確認できる。なお、必修単位率（全体）に関する重回帰分析で有意な負の影響を与えていた「偏差値」については、専門科目における必修単位率には有意な影響を与えていないことが確認できる。このように、農学系においては、必修単位率（全体）の結果で確認できた変数の関係性が、専門科目における必修単位率の結果で確認できるわけではない。

## 3.　結論

　前節では、必修単位率（全体）に関する重回帰分析を行った上で、専門分野の特性をより正確に捉えるために、専門科目における必修単位率に関する重回帰分析を行った。これらの分析の結果をふまえ、以下では、決定係数（調整済み$R^2$）の違い、共通独立変数（偏差値、ST比、進学率）の影響のあり方の違い、といった二つの観点から考察を行いたい。

　まず、決定係数（調整済み$R^2$）の違いという観点から考察を行いたい。前節では、専門科目における必修単位率に関する重回帰分析における決定係数（調整済み$R^2$）の値は、必修単位率（全体）に関する重回帰分析におけるそれよりも、いずれの系統でも低くなっていることが明らかになっている。本稿では、必修単位率（全体）ではなく、専門科目における必修単位率を取り上げて検討した方が、系統ごとのカリキュラム構造をより正確に把握することができる可能性が高いという認識のもと、分析を行ったものの、そうした認識を支持する結果は得られなかった。すなわち、科目区分を考慮し、専門科目に限定した必修単位率を取り上げても、系統ごとのカリキュラム構造をより正確に把握することには必ずしもつながらない、ということである。なぜ、このような結果になるのであろうか。

　こうした結果には、共通科目のカリキュラムに専門分野の特性が反映されていることが関係していると考えられる。その反映のあり方はいくつか想定できるものの、例えば、共通科目に専門分野の基礎的な科目が

組み込まれているような場合が挙げられる。このように、共通科目のカリキュラムに専門分野の特性が反映されていることから、共通科目を含む必修単位率（全体）に関する重回帰分析における決定係数（調整済み $R^2$）の値は、専門科目における必修単位率に関する重回帰分析におけるそれよりも、高くなっているのではないかと考えられる。

　次に、共通独立変数（偏差値、ST 比、進学率）の影響のあり方の違いという観点から考察を行いたい。表 10-10 は、前節の結果についてまとめたものである。以下では、必修単位率（全体）に関する重回帰分析と専門科目における必修単位率に関する重回帰分析で異なる結果が得られた部分に着目し、「なぜそうした結果になるのか」に対する現時点での解釈を示すこととしたい。具体的には、網掛け（薄いグレー）をしている部分に着目し、考察を進めていく。

**表 10-10　必修単位率（全体、専門科目）の関係性**

| | | 全体 | 人文科学系 | 社会科学系 | 理学系 | 工学系 | 農学系 |
|---|---|---|---|---|---|---|---|
| 偏差値 | 全体 | – | – | | | | – |
| | 専門科目 | – | | | | – | |
| ST 比 | 全体 | – | – | – | | – | |
| | 専門科目 | – | – | – | | – | |
| 進学率 | 全体 | ＋ | | | | | |
| | 専門科目 | ＋ | | | | | |

注：＋は有意な正の影響、−は有意な負の影響を示している。

　人文科学系の偏差値の結果をみると、必修単位率（全体）に関する重回帰分析では「偏差値」が有意な負の影響を与えているものの、専門科目における必修単位率に関する重回帰分析では「偏差値」が有意な負の影響を与えていないことが確認できる。なぜ、このように結果が異なるのであろうか。

　こうした結果には、人文科学系の中分類の構成が関係していると考えられる。中分類について、必修単位率（全体）に関する重回帰分析を行ってみると、「哲学」では「偏差値」が有意な負の影響を与えていることが

確認できたものの、「文学」や「史学」では有意な影響を与えていないことが確認できた。その上で、中分類について、専門科目における必修単位率に関する重回帰分析を行ってみると、いずれの中分類でも「偏差値」が有意な負の影響を与えていないことが確認できた。これらの結果をふまえれば、中分類の「哲学」の結果が、必修単位率に関する重回帰分析と専門科目における必修単位率に関する重回帰分析で異なる結果が得られたことに関係していると考えられる。

　しかし、なぜ中分類の「哲学」において、必修単位率（全体）に関する重回帰分析で「偏差値」が有意な負の影響を与えているのであろうか。現時点では、共通科目の結果によるものと考えている。中分類について、共通科目における必修単位率に関する重回帰分析[5]を行ってみると、「哲学」では「偏差値」が有意な負の影響を与えている傾向にあることが確認できた（ただし、$p < 0.1$）ものの、「文学」や「史学」では有意な影響を与えていないことが確認できた[6]。こうした結果が得られたのは、中分類の「哲学」が、「文学」や「史学」に比べて、偏差値「40未満」の割合が高いことが関係していると考えられる（「哲学」（50.0％）、「文学」（30.1％）、「史学」（18.1％））。自律的に学習する力のない学生を相対的に多く抱える「哲学」では、専門科目よりも卒業後の職業生活との関連性が希薄に感じる共通科目において、彼らが学習に向き合うよう、丁寧にサポートする必要性が高いのではないだろうか。そうした状況から、「哲学」では、偏差値が下がるほど、共通科目において必修科目をより多く設置しようという力学が働くのではないかと考えられる。

　なお、農学系の偏差値の結果をみると、必修単位率（全体）に関する重回帰分析では「偏差値」が有意な負の影響を与えているものの、専門科目における必修単位率に関する重回帰分析では「偏差値」が有意な負の影響を与えていないことが確認できる。こうした結果には、人文科学系と同様、中分類の構成が関係している可能性が考えられるが、それを支持する（十分な）結果は得られていないため、ここではその可能性を指摘するに留めたい[7]。

　以上のように、「専門」の観点からの検討は、系統ごとのカリキュラム構造をより正確に把握することには必ずしもつながらないようである。先述したように、科目区分を考慮し、専門科目に限定して分析するよりも、共通科目を含めて全体で分析する方が、モデルの説明力は高い状況にある。本稿では、「なぜこのような状況にあるのか」という問いに対する現時点での「こたえ」を提示したものの、（十分に）妥当な「こたえ」を提示することはできなかった。今後は、各系統の事情に精通している方を対象に、インタビュー調査を行い、その「こたえ」を見出す作業を進めていきたい。


## 【注】

1）ただし、小島（2011）の知見は、アンケート調査によるものであり、回答が「実態」を十分に反映したものではない可能性があることには留意されたい。
2）偏差値は学科単位、ST 比と進学率は主に学科単位のものである。いずれの変数も、カリキュラム単位のものではないことには留意しておく必要がある。
3）本研究では、区分名称（例えば、専門科目、学科科目、教養科目、全学教育科目など）をもとに専門科目と共通科目に分類している。その際、区分名称だけで判断できないものについては、各大学の HP を参照した上で判断した。なお、区分名称がキャリア教育科目と思しきものは共通科目として、演習科目と思しきものは専門科目として、便宜上分類している。ただし、こうした分類方法に基づくがゆえに、本来であれば、専門科目と共通科目のどちらにも明確に位置付けることのできない科目も、どちらかの科目として分類してしまっている可能性がある。こうした可能性も認識した上での試行的な分析であることを付しておきたい。
4）『全国大学一覧』（平成 30 年度）のデータをもとにしている。
5）共通科目が全学レベルで運用されていることをふまえれば、共通科目における必修単位率に関する重回帰分析において、学科単位の変数を独立変数として設定するのは適切ではないかもしれない。そのため、あくまで試行的な分析であることを記しておきたい。
6）人文科学系の中分類について、偏差値と共通科目における必修単位率の関係について相関分析を行ってみると、「哲学」では有意な負の相関が確認できたものの、「文学」や「史学」では有意な相関が確認できなかったことも記しておきたい。
7）農学系の中分類のうち、一定のサンプルサイズが担保されている「農学系」（N=43）、「農芸化学系」（N=28）、「水産学系」（N=20）を対象に、偏差値と必修単位率（全体）の関係について相関分析を行ってみると、「農学系」では有意な負の相関が確認できたものの、「農芸化学系」や「水産学系」では有意な相関が確認できなかった。その上で、偏差値と専門科目における必修単位率の関係について相関分析を行ってみると、「農芸化学系」では有意な負の相関が確認できるものの、「農学系」や「水産学系」では有意な相関が確認できなかった。「農学系」のサンプルサイズが最も大きいことをふまえれば、「農学系」の

結果が、必修単位率に関する重回帰分析と専門科目における必修単位率に関する重回帰分析で異なる結果が得られたことに関係している可能性が考えられる。ただし、その可能性は試行的な分析によって導き出されたものであることには留意されたい。

【参考文献】

小島佐恵子 (2011)「Ⅲ. 教育プログラムの設計」日本私立大学協会付置私学高等教育研究所プロジェクト「私学学士課程教育における"学士力"育成のためのプログラムと評価」『第二回 学士課程教育の改革状況と現状認識に関する調査 報告書』, 22-30.

葛城浩一・宇田響 (2020)「現代日本における学士課程カリキュラムの共通性：社会科学系に着目して」東北大学高度教養教育・学生支援機構編『東北大学高度教養教育・学生支援機構紀要』6：113-126.

# 第11章　入学難易度別の分析：主要5系統を対象に

## 1.　はじめに

　これまでの章では、本書のテーマである必修単位率に専門分野による差異という観点からアプローチしてきた。こうした専門分野による差異という観点からのアプローチは、専門分野によってカリキュラムのありように大きな差が存在する以上、当然行わなければならないのだが、それだけで十分であるとはいえない。なぜなら、大学のユニバーサル化の進展に伴い、大学の入学難易度によってカリキュラムのありように大きな差が生じていると考えられるからである。特にユニバーサル化時代の象徴ともいえる「ボーダーフリー大学」とも呼ばれる、受験すれば必ず合格するような大学、すなわち、事実上の全入状態にある大学は、もはや旧来の「大学」というひとつの概念枠組みでは捉えきれない状況にあるとも考えられることから、そのカリキュラムのありようには質的に顕著な差が生じている可能性もある。

　このように、大学の入学難易度による差異という観点からのアプローチの重要性は増していると考えられるが、そうしたアプローチは、日本の高等教育においてこれまで十分に行われてきたとはいえない。なぜなら、山田（2009）も指摘するように、「［日本の］大学研究の視点は、旧来のエリート大学、すなわち現在の研究大学を中心にしたもの」(p. 33, 角括弧内は筆者）だったからである。近年、大学の入学難易度による差異に着目した先行研究も散見されるようになってきてはいるが、「その限られた研究成果は就職活動を含めた職業選択と大学生活に関するものに大別できる」（三宅 2014: 9）という指摘からもうかがえるように、その先行研究の多くは「学生」を分析対象としたものである。すなわち、教育を提

供される学生側の実態に関する知見は蓄積されつつあるが、教育を提供する大学側の実態に関する知見はあまり蓄積されていない。

とはいえ、皆無というわけではなく、本書のテーマである必修単位率に関係するものも少数ではあるが存在する。例えば、葛城(2013)は、私学高等教育研究所が学科を対象として行ったアンケート調査に基づき、必修単位数は大学入試の選抜度によって大きく異なっており、「低選抜群」は「中選抜群」・「高選抜群」に比べ必修単位数が少ないことを明らかにしている。しかし、葛城・宇田（2020）でも指摘したように、アンケート調査によって得られたこうした知見には一定の意味があるものの、アンケート調査に伴う「ネガティブな可能性」（例えば、回収率が低ければ、実態を反映した結果からかけ離れていく可能性が高いこと等[1]を意味する）を孕んでいることから、それが実態とは異なったものである可能性も高いと考えられる。

その点、本研究のように一次資料に基づく分析では、一次資料に基づくがゆえのデータの制限こそあるものの、アンケート調査に伴う「ネガティブな可能性」を回避し、必修単位率の実態により迫ることができる。そこで本章では、大学の入学難易度の指標として偏差値に着目し、偏差値帯によって必修単位率がどの程度異なるのかを確認した上で、なぜそうした違いが生じるのかを、偏差値帯別の重回帰分析の結果に基づき考察したいと考える。

## 2. 分析の枠組み

本章で着目するのは、先述のように偏差値である。本章では偏差値帯を、偏差値40未満の「低偏差値群」、偏差値40以上50未満の「中偏差値群」、偏差値50以上の「高偏差値群」の3群に分け、群間比較による検討を行う。なお、本章では前章と同様、文部科学省による学科系統分類表の「大分類」において主要なカリキュラムを十分に含んでいると考えられる、人文科学系、社会科学系、理学系、工学系、農学系の5系統に限定して分析を行う。各群の分析対象となるカリキュラムは表11-1に示す

通りである。

　これをみるとわかるように、この3群で分けると、理学系と農学系では「低偏差値群」のカリキュラム数が非常に少なくなってしまう。3群に分ける基準が適切でないように思われるかもしれないが、全体でみれば「低偏差値群」のカリキュラム数が占める割合はおおよそ3分の1（31.8％）である。この点に鑑みれば、3群に分ける基準が適切でないというよりは、理学系と農学系ではそもそも偏差値の低いカリキュラムが少ないという実態を反映した結果であるといえよう。以下では、こうしたカリキュラム数の偏りに十分留意した上で検討を行いたい。

表11-1　分析対象となるカリキュラム

| | | 全体 | 低偏差値群 | 中偏差値群 | 高偏差値群 |
|---|---|---|---|---|---|
| 全体 | | 2626 | 835 | 1043 | 748 |
| | | | 31.8% | 39.7% | 28.5% |
| 系統 | 人文科学系 | 516 | 161 | 228 | 127 |
| | | | 31.2% | 44.2% | 24.6% |
| | 社会科学系 | 998 | 456 | 342 | 200 |
| | | | 45.7% | 34.3% | 20.0% |
| | 理学系 | 190 | 7 | 53 | 130 |
| | | | 3.7% | 27.9% | 68.4% |
| | 工学系 | 798 | 206 | 353 | 239 |
| | | | 25.8% | 44.2% | 29.9% |
| | 農学系 | 124 | 5 | 67 | 52 |
| | | | 4.0% | 54.0% | 41.9% |

注：上段は実数、下段は割合。

## 3. 偏差値帯別の必修単位率

### 3.1　全体的な傾向

　偏差値帯によって必修単位率がどの程度異なるのか、まずは系統を問わずに全体的な傾向を確認していこう。必修単位率の基本統計量を偏差値帯別に示したのが表11-2である。これをみると、平均値はいずれの

偏差値帯でも3割台前半と大きな差はみられず、一元配置分散分析でも有意な差は確認できない (p > 0.05)。このように、系統を問わずにいえば、必修単位率は偏差値帯によって大きな違いはないということである。

表 11-2 偏差値帯別の必修単位率（全体）

|  | 全体 | 低偏差値群 | 中偏差値群 | 高偏差値群 |  |
|---|---|---|---|---|---|
| 平均値 | 33.7% | 33.6% | 34.6% | 32.8% | n.s. |
| 中央値 | 32.3% | 32.3% | 33.9% | 30.8% | |
| 最小値 | 0.0% | 0.0% | 0.0% | 0.0% | |
| 最大値 | 98.6% | 98.6% | 85.9% | 85.9% | |
| 標準偏差 | 17.8% | 17.5% | 17.9% | 18.1% | |
| N | 2626 | 835 | 1043 | 748 | |

注：*** p < 0.001、** p < 0.01、* p < 0.05。以下同様。
　　検定は一元配置分散分析による。

　なお、こうした結果は、先述のアンケート調査によって得られた知見、すなわち、必修単位数は大学入試の選抜度によって大きく異なっており、「低選抜群」は「中選抜群」・「高選抜群」に比べ必修単位数が少ないという知見 (葛城 2013) とは異なる傾向を示すものである。勿論、この先行研究の知見と単純に比較することには慎重でなくてはならない。すなわち、分析対象については、この先行研究のそれには必修単位数が多いと考えられる保健系が含まれているが、本章のそれには先述のように含まれていない[2)]。また、分析単位については、この先行研究のそれは学科単位であるのに対し、本章のそれは先述のようにカリキュラム単位である。そもそも比較している3群については、この先行研究のそれは学生の学力に対する学科長の認識に基づくものであるのに対し、本章のそれは偏差値に基づくものである。このように前提条件が大きく異なることには留意しなければならないが、こうした結果は、先述の先行研究の知見がアンケート調査に伴う「ネガティブな可能性」によって少なからず歪められたものである可能性を示唆するといえよう。

## 3.2　系統別の傾向

　さて、前項の分析では、系統を問わずにいえば、必修単位率は偏差値帯によって大きな違いはないことが確認されたが、系統別にみても同様の傾向は確認されるのだろうか。以下では、人文科学系、社会科学系、理学系、工学系、農学系の各系統において、群間比較による検討を行う。各系統の必修単位率の基本統計量を偏差値帯別に示したのが表11-3である（先述のように、理学系と農学系では「低偏差値群」のカリキュラム数が非常に少ないが、参考までに値を記載する、以下同様）。

　まず必修単位率が総じて低い社会科学系についてみてみると、偏差値が低い群ほど必修単位率が高くなっていることが確認できる。具体的には、平均値は「低偏差値群」では 2 割台後半であるのに対し、「高偏差値群」では 1 割台後半に留まっており、10%を超える大きな差が生じている。

**表 11-3　偏差値帯別の必修単位率（系統別）**

| | | 全体 | 低偏差値群 | 中偏差値群 | 高偏差値群 | |
|---|---|---|---|---|---|---|
| 平均値 | 人文科学系 | 30.5% | 33.8% | 29.3% | 28.7% | *** |
| | 社会科学系 | 23.8% | 27.7% | 22.6% | 17.1% | *** |
| | 理学系 | 38.0% | 26.5% | 37.2% | 38.9% | |
| | 工学系 | 46.1% | 46.2% | 47.4% | 44.1% | * |
| | 農学系 | 41.0% | 45.3% | 44.9% | 35.5% | ** |
| 中央値 | 人文科学系 | 29.0% | 32.3% | 28.4% | 29.0% | |
| | 社会科学系 | 21.9% | 25.8% | 21.0% | 14.9% | |
| | 理学系 | 39.3% | 31.5% | 38.7% | 40.3% | |
| | 工学系 | 46.9% | 46.0% | 47.6% | 47.2% | |
| | 農学系 | 38.8% | 46.8% | 43.5% | 35.5% | |
| 標準偏差 | 人文科学系 | 12.7% | 14.8% | 11.9% | 10.4% | |
| | 社会科学系 | 15.2% | 16.1% | 14.4% | 11.5% | |
| | 理学系 | 15.0% | 9.4% | 13.0% | 15.8% | |
| | 工学系 | 16.1% | 16.1% | 15.6% | 16.6% | |
| | 農学系 | 17.2% | 10.7% | 14.6% | 19.5% | |

注：網掛け部分は参考までに値を記載していることを意味する。以下同様。
　　検定は、人文科学系、社会科学系、工学系については一元配置分散分析、理学系、農学系については t 検定による。

一元配置分散分析で有意な差が確認できるため、多重比較（Tukey法による、以下同様）を行ったところ、3群間にはそれぞれ有意な差が確認できた（いずれも $p < 0.001$）。このように、社会科学系では、必修単位率は偏差値帯によって大きな違いがあり、偏差値が低い群ほどその値は高くなっているということである。

　これと比較的近い傾向を示しているのが人文科学系と農学系である。人文科学系については、平均値は「低偏差値群」では3割を超えているのに対し、その他2群では3割に満たないのだが、そう大きな差が生じているわけではない。しかし、一元配置分散分析で有意な差が確認できるため、多重比較を行ったところ、「低偏差値群」とその他2群との間には有意な差が確認できた（いずれも $p < 0.01$）。一方の農学系については、平均値は「中偏差値群」では4割台半ばにまで及んでいるのに対し、「高偏差値群」では3割台半ばに留まっており、10%まではいかないものの比較的大きな差が生じている。この2群でt検定を行ったところ、有意な差も確認できた（$p < 0.01$）。このように、人文科学系と農学系では、必修単位率は偏差値帯によって少なからず違いがあり、相対的に偏差値が低い群（人文科学系では「低偏差値群」、農学系では「中偏差値群」）でその値は高くなっているということである。

　これらと異なる傾向を示しているのが残る工学系と理学系である。まず工学系については、平均値はいずれの偏差値帯でも4割台半ばであり、そう大きな差が生じているわけではない。しかし、一元配置分散分析で有意な差が確認できるため、多重比較を行ったところ、「中偏差値群」と「高偏差値群」との間に有意な差が確認できた（$p < 0.05$）。一方の理学系については、平均値は「中偏差値群」と「高偏差値群」ともに3割台後半であり、そう大きな差が生じているわけではない。この2群でt検定を行ったところ、有意な差も確認できなかった（$p > 0.05$）。このように、工学系では、必修単位率は偏差値帯によって少なからず違いがあるものの、相対的に偏差値が低い群でその値が高くなっているというわけではなく、理学系では、そもそも偏差値帯によって少なからず違いがあると

いうわけでもないということである。

## 4.　偏差値帯別の必修単位率の規定要因

　それでは、こうした偏差値帯による必修単位率の違いはなぜ生じるのだろうか。本節では、必修単位率の違いが共通独立変数として設定している偏差値、ST比、進学率によりどのように規定されるのか検討する。

### 4.1　偏差値帯別のカリキュラムの特徴

　その分析に先立ち、まずは共通独立変数であるST比と進学率の観点から、各系統における偏差値帯別のカリキュラムの特徴を確認したい。

　まずはST比について、その平均値を偏差値帯を問わずにみると（前章の表10-3参照）、相対的に高いのは社会科学系（37.9名）や人文科学系（30.7名）であり、特に理学系（14.2名）や農学系（17.8名）との間には非常に大きな差があることが確認できた（工学系は22.9名）。また、偏差値帯別にみると、いずれの系統においてもST比は偏差値帯によって少なからず違いがあり、人文科学系と社会科学系では、「低偏差値群」でその値が低くなっているのに対し、理学系、工学系、農学系では、相対的に偏差値が低い群（工学系では「低偏差値群」、理学系と農学系では「中偏差値群」）でその値が高くなっていることも確認できた。

　次に進学率について、その平均値を偏差値帯を問わずにみると（前章の表10-4参照）、相対的に高いのは理学系（43.1%）であり、特に社会科学系（2.5%）や人文科学系（3.8%）との間には非常に大きな差があることが確認できた（工学系は30.9%、農学系は28.4%）。また、偏差値帯別にみると、人文科学系を除けば進学率は偏差値帯によって少なからず違いがあり、「高偏差値群」ではその値が高くなっていることも確認できた。

　さて、これらの結果を「有意な差」（p < 0.05）という観点で整理したのが表11-4である（一元配置分散分析・多重比較（3群以上の場合）、t検定（2群の場合）を行った結果に基づいている）。なお、ここには前節で示した必修単位率の結果（網掛け部分）についてもあわせて示している。

これをみると、系統によって偏差値帯による違いのありようが大きく異なっていることが改めてわかるだろう。こうした有意な差が必修単位率の違いに関係してくる可能性は小さくないと考える。

**表11-4　偏差値帯別のカリキュラムの特徴**

| | | ST比 | 理学系，農学系＜工学系＜人文科学系＜社会科学系 |
|---|---|---|---|
| | 全体 | 進学率 | 社会科学系，人文科学系＜農学系，工学系＜理学系 |
| | | 必修単位率 | 社会科学系＜人文科学系＜理学系，農学系＜工学系 |
| 系統別 | 人文科学系 | ST比 | 低偏差値群＜高偏差値群，中偏差値群 |
| | | 進学率 | － |
| | | 必修単位率 | 高偏差値群，中偏差値群＜低偏差値群 |
| | 社会科学系 | ST比 | 低偏差値群＜高偏差値群＜中偏差値群 |
| | | 進学率 | 中偏差値群，低偏差値群＜高偏差値群 |
| | | 必修単位率 | 高偏差値群＜中偏差値群＜低偏差値群 |
| | 理学系 | ST比 | 高偏差値群＜中偏差値群 |
| | | 進学率 | 中偏差値群＜高偏差値群 |
| | | 必修単位率 | － |
| | 工学系 | ST比 | 高偏差値群＜中偏差値群＜低偏差値群 |
| | | 進学率 | 低偏差値群＜中偏差値群＜高偏差値群 |
| | | 必修単位率 | 高偏差値群＜中偏差値群 |
| | 農学系 | ST比 | 高偏差値群＜中偏差値群 |
| | | 進学率 | 中偏差値群＜高偏差値群 |
| | | 必修単位率 | 高偏差値群＜中偏差値群 |

### 4.2　必修単位率の規定要因

　こうした偏差値帯別のカリキュラムの特徴をふまえ、以下では、偏差値、ST比、進学率を独立変数、必修単位率を従属変数とした偏差値帯別の重回帰分析を行う[3]。用いる変数は、上記の変数に加え、前章と同様、統制変数としての設置年であり、いずれの変数もすべて実数である。

　重回帰分析の結果を示したのが表11-5である（F値が有意でない場合は薄い網掛けをした上で、参考までに値を記載する。また、濃い網掛けはサンプルサイズの問題もあり分析を行っていないことを意味する）。以下では、全体的な傾向を確認した後、系統別の傾向を確認する。

**表 11-5　必修単位率の規定要因**

| | 全体 | | | 人文科学系 | | |
|---|---|---|---|---|---|---|
| | 低偏差値群 | 中偏差値群 | 高偏差値群 | 低偏差値群 | 中偏差値群 | 高偏差値群 |
| 設置年 | -0.007 | 0.015 | 0.033 | 0.014 | 0.077 | 0.103 |
| 偏差値 | 0.039 | -0.121 *** | -0.214 *** | -0.017 | 0.079 | 0.146 |
| ST 比 | -0.303 *** | -0.275 *** | -0.156 *** | -0.198 * | -0.164 * | -0.066 |
| 進学率 | 0.195 *** | 0.330 *** | 0.410 *** | 0.153 | -0.163 * | -0.338 *** |
| 調整済み $R^2$ | 0.141 | 0.278 | 0.288 | 0.057 | 0.042 | 0.092 |
| F 値 | 33.538 *** | 99.286 *** | 75.589 *** | 3.325 * | 3.473 ** | 4.198 ** |

| | 社会科学系 | | | 理学系 | | |
|---|---|---|---|---|---|---|
| | 低偏差値群 | 中偏差値群 | 高偏差値群 | 低偏差値群 | 中偏差値群 | 高偏差値群 |
| 設置年 | 0.117 * | 0.164 ** | 0.122 | | -0.322 * | -0.161 |
| 偏差値 | -0.104 * | -0.022 | -0.118 | | -0.345 | 0.079 |
| ST 比 | -0.231 *** | -0.289 *** | -0.069 | | 0.224 | 0.042 |
| 進学率 | 0.103 * | 0.049 | -0.037 | | 0.913 *** | -0.110 |
| 調整済み $R^2$ | 0.104 | 0.139 | 0.023 | | 0.184 | 0.009 |
| F 値 | 13.268 *** | 14.375 *** | 2.183 | | 3.925 ** | 1.297 |

| | 工学系 | | | 農学系 | | |
|---|---|---|---|---|---|---|
| | 低偏差値群 | 中偏差値群 | 高偏差値群 | 低偏差値群 | 中偏差値群 | 高偏差値群 |
| 設置年 | -0.180 ** | -0.083 | 0.079 | | 0.243 | 0.227 |
| 偏差値 | 0.140 | -0.117 | -0.208 ** | | -0.033 | -0.613 *** |
| ST 比 | -0.361 *** | -0.142 | -0.347 ** | | -0.242 | 0.128 |
| 進学率 | -0.006 | 0.133 | -0.188 | | -0.429 | 0.344 |
| 調整済み $R^2$ | 0.129 | 0.029 | 0.078 | | 0.031 | 0.219 |
| F 値 | 8.386 *** | 3.555 ** | 5.896 *** | | 1.501 | 4.506 ** |

注：値は標準化偏回帰係数。

## （1）全体的な傾向

　全体の結果をみると、各偏差値帯で有意な影響を与える変数は異なっているが、「ST比」と「進学率」はいずれの群でも有意な影響（前者は負の影響、後者は正の影響）を与えていることが確認できる。このように、いずれの偏差値帯でも、ST比が高い学科のもとにあるカリキュラムほど必修単位率は低くなるということ、また、進学率が高い学科のもとにあ

るカリキュラムほど必修単位率は高くなるということである。

　残る「偏差値」は「高偏差値群」と「中偏差値群」では有意な負の影響を与えているのだが、「低偏差値群」では有意な影響を与えていない。このように、偏差値帯に分けてもなお、高い偏差値帯や中程度の偏差値帯では、偏差値が高い学科のもとにあるカリキュラムほど必修単位率は低くなるのに対して、低い偏差値帯では、偏差値がどの程度の学科のもとにあるカリキュラムであろうが、必修単位率は大きくは変わらないということである。

## (2) 系統別の傾向

　以上の結果は、異なる系統を一緒くたにしてみた場合であるが、系統別にみた場合でも同様の傾向は確認されるのだろうか。ここでまず確認しておきたいのは、社会科学系と理学系の「高偏差値群」、農学系の「中偏差値群」でF値が有意でないという点である。すなわち、必修単位率の違いは偏差値、ST比、進学率といった共通独立変数によって一定程度説明することができるだろうと考える本章の分析モデルは、社会科学系と理学系の高い偏差値帯のカリキュラム、農学系の中程度の偏差値帯のカリキュラムには妥当でなかったということである。このことをふまえた上で、これら以外の結果を系統別にみていこう。

　まず人文科学系については、「ST比」は「低偏差値群」と「中偏差値群」では有意な負の影響を与えているのだが、「高偏差値群」では有意な影響を与えていない。また、「進学率」は「中偏差値群」と「高偏差値群」では有意な負の影響を与えているのだが、「低偏差値群」では有意な影響を与えていない。なお、残る「偏差値」はいずれの偏差値帯でも有意な影響を与えていない。このように、人文科学系については、低い偏差値帯では、ST比が高い学科のもとにあるカリキュラムほど必修単位率は低くなるということ、中程度の偏差値帯では、ST比や進学率が高い学科のもとにあるカリキュラムほど必修単位率は低くなるということ、高い偏差値帯では、進学率が高い学科のもとにあるカリキュラムほど必修単位率は

低くなるということである。

　次に社会科学系については、「ST比」は「低偏差値群」と「中偏差値群」では有意な負の影響を与えているのだが、「高偏差値群」では有意な影響を与えていない。また、「偏差値」と「進学率」は「低偏差値群」では有意な影響（前者は負の影響、後者は正の影響）を与えているのだが、「中偏差値群」と「高偏差値群」では有意な影響を与えていない。このように、社会科学系については、低い偏差値帯では、偏差値やST比が高い学科のもとにあるカリキュラムほど必修単位率は低くなり、進学率が高い学科のもとにあるカリキュラムほど必修単位率は高くなるということ、中程度の偏差値帯では、ST比が高い学科のもとにあるカリキュラムほど必修単位率は低くなるということ、高い偏差値帯では、偏差値、ST比、進学率がどの程度の学科のもとにあるカリキュラムであろうが、必修単位率は大きくは変わらないということである。

　続いて理学系については、「進学率」は「中偏差値群」では有意な正の影響を与えているのだが、「高偏差値群」では有意な影響を与えていない。なお、「偏差値」と「ST比」はいずれの偏差値帯でも有意な影響を与えていない。このように、理学系については、中程度の偏差値帯では、進学率が高い学科のもとにあるカリキュラムほど必修単位率は高くなるということ、高い偏差値帯では、偏差値、ST比、進学率がどの程度の学科のもとにあるカリキュラムであろうが、必修単位率は大きくは変わらないということである。

　さらに工学系については、「ST比」は「低偏差値群」と「高偏差値群」では有意な負の影響を与えているのだが、「中偏差値群」では有意な影響を与えていない。また、「偏差値」は「高偏差値群」では有意な負の影響を与えているのだが、「低偏差値群」と「中偏差値群」では有意な影響を与えていない。なお、残る「進学率」はいずれの偏差値帯でも有意な影響を与えていない。このように、工学系については、低い偏差値帯では、ST比が高い学科のもとにあるカリキュラムほど必修単位率は低くなるということ、高い偏差値帯では、偏差値やST比が高い学科のもとにあるカ

リキュラムほど必修単位率は低くなるということ、中程度の偏差値帯では、偏差値、ST比、進学率がどの程度の学科のもとにあるカリキュラムであろうが、必修単位率は大きくは変わらないということである。

　最後に農学系については、「偏差値」は「高偏差値群」で有意な負の影響を与えているのだが、「中偏差値群」では有意な影響を与えていない。なお、「ST比」と「進学率」はいずれの偏差値帯でも有意な影響を与えていない。このように、農学系については、高い偏差値帯では、偏差値が高い学科のもとにあるカリキュラムほど必修単位率は低くなるということ、中程度の偏差値帯では、偏差値、ST比、進学率がどの程度の学科のもとにあるカリキュラムであろうが、必修単位率は大きくは変わらないということである。

## 5.　まとめと考察

　前節の重回帰分析の結果を有意な影響（p < 0.05）という観点で整理したのが表11-6である。有意な正の影響を与える結果が得られた部分には「＋」を、有意な負の影響を与える結果が得られた部分には「−」を付している。また、網掛け部分には、偏差値帯に分けずに当該系統全体で同様の分析を行った結果を示している（詳細は前章の10-8参照）。これをみると、当該系統全体でみた場合に有意な（正あるいは負の）影響を与える結果（あるいは与えない結果）が得られていても、そのすべての偏差値帯で同様の結果が得られているわけではないことが改めてわかるだろう。そこで本章の最後に、なぜ特定の偏差値帯において当該系統全体でみた場合と同様の結果が得られないのかについて、社会科学系を例に考察してみたい。

　社会科学系について、系統全体の結果でみると、偏差値とST比は有意な負の影響を与えているものの、進学率は有意な影響を与えていない。つまりは、偏差値帯を問わなければ、「偏差値やST比が高い学科のもとにあるカリキュラムほど必修単位率は低くなる」という関係性にあるということである。しかし、偏差値帯別の結果でみると、この関係性は低

**表11-6　必修単位率に与える有意な影響一覧**

| | 全体 | | | | 人文科学系 | | | |
|---|---|---|---|---|---|---|---|---|
| | 低偏差値群 | 中偏差値群 | 高偏差値群 | 系統全体 | 低偏差値群 | 中偏差値群 | 高偏差値群 | 系統全体 |
| 偏差値 | | − | − | − | | | | − |
| ST比 | − | − | − | | − | | | − |
| 進学率 | + | + | + | + | | | | |

| | 社会科学系 | | | | 理学系 | | | |
|---|---|---|---|---|---|---|---|---|
| | 低偏差値群 | 中偏差値群 | 高偏差値群 | 系統全体 | 低偏差値群 | 中偏差値群 | 高偏差値群 | 系統全体 |
| 偏差値 | − | | | − | | | | |
| ST比 | − | − | | − | | | | |
| 進学率 | + | | | | | | + | |

| | 工学系 | | | | 農学系 | | | |
|---|---|---|---|---|---|---|---|---|
| | 低偏差値群 | 中偏差値群 | 高偏差値群 | 系統全体 | 低偏差値群 | 中偏差値群 | 高偏差値群 | 系統全体 |
| 偏差値 | | | − | − | | | | − |
| ST比 | | | | | | | | |
| 進学率 | | | | | | | | |

い偏差値帯には当てはまるのに対し、高い偏差値帯には当てはまらない（偏差値については中程度の偏差値帯にも当てはまらない）。

　まず、「偏差値が高い学科のもとにあるカリキュラムほど必修単位率は低くなる」という関係性がなぜ中程度以上の偏差値帯に当てはまらないのかについて考えてみたい。その理由として考えられるのは、偏差値帯に分けたことが影響している可能性である。すなわち、系統全体では、偏差値の非常に高いものから非常に低いものまで対象範囲が幅広かったのに対して、偏差値帯に分けてしまうと、「特定の偏差値帯における」偏差値の高いものから低いものまでが対象範囲となるため、この関係性は基本的には当てはまりにくくなると考えられる。第2章（社会科学系学科のカリキュラム）で述べたように、「偏差値が低い学科のもとにあるカリキュラムであれば、基礎学力や学習習慣、学習への動機づけの欠如といった学習面での問題を抱えている学生を想定しているであろうから、

そうした学生に対応するために、学生の学びを方向づける必修科目の提供は選択されやすくなる」（p. 52）という力学は、社会科学系では強く働きやすい。しかし、その力学は、学習面での問題を抱えている学生を多く受け入れている低い偏差値帯でなければ働きにくくなるのだろう。

　一方、「ST比が高い学科のもとにあるカリキュラムほど必修単位率は低くなる」という関係性がなぜ高い偏差値帯に当てはまらないのかについて考えてみたい。第2章で述べたように、「ST比が高い学科のもとにあるカリキュラムであれば、教育効果を勘案しつつ、同一科目を一定数開講しなくてはならなくなる等、選択科目の提供に比べより多くのコストを要する必修科目の提供は選択されにくくなる」（p. 52）という力学は、社会科学系では強く働きやすい。高い偏差値帯でST比が（相対的に）低いのであればこの力学が働きにくくなるのも理解できるのだが、少なくとも低い偏差値帯に比べれば有意に高い（表11-4参照）。そうなると、この関係性が高い偏差値帯に当てはまらない理由として考えられるのは、下位分類の構成[4]が影響している可能性である。社会科学系は3つの「中分類」から構成されているのだが、いずれもサンプルサイズが大きいため、そのそれぞれについて同様の分析を行ってみたところ、この関係性は「商学・経済学系」の「高偏差値群」には当てはまるものの、「社会学系」の「高偏差値群」には当てはまらず、「法学・政治学系」の「高偏差値群」に至ってはむしろこの関係性とは真逆の結果が得られた。こうした結果に鑑みれば、この関係性が高い偏差値帯に当てはまらないことに、「中分類」の構成が影響している可能性は高いだろう。

　また、系統全体の結果と偏差値帯別の結果で異なる傾向を示しているのが進学率である。すなわち、系統全体の結果では、進学率は有意な影響を与えていなかったのだが、偏差値帯別の結果では、低い偏差値帯で進学率が有意な正の影響を与えている。すなわち、低い偏差値帯では、「進学率が高い学科のもとにあるカリキュラムほど必修単位率は高くなる」という関係性にあるということである。なぜ低い偏差値帯にこの関係性が当てはまるのだろうか。第2章で述べたように、「進学率が高い学

科のもとにあるカリキュラムであれば、進学に備えてある程度体系だっ
た知識が必要になるため、それを担保する必修科目の提供は選択されや
すくなる」（p.52）という力学は、社会科学系では働きにくい。とはいえ、
低い偏差値帯で進学率が（相対的に）高いのであればこの力学が働きやす
くなるのも理解できるのだが、少なくとも高い偏差値帯に比べれば有意
に低い（表11-4参照）。そうなると、ここでも下位分類の構成が影響し
ている可能性が疑われるのだが、裏付ける結果が十分ではないため、そ
の可能性を指摘するに留めたい[5]。

　以上、なぜ特定の偏差値帯において当該系統全体でみた場合と同様の
結果が得られないのかについて、社会科学系を例に考察してきた。社会
科学系と同様の解釈が他の系統に当てはまるわけでは必ずしもないこと
には留意しなければならないが[6]、いずれにせよ同一系統にあっても偏
差値帯が異なれば、異なる力学が働いている可能性は高いといえよう。
こうした知見は、偏差値帯によってそのカリキュラムのありように質的
に顕著な差が生じている可能性を示唆するものである。ただし、本章で
行ったような「大分類」に基づく大括りの分析では下位分類の構成が少
なからず影響してしまうことに鑑みれば、その可能性の有無（程度）を
判断することには慎重でなくてはならない。その判断には、サンプルサ
イズの大きい下位分類を用いた量的なアプローチは勿論のこと、インタ
ビュー等の質的なアプローチによる検討も必要であると考える。

## 【注】

1) この他にも、葛城・宇田（2020）は、卒業要件単位数であればまだしも、必修単位につ
　いての回答は基本的に煩雑であり、特に必修単位数が専攻やコース等で異なるような場合
　にはその度合いはより高まるため、結果として回答が得られない可能性が高いことや、分
　析単位がいわゆる「大分類」に基づいていることが多いため、その下位分類のボリューム
　が大きな専門領域では、そうした「大分類」に基づく大括りの分析だと実態を見誤る可能
　性が高いことを挙げている。
2) 葛城（2013）の用いたデータから、本章の分析対象となる 5 系統に該当するもののみを抽
　出し（なお、農学系は該当なし）再分析すると、本章の分析結果に値は近くなるものの、
　やはり「低選抜群」は「中選抜群」・「高選抜群」に比べ必修単位数が少ないという結果が
　得られた。

3）多重共線性の可能性も考慮し、VIF（Variance Inflation Factor）を確認したが、その可能性は高くないと判断した。なお、その判断基準とした VIF ≧ 5 は、林ほか（2017）が提示する基準（「一般的には VIF ≧ 10 であればその変数は独立変数群から除くべきだと考えられているが、実際の社会調査データにおいて VIF ≧ 10 となる場面にはなかなか遭遇しないだろう。したがって、VIF ≧ 5 などのように基準をやや厳しくするのも1つの手段である。」（p.208））に基づくものである。

4）文部科学省による学科系統分類表の「中分類」に基づく各系統の下位分類の構成を偏差値帯別に示したのが表 11-7 である。

表 11-7　各系統の下位分類（「中分類」）の構成（偏差値帯別）

| 系統 | 下位分類 | 全体 | 低偏差値群 | 中偏差値群 | 高偏差値群 |
|---|---|---|---|---|---|
| 人文科学系 | 文学系 | 372 | 112 / 69.6% | 163 / 71.5% | 97 / 76.4% |
| 人文科学系 | 哲学系 | 72 | 36 / 22.4% | 26 / 11.4% | 10 / 7.9% |
| 人文科学系 | 史学系 | 72 | 13 / 8.1% | 39 / 17.1% | 20 / 15.7% |
| 社会科学系 | 法学・政治学系 | 167 | 46 / 10.1% | 64 / 18.7% | 57 / 28.5% |
| 社会科学系 | 商学・経済学系 | 574 | 279 / 61.2% | 196 / 57.3% | 99 / 49.5% |
| 社会科学系 | 社会学系 | 257 | 131 / 28.7% | 82 / 24.0% | 44 / 22.0% |
| 理学系 | 数学系 | 51 | 0 / 0.0% | 15 / 28.3% | 36 / 27.7% |
| 理学系 | 物理学系 | 43 | 2 / 28.6% | 11 / 20.8% | 30 / 23.1% |
| 理学系 | 化学系 | 34 | 1 / 14.3% | 9 / 17.0% | 24 / 18.5% |
| 理学系 | 生物学系 | 46 | 4 / 57.1% | 11 / 20.8% | 31 / 23.8% |
| 理学系 | 地学系 | 16 | 0 / 0.0% | 7 / 13.2% | 9 / 6.9% |
| 工学系 | 電気通信工学系 | 297 | 82 / 39.8% | 131 / 37.1% | 84 / 35.1% |
| 工学系 | 機械工学系 | 172 | 48 / 23.3% | 70 / 19.8% | 54 / 22.6% |
| 工学系 | 土木建築工学系 | 157 | 45 / 21.8% | 71 / 20.1% | 41 / 17.2% |
| 工学系 | 応用化学系 | 99 | 10 / 4.9% | 49 / 13.9% | 40 / 16.7% |
| 工学系 | 経営工学系 | 20 | 5 / 2.4% | 9 / 2.5% | 6 / 2.5% |
| 工学系 | 応用理学系 | 27 | 1 / 0.5% | 15 / 4.2% | 11 / 4.6% |
| 工学系 | 工芸学系 | 10 | 6 / 2.9% | 3 / 0.8% | 1 / 0.4% |
| 工学系 | 航空工学系 | 12 | 6 / 2.9% | 4 / 1.1% | 2 / 0.8% |
| 工学系 | 原子力工学系 | 3 | 2 / 1.0% | 1 / 0.3% | 0 / 0.0% |
| 工学系 | 水産学系 | 1 | 1 / 0.5% | 0 / 0.0% | 0 / 0.0% |
| 農学系 | 農学系 | 43 | 1 / 20.0% | 26 / 38.8% | 16 / 30.8% |
| 農学系 | 農芸化学系 | 28 | 1 / 20.0% | 15 / 22.4% | 12 / 23.1% |
| 農学系 | 獣医学畜産学系 | 15 | 2 / 40.0% | 5 / 7.5% | 8 / 15.4% |
| 農学系 | 農業経済学系 | 6 | 0 / 0.0% | 3 / 4.5% | 3 / 5.8% |
| 農学系 | 林学系 | 6 | 0 / 0.0% | 4 / 6.0% | 2 / 3.8% |
| 農学系 | 農業工学系 | 6 | 0 / 0.0% | 5 / 7.5% | 1 / 1.9% |
| 農学系 | 水産学系 | 20 | 1 / 20.0% | 9 / 13.4% | 10 / 19.2% |

注：上段は実数、下段は割合。

5）「中分類」のそれぞれについて同様の分析を行ってみたところ、「法学・政治学系」の「低偏差値群」にはこの関係性は当てはまることが確認できた。「低偏差値群」に占める「法学・政治学系」の構成比は低い（表 11-7 参照）ことを考えると、低い偏差値帯にこの関係性が当てはまることに、「中分類」の構成が影響している可能性があるともいいきれないため、ここではその可能性を指摘するに留めた。

6）偏差値については、工学系と農学系では、「偏差値が高い学科のもとにあるカリキュラム
ほど必修単位率は低くなる」という関係性は、（社会科学系とは対照的に）中程度以下の
偏差値帯に当てはまらないのだが、社会科学系と同様の解釈では説明がつかないため、社
会科学系とはまた別の力学が働いていると考えられる。また、進学率については、理学系
では、「進学率が高い学科のもとにあるカリキュラムほど必修単位率は高くなる」という
関係性は、中程度の偏差値帯に当てはまるのだが、下位分類の構成（表 11-7 参照）をみ
る限り、中程度の偏差値帯と高い偏差値帯ではその構成に大きな違いがないことから、そ
れが影響している可能性は低いと推察されるため、社会科学系とはまた別の力学が働いて
いると考えられる。一方、人文科学系では、「進学率が高い学科のもとにあるカリキュラ
ムほど必修単位率は低くなる」という真逆の関係性が、中程度以上の偏差値帯に当てはま
るのは非常に興味深い。社会科学系とはまた別の力学が働いていることは間違いないが、
そもそもどのような力学が働けばこうした関係性になるのかを想定することも難しい。

## 【参考文献】

林雄亮ほか（2017）『SPSS による実践統計分析』オーム社.

葛城浩一（2013）「ボーダーフリー大学における学士課程教育の質保証：一
定の学修時間を担保する質保証の枠組みに着目して」『KSU 高等教育研
究』2：21-32.

葛城浩一・宇田響（2020）「現代日本における学士課程カリキュラムの共通
性：社会科学系に着目して」『東北大学高度教養教育・学生支援機構紀
要』6：113-126.

三宅義和（2014）「大学の選抜性とは」三宅義和・居神浩・遠藤竜馬ほか『大
学教育の変貌を考える』ミネルヴァ書房，1-25.

山田浩之（2009）「ボーダーフリー大学における学生調査の意義と課題」『広
島大学大学院教育学研究科紀要』3（58）：27-35.

# 終章　必修単位率とその規定要因：
## カリキュラム研究の可能性

串本　　剛（東北大学）

## 1.　知見の総括

### 1.1　必修単位率

ここまでの各章では現代日本の学士課程カリキュラムについて、その必修単位率に焦点を絞り、主に専門分野による違いを念頭に置きながら実証分析を試みてきた。終章では最初に、専門分野別にみた必修単位率の実状を確認しておく（表12-1）。データセットにあった3,208のカリキュラムのうち、必修単位率が算出できたのは96.5%にあたる3,097であった。全体平均で見れば、要卒単位数は125.5、必修単位数は44.2で、必修単位率は35.2%であった[1]。

図12-1には、専門分野別の平均値を降順で示した。必修単位率は概して理系で高く文系で低い傾向にある中で、音楽系において突出しており、教育系とスポーツ系では理系と同水準にある。3分野で比較的高い必修単位率である理由の説明は各章での分析、及び次項での規定要因分析に譲ることとしたい。

表 12-1　必修単位率の記述統計量

|  | 人文 | 社会 | 理学 | 工学 | 農学 | 教育 | 教養 | 音楽 | スポーツ | 全体 |
|---|---|---|---|---|---|---|---|---|---|---|
| n | 516 | 998 | 190 | 798 | 124 | 113 | 32 | 242 | 84 | 3097 |
| $\bar{x}$ | 30.5 | 23.8 | 38.0 | 46.1 | 41.0 | 40.4 | 25.1 | 49.3 | 36.5 | 35.2 |
| $\sigma$ | 12.7 | 15.2 | 15.0 | 16.1 | 17.2 | 20.3 | 12.7 | 16.5 | 18.0 | 18.2 |
| Min | 1.6 | 0.0 | 1.6 | 3.5 | 0.0 | 9.6 | 1.6 | 8.1 | 10.5 | 0.0 |
| Max | 79.8 | 98.6 | 77.8 | 96.0 | 84.7 | 86.3 | 50.0 | 95.2 | 90.7 | 98.6 |

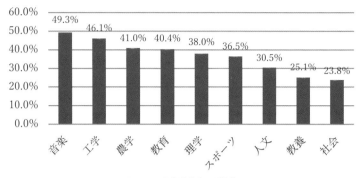

図 12-1　必修単位率の平均値

　ところで必修単位率における「理高文低」の傾向は、私学高等教育研究所の調査結果を使った小島 (2011) や葛城 (2013)、あるいは文部科学省の委託研究として行われた「平成 26 年度大学教育改革状況調査」に基づく串本 (2016) でも指摘されていた。ただし前章でも言及があったように、いずれも質問紙調査への回答を根拠としており、回答率の問題はおくとしても、調査設計上の限界によって分析結果の信頼性には疑問の余地があった[2]。その点本研究では、各大学が公表する履修案内から直接データセットを作成することで、調査時点の実態をかなりの精度で明らかにしている。カリキュラム研究、とりわけ実証分析を伴う場合は正確な実態把握は不可欠であり、その実現は本研究の意義のひとつと言えるだろう。

## 1.2　必修単位率の規定要因

　序章における先行研究の整理にあたり、研究目的の類型として事実論、因果論、当為論を区別した。必修単位率の実態把握は正に事実論の一例であり、対応する因果論では必修単位率の規定要因を探ることになる。本研究ではその方法として、図 12-2 として再掲した枠組みを前提に専門分野毎の分析を展開し、表 12-2 にまとめた通りの知見を得た。表中の符号は相関の方向を示しており、表側にある学科属性が 3 つ以上の値を取る名義尺度の場合は「±」としている。

　教育目的の違いを見るための代理変数としては進学率を設定したが、
必修単位率との有意な相関が確認できたのは教育系学科（第6章）のみで
あった。しかも、直感的には進学率の高さは大学院での学修に備えた必
修単位率の高さを予想させるのに対し、教育系では負の相関が見られた。
その原因は第6章で詳述されているように、教員免許取得と大学院進学
のトレードオフにあると考えられる。資格取得には大学院への進学準備
以上に必修科目の設置が求められるため、進学率が高い学科においてむ
しろ必修単位率が低い傾向にあったということである。同様の傾向はス
ポーツ系学科（第9章）でも見られ、必修単位率と進学率が無相関ではあ
るものの、進学率の高い立命館大学スポーツ健康科学科で必修単位率が
低く、救命救急士の養成が盛んな国士舘大学スポーツ医科学科において
必修単位率が高い事情が事例分析を通して明らかにされていた。また音
楽系学科（第8章）では、演奏家養成か教養としての音楽教育かの違いが
入試科目に現れており、前者と親和的な入試科目を課す学科では、必修
単位率が高い傾向にあった[3]。

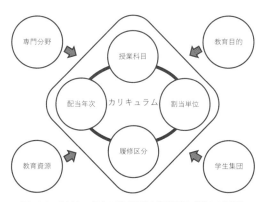

図 12-2　カリキュラムの構成要素と規定要因（図 0-8 再掲）

表 12-2　必修単位率との相関

| | 人文 | 社会 | 理学 | 工学 | 農学 | 教育 | 教養 | 音楽 | スポーツ |
|---|---|---|---|---|---|---|---|---|---|
| **教育目的** | | | | | | | | | |
| 　進学率 | | | | | | – | | | |
| 　専門職 | | | | | | + | | | + |
| 　入試科目 | | | | | | | | ± | |
| **学生集団** | | | | | | | | | |
| 　偏差値 | – | – | | – | – | – | | | |
| 　学生数 | | | | | | – | | | |
| **教育資源** | | | | | | | | | |
| 　ST比 | – | – | | – | | | | – | |
| 　教員数 | | | | | | – | | | |
| **その他** | | | | | | | | | |
| 　下位分野 | ± | ± | ± | ± | ± | | | ± | |
| 　設置年 | | | – | | | | + | | |
| 　設置形態 | | | | | | | ± | | |

　学生集団の代理変数として設定した偏差値と必修単位率の間には、学科系統を根拠に類別した6つの専門分野のうち5つにおいて、負の相関が見られた。仮に偏差値が、自ら学習内容を選び学んでいく準備の程度を表すとすれば、多くの専門分野における負の相関（学科の偏差値が高いほど必修単位率が低い傾向）には首肯できる。他方で、理学系（第3章）で例外的に無相関である点は興味深い。同じ理系の工学系（第4章）、農学系（第5章）と比べ、偏差値の平均値が若干高いものの、その分散や偏差値と進学率の高い相関には大差がない。ただし進学率そのものの高さは理学系で顕著（平均値は理学系42.9%、工学系31.5%、農学系28.9%）であり、このあたりに理系内での差異を説明する鍵があるのかもしれない。

　教育資源の代理変数であるST比と必修単位率の間には、負の相関が想定される。なぜならば、卒業要件を満たす上で必修科目には代わりがきかないので、全ての学生が単位を修得できるような工夫が必要になるからだ。指導が行き届くようにクラス定員を設けたり、再履修用のクラスを設定したりするためには開講クラス数を増やさなければならず、そ

の分コストが嵩む。同じ学生数であるならば、教員の人数が多くST比が低い学科の方が有利になる（必修科目を選択しやすい）と考えられる。表12-2を見ても、相関がある場合には必ず負の相関であり、仮説の正しさを裏付けている。例外は教養系（第7章）で、ST比というよりは、学科の規模（学生数や教員数）を示す変数との間に負の相関が確認できる。本研究では教育資源に係る共通独立変数としてST比を採用したが、学科規模とどちらが妥当な代理変数と言えるのか、検討の余地がある。

　以上、3つの学科属性と必修単位率の関係を振り返ったが、表12-2からもうひとつ明らかなのは、専門分野毎に分析をしても依然として下位分野の影響を無視できない、ということである。例えば、人文系（第1章）では哲・史・文、社会系（第2章）では法・商・社のダミー変数が必修単位率と相関するだけでなく、下位分野毎に必修単位率の規定要因が異なり、交互作用があることもわかった。こうした発見は、学科属性のうち専門分野を統制変数として扱った本研究の分析枠組みを支持する一方で、学士課程教育を対象とした法則定立型のカリキュラム研究の難しさを露呈する。分野毎のサンプルサイズが小さくなれば、統計分析に馴染まなくなることは自明だからだ。

　これらの知見は、日本の学士課程教育が新制大学発足から70年余りを経た今日でも、専門分野の違いがカリキュラムの構成要素を厳然と規定しており、同時にその違いを考慮してもなお、学生集団や教育資源の影響が残ることを教えている。本研究が着目した必修単位率は構成要素の一面に過ぎないものの、大学の公開情報を悉皆調査することで初めて明らかとなったこの事実は、今後の研究の礎となるに違いない。

## 2. 今後の展望

　本書の知見に関しては前節で総括したので、残った紙幅を用いて学士課程カリキュラム研究の展望を整理しておきたい。本研究の関心は一貫して「日本の」学士課程カリキュラムにあるものの、研究の国際的な発展には英語圏の文脈における位置付けが避けられないため、2.1では最も蓄

積のある米国での研究動向を概観する。それを踏まえ2.2で、必修単位
率の経年比較について論じた上で、2.3において履修区分以外のカリキュ
ラムの構成要素を研究対象とすることの意義に論及する。

### 2.1　国際比較

　米国における学士課程カリキュラム研究の蓄積を知るにはまず、学協
会が関与して編まれた3つの論文集を参照すべきだろう。Gaff, Ratcliff, &
Associates(1997)はAAC&U(Association of American Colleges and Universities)
の、Lattuca et al. eds.（2002）とその第2版であるConrad & Johnson eds.（2012）
はASHE（Association for the Study of Higher Education）の企画で、いずれ
もかなり幅広いテーマについて、600頁以上を費やしてまとめている。こ
のほか黎明期の研究成果としてはDressel（1963, 1980）やRudolf（1977）あ
るいはConrad（1978）を、また共に2000年前後に版を重ねた専門書として、
Designing and Assessing Courses and Curricula（Diamond, 1989, 1998, 2008）と
Shaping the College Curriculum（Stark & Lattuca, 1996；Lattuca & Stark, 2009）
を挙げることができる。

　Diamondモデルを紹介・応用した鳥居ほか（2007）でも同様の指摘が
あるように、米国の先行研究に通底するのは、実践への貢献意識である。
序章で研究目的の観点から先行研究を分類したときの類型で言えば、事
実論や因果論よりも当為論、つまり「カリキュラムはどう在るべきか」に
対する関心が高い[4]。研究方法の観点から見ても、法則定立型は例外的
で、本研究のように公開情報の悉皆調査に基づき実態把握とその規定要
因分析を試みた例は、少なくとも現時点では見当たらない。

　無論、先行研究の不在が即ち研究の意義になるわけではないが、社会
科学研究において事実論としての正確な記述（description）は因果論や当
為論の前提であり、それはカリキュラム研究においても然りである。公
開情報を使ったデータセットの作成が他国についても可能であるかは不
明だが、研究の枠組みを共有した上での国際比較が叶えば、前節で論じ
た知見がどこまで一般化できるのかを検証し得る。

## 2.2　経年比較

必修単位率はカリキュラムの柔軟性と反比例する指標であり、必修単位率が低ければ学生毎の学修経験は多様化し、反対に高くなれば標準化する。前出のLattuca & Stark（2009：45-52）では米国の文脈で、カリキュラムの柔軟性に関する議論が「規定（Prescription）」と「選択（Choice）」の間でどう揺れ動いたのかを、1820年からの長い射程で跡付けているが、必修単位率の経年比較をすれば、同様の知見をより実証的に得ることができる。もちろんこの作業には、それぞれの時代における履修要件に基づいたデータセットが必要で、例え10年前の一時点と本書の知見を比較するにしても、この間の情報公開の進展を考えれば相当な困難が予想される。

とは言え、比較時点から存在する学科に限って丁寧に（大学に訪問して履修案内の現物を入手するなどの）調査をすることで、一定の成果は期待できる。加えて比較時点の工夫をすれば、本研究では判然としなかった学科属性としての教育目的の影響を、より広い視野から検討することも不可能ではない[5]。

## 2.3　構成要素間の比較

カリキュラムの柔軟性に対する関心には、必修単位率としての履修区分だけでなく、図12-2に示した他の構成要素における検証でも応答できる。「授業科目」は開講数が多く選択の幅が広いほど、「割当単位」は少なく卒業までに履修しなければならない授業科目が増えるほど、「配当年次」は指定が少なく履修時期に係る学生の裁量が大きいほど、柔軟性は高まり同じカリキュラムであっても学修経験は多様になる。しかしそれらの要素が、必修単位率と同様の学科属性から説明できるかは未知数である。

確かに、初中等教育を対象としたカリキュラム研究がスコープとシークエンス、つまりここで言う授業科目（の内容）と配当年次を軸にカリキュラム構造を理解している（例えば、西岡2018: 181）ことに鑑みれば、

4つの構成要素の想定と、そのうち学士課程教育だからこそ論点となる履修区分に注目した点は本研究の特徴に違いない。しかしながら、そもそも4つの構成要素はカリキュラムの具体像を履修要件に求めるという手続きによってのみ正当化されたものであり、カリキュラム研究の上で他に考慮すべき要素が存在する、あるいは4つの中に重要性が低い要素が含まれていることもあり得る。

したがって、学士課程カリキュラム研究独自の分析枠組みが真に必要とされるのかを判断するには、実証研究の積み重ねが不可欠となる。4つの構成要素間における、学科属性がカリキュラムの柔軟性に与える影響の比較は、分析枠組みの精緻化に向けた差し当たっての課題と言えるのかもしれない。

### 【注】

1) 各大学が公表する履修要件を参照しながら独自に調査した値のため、情報非公開などにより、109プログラム（全体の3.5%）では確認できていない。参照した履修要件は、基本的に2018年度のものであるが、当該年度分が未公開の場合は、変更がないことを確認した上で、前後の年度の履修要件を参照している。
2) 例えば文部科学省の委託調査は、その性格から100%に近い回答率が期待できるものの、学部単位の調査であるため複数学科を要する学部では単位数に関する情報が平均値で回答される等の問題があった。詳しくは串本（2016）を参照されたい。
3) これらの結果は、教育目的の代理変数として進学率を設定することが、少なくとも現代日本の学士課程教育においては妥当でないことを示しているとも取れる。
4) この点は、研究書に注目しているが故の特徴であるかもしれない。実際、Higher Education Abstractsで近年のカリキュラム研究を概観すると、カリキュラムがどのような学修成果をもたらすかを分析する「因果論」が多い印象を受ける。ただし、研究方法においては個性記述型が主であることに変わりはない。
5) 例えば、次のような20年サイクルの仮説を立てることができる。
　①新制大学発足（1950年代〜）：民主化の要請から多様化
　②高度成長期（1970年代〜）：人材需要の高まりから標準化
　③設置基準の大綱化（1990年代〜）：「一般教育」の廃止を受け多様化
　④学士力（2010年代〜）：質保証に関する議論に応えて標準化

### 【参考文献】

Conrad, C. (1978) *The Undergraduate Curriculum: A guide to innovation and reform.* Westview Press.

Conrad, C., & Johnson, J. (Eds.). (2012) *ASHE Reader on College and University Curriculum: Placing learning at the epicenter of course, programs and institutions (2$^{nd}$ edition)*. Pearson Custom Publishing.

Diamond, R. (1989, 1998, 2008) *Designing and Assessing Courses and Curricula*. Jossey-Bass Publisher.

Dressel, P. (1963) *The Undergraduate Curriculum in Higher Education.* The Center for Applied Research in Education.

Dressel, P. (1980) *Improving Degree Programs.* Jossey-Bass Publisher.

Gaff, J., Ratcliff, J., & Associates (1997) *Handbook of the Undergraduate Curriculum: A comprehensive guide to purposes, structures, practices, and change.* Jossey-Bass Publisher.

小島佐恵子 (2011)「Ⅲ．教育プログラムの設計」日本私立大学協会付置私学高等教育研究所プロジェクト「私学学士課程教育における“学士力”育成のためのプログラムと評価」『第二回 学士課程教育の改革状況と現状認識に関する調査 報告書』，22-30.

串本剛 (2016)「第5章 学士課程の構造とアウトプット指標の関係：専門分野別の分析」リベルタス・コンサルティング編『「大学教育改革の実態の把握及び分析等に関する調査研究」調査報告書』，126-136.

葛城浩一 (2013)「ボーダーフリー大学における学士課程教育の質保証：一定の学修時間を担保する質保証の枠組みに着目して」『KSU 高等教育研究』2：113-126.

Lattuca, L., Haworth J., & Conrad, C. (Eds.). (2002) *ASHE Reader on College and University Curriculum: Developing and cultivating programs of study that enhance student learning.* Pearson Custom Publishing.

Lattuca, L., & Stark, J. (2009) *Shaping the College Curriculum: Academic plans in context (2$^{nd}$ edition).* Jossey-Bass Publisher.

西岡加名恵 (2018)「第5章 教育課程をどう編成するか」田中耕治・水原克敏・三石初雄・西岡加名恵『新しい時代の教育課程（第4版）』有斐閣，171-202.

Rudolph, F. (1977) *Curriculum: A History of the American Undergraduate Course of Study since 1636.* Jossey-Bass Publishers.

Stark, J., & Lattuca, L. (1996) *Shaping the College Curriculum: Academic plans in action.* Jossey-Bass Publisher.

鳥居朋子・夏目達也・近田政博・中井俊樹（2007）「大学におけるカリキュ
　ラム開発のプロセスに関する考察：Diamond のモデルとその適用事例
　を中心に」『高等教育研究』10：217-235.

# 付録　序章において分類の対象とした先行研究の一覧

| ID | 書　誌　情　報 | 射程 | 目的 | 方法 |
|---|---|---|---|---|
| 1 | 山本敏夫（1949）「一般教育の本質と問題点：新制大学のカリキュラムと方法」『教育公論』4（8）：21-27 | 計画 | 当為 | 論証 |
| 2 | 大島美留（1972）「大学教育の理念と教育方法論：カリキュラム再検討に関連して」『明治学院論叢』189：541-555 | 実践 | 当為 | 論証 |
| 3 | 扇谷尚（1975）「アメリカの大学における一般教育思想の展開に関する一考察：カリキュラム統合を中心として」『大阪大学人間科学部紀要』1：151-186 | 実践 | 事実 | 論証 |
| 4 | 喜多村和之（1982）「大学における教育機能について：Teaching とカリキュラムに関する比較的考察」『広島大学大学教育研究センター大学論集』11：103-122 | 実践 | 当為 | 論証 |
| 5 | 井門富二夫（1983）「大学教育とカリキュラム：カレッジ・レベルを中心として」『広島大学大学教育研究センター大学論集』12：141-161 | 計画 | 事実 | 論証 |
| 6 | 沖野隆久（1984）「高等学校教育課程と大学一般教育課程における接続性について」『日本文理大学紀要』12（2）：107-111 | 実践 | 当為 | 論証 |
| 7 | 井門富二夫（1985）「I-1 大学教育とカリキュラム」『大学のカリキュラム』玉川大学出版部，14-59 | 計画 | 事実 | 論証 |
| 8 | 井門富二夫（1985）「I-2 高等教育とカリキュラム改革」『大学のカリキュラム』玉川大学出版部，60-106 | 計画 | 当為 | 論証 |
| 9 | 井門富二夫（1985）「II-1 学際教育」『大学のカリキュラム』玉川大学出版部，108-145 | 計画 | 事実 | 論証 |
| 10 | 井門富二夫（1985）「II-3 国際教育」『大学のカリキュラム』玉川大学出版部，177-212 | 実践 | 当為 | 論証 |
| 11 | 井門富二夫（1985）「II-4 大学の教科書」『大学のカリキュラム』玉川大学出版部，213-226 | 実践 | 事実 | 論証 |
| 12 | 井門富二夫（1985）「III-1 新構想大学の理想と現実」『大学のカリキュラム』玉川大学出版部，228-246 | 計画 | 事実 | 個性 |
| 13 | 井門富二夫（1985）「III-2 筑波大学の教育内容」『大学のカリキュラム』玉川大学出版部，247-264 | 計画 | 事実 | 個性 |
| 14 | 井門富二夫（1985）「IV-1 教育課程編成上の文献」『大学のカリキュラム』玉川大学出版部，266-279 | 計画 | 事実 | 論証 |
| 15 | 井門富二夫（1985）「IV-2 カリキュラム枠」『大学のカリキュラム』玉川大学出版部，280-286 | 計画 | 事実 | 論証 |
| 16 | 井門富二夫（1985）「IV-3 編成過程」『大学のカリキュラム』玉川大学出版部，287-298 | 計画 | 事実 | 論証 |

| ID | 書　誌　情　報 | 射程 | 目的 | 方法 |
|---|---|---|---|---|
| 17 | 井門富二夫（1985）「IV-4 カリキュラムの実施」『大学のカリキュラム』玉川大学出版部, 299-300 | 計画 | 事実 | 論証 |
| 18 | 松浦良充（1986）「シカゴ・プランとR.M.ハッチンズ：1930 ～ 40 年代のシカゴ大学カレッジ・カリキュラム改革をめぐって」『教育研究 国際基督教大学学報1-A 国際基督教大学学報 01 A』28：25-48 | 計画 | 因果 | 個性 |
| 19 | 相原総一郎（1990）「第 2 章 カリキュラム、組織・運営の改善（大学教育の改善に関する調査研究：全国大学教員調査報告書）」『高等教育研究叢書』5：11-34 | 計画 | 事実 | 法則 |
| 20 | 後藤邦夫（1990）「第 4 章 桃山学院大学の教育改革：Faculty Development としてのカリキュラム改革（大学教育改革の方法に関する研究：Faculty Development の観点から）」『高等教育研究叢書』2：57-70 | 計画 | 事実 | 個性 |
| 21 | 星野勝利（1990）「アメリカの大学のカリキュラム：便覧を眺めて」『教育工学研究』12：183-197 | 計画 | 事実 | 個性 |
| 22 | 井門富二夫（1991）「1-1 大学カリキュラムの理念」『大学のカリキュラムと学際化』玉川大学出版部, 42-54 | 計画 | 事実 | 論証 |
| 23 | 井門富二夫（1991）「1-3 新設学部のカリキュラム」『大学のカリキュラムと学際化』玉川大学出版部, 141-177 | 計画 | 事実 | 論証 |
| 24 | 田中義郎（1993）「今日の大学教育改革とその動向：カリキュラム改訂の日米の事例を中心に」『論叢』34：39-50 | 実践 | 事実 | 論証 |
| 25 | 有本章（1995）「第 1 章 学部教育の研究：その視点と枠組み（学部教育とカリキュラムの改革：広島大学の学部教育に関する基礎的研究）」『高等教育研究叢書』36：1-24 | 実践 | 当為 | 論証 |
| 26 | 佐藤広志（1995）「第 13 章 広島大学の新カリキュラム一覧：11 学部の相互比較（学部教育とカリキュラムの改革：広島大学の学部教育に関する基礎的研究）」『高等教育研究叢書』36：161-172 | 計画 | 事実 | 個性 |
| 27 | 関正夫（1995）「第 14 章 学部教育の現状と課題：歴史的・国際的視野からの検討：新しい時代における広島大学の教育理念の構築を目指して（学部教育とカリキュラムの改革：広島大学の学部教育に関する基礎的研究）」『高等教育研究叢書』36：173-210 | 実践 | 当為 | 論証 |
| 28 | 金子勉（1996）「第 2 章 教養的教育と専門的教育：カリキュラム改革は成功したか（学部教育の改革と学生生活：広島大学の学部教育に関する基礎的研究（2））」『高等教育研究叢書』40：26-37 | 実践 | 事実 | 個性 |
| 29 | 姉崎洋一・川口彰義（1996）「大学カリキュラムの外国大学との接続関係（articulation）に関する基礎的研究（第一次報告）」『児童教育学科論集』29：61-80 | 実践 | 事実 | 法則 |
| 30 | 高橋誠（1996）「17 世紀の大学カリキュラム改革論争：英国のパラケルスス主義者ジョン・ウエブスター」『国学院大学紀要』34：15-48 | 計画 | 事実 | 論証 |

| ID | 書　誌　情　報 | 射程 | 目的 | 方法 |
|---|---|---|---|---|
| 31 | 舘昭・坂本辰朗（1996）「第 2 章 カリキュラム・教育内容・方法（第 1 部 大学教育改革の現状と課題，大学教育の内容・方法の改善・評価に関する研究）」『研究報告』90：18-31 | 計画 | 当為 | 論証 |
| 32 | 井上義彦・佐久間正・吉田雅章（1996）「長崎大学における新カリキュラム実施の現状と課題（原田溥教授退官記念号）」『大学教育』2：13-27 | 計画 | 事実 | 個性 |
| 33 | 今井重孝（1996）「大学カリキュラムと人間形成」『東京工芸大学工学部紀要．人文・社会編 = The Academic Reports, the Faculty of Engineering, Tokyo Polytechnic University』19（2）：1-8 | 実践 | 当為 | 論証 |
| 34 | 杉谷祐美子（1997）「大学のカリキュラムにおける多文化主義論争の問題構造」『早稲田大学大学院文学研究科紀要 第 1 分冊』43：139-150 | 計画 | 事実 | 論証 |
| 35 | 井門富二夫（1997）「1 章 カリキュラム改革」清水畏三・井門富二夫編『大学カリキュラムの再編成』玉川大学出版部，26-63 | 計画 | 事実 | 法則 |
| 36 | 井門富二夫（1997）「3 章 学士教育と一般教育」清水畏三・井門富二夫編『大学カリキュラムの再編成』玉川大学出版部，80-97 | 計画 | 事実 | 論証 |
| 37 | 清水畏三（1997）「4 章 学部（学士）教育カリキュラムの再編」清水畏三・井門富二夫編『大学カリキュラムの再編成』玉川大学出版部，98-120 | 計画 | 事実 | 論証 |
| 38 | 武村秀雄（1997）「6 章 新制大学の展開とそのカリキュラム」清水畏三・井門富二夫編『大学カリキュラムの再編成』玉川大学出版部，127-167 | 計画 | 事実 | 論証 |
| 39 | 出光直樹（1997）「7 章 大学設置基準の大綱化と学士教育」清水畏三・井門富二夫編『大学カリキュラムの再編成』玉川大学出版部，168-183 | 計画 | 事実 | 論証 |
| 40 | 成沢広行（1997）「10 章 これからの学士教育と情報科学」清水畏三・井門富二夫編『大学カリキュラムの再編成』玉川大学出版部，244-262 | 計画 | 事実 | 論証 |
| 41 | 有本章（1998）「序章 学部教育改革の理念と現状：理念、カリキュラム、学生、教員（教養的教育からみた学部教育改革：広島大学の学部教育に関する基礎的研究（4））」『高等教育研究叢書』48：1-16 | 計画 | 事実 | 論証 |
| 42 | 今井重孝（1998）「第 1 章 教養教育の理念：国際比較の視点から（教養的教育からみた学部教育改革：広島大学の学部教育に関する基礎的研究（4）：I 部：学部教育の理念とカリキュラム：教養教育の視座から）」『高等教育研究叢書』48：17-27 | 計画 | 事実 | 論証 |
| 43 | 吉田文（1998）「第 2 章 教養教育のカリキュラムとは何か：アメリカの場合（教養的教育からみた学部教育改革：広島大学の学部教育に関する基礎的研究（4）：I 部：学部教育の理念とカリキュラム：教養教育の視座から）」『高等教育研究叢書』48：28-38 | 計画 | 事実 | 論証 |

| ID | 書　誌　情　報 | 射程 | 目的 | 方法 |
|---|---|---|---|---|
| 44 | 朝倉尚（1998）「第3章 教養的教育の理念とカリキュラム：広島大学の場合（教養的教育からみた学部教育改革：広島大学の学部教育に関する基礎的研究（4）：I部：学部教育の理念とカリキュラム：教養教育の視座から）」『高等教育研究叢書』48：39-53 | 計画 | 事実 | 個性 |
| 45 | 鏡味徹也（1998）「大学のカリキュラムと時間割編成：学習支援としての大学事務組織」『大学行政管理学会誌』2：3-10 | 計画 | 事実 | 論証 |
| 46 | 松尾知明（1999）「高等教育カリキュラムと多文化主義：スタンフォード大学の事例を中心に」『比較教育学研究』25：167-169 | 計画 | 事実 | 論証 |
| 47 | 井門富二夫（2000）「第1章 教養教育の場としての大学：グローバリゼーション時代のカリキュラム（学部教育改革の展開：第1部：教養教育とカリキュラム改革：国際的視点）」『高等教育研究叢書』60：19-46 | 計画 | 事実 | 論証 |
| 48 | 舘昭（2000）「第2章 アメリカの学士課程カリキュラムの構成原理：日本と比較して（学部教育改革の展開：第1部：教養教育とカリキュラム改革：国際的視点）」『高等教育研究叢書』60：47-55 | 計画 | 事実 | 論証 |
| 49 | 松浦良充（2000）「第4章 アメリカの学士課程カリキュラムと大学組織：シカゴ大学1999年度カリキュラム改革を事例として（学部教育改革の展開：第1部：教養教育とカリキュラム改革：国際的視点）」『高等教育研究叢書』60：71-81 | 計画 | 事実 | 個性 |
| 50 | 黄福涛・南部広孝（2000）「第5章 中国における学士課程カリキュラム改革：1990年代の変容を中心に（学部教育改革の展開：第1部：教養教育とカリキュラム改革：国際的視点）」『高等教育研究叢書』60：82-90 | 計画 | 事実 | 論証 |
| 51 | 黄福涛（2000）「1990年代後半の中国における学士課程カリキュラムの構造：日中比較の視点から」『大学論集』31：145-158 | 計画 | 事実 | 論証 |
| 52 | 岡田佳子（2001）「学士教育における学際的カリキュラムの構造に関する研究：教育コード論の視点から」『カリキュラム研究』10：145-158 | 計画 | 事実 | 個性 |
| 53 | 陳欣（2003）「教養教育の復興：1990年代以降の中国における学士課程カリキュラムの改革」『大学教育学会誌』25（2）：96-104 | 計画 | 事実 | 個性 |
| 54 | 木村浩則（2003）「本学における「大綱化」後の学士課程カリキュラム改革」『大学教育年報』6：29-40 | 計画 | 事実 | 個性 |
| 55 | 小笠原正明（2003）「ユニバーサル・アクセス時代の学士課程カリキュラム」『高等教育研究』6：27-56 | 計画 | 当為 | 論証 |
| 56 | 黄福涛（2003）「大学教育カリキュラムの国際化：オランダの事例研究」『大学論集』34：63-76 | 計画 | 事実 | 個性 |
| 57 | 有本章（2003）「0 学士課程のカリキュラム改革」有本章編『大学のカリキュラム改革』玉川大学出版部，15-42 | 結果 | 事実 | 法則 |

| ID | 書　誌　情　報 | 射程 | 目的 | 方法 |
|----|----|----|----|----|
| 58 | 冠野文（2003）「1-1 教員の意識とカリキュラム改革」有本章編『大学のカリキュラム改革』玉川大学出版部，44-59 | 実践 | 事実 | 法則 |
| 59 | 村澤昌崇（2003）「1-2 学生の力量形成における大学教育の効果」有本章編『大学のカリキュラム改革』玉川大学出版部，60-74 | 結果 | 因果 | 法則 |
| 60 | 小方直幸（2003）「1-3 学力形成とその測り方」有本章編『大学のカリキュラム改革』玉川大学出版部，75-88 | 結果 | 事実 | 法則 |
| 61 | 南部広孝（2003）「1-4 学士課程のカリキュラム」有本章編『大学のカリキュラム改革』玉川大学出版部，89-104 | 実践 | 事実 | 法則 |
| 62 | 絹川正吉（2003）「2-1 ICU 教養学部カリキュラム」有本章編『大学のカリキュラム改革』玉川大学出版部，122-138 | 実践 | 事実 | 個性 |
| 63 | 小林雅之（2003）「2-4 三層構造のカリキュラム」有本章編『大学のカリキュラム改革』玉川大学出版部，172-187 | 計画 | 事実 | 個性 |
| 64 | 井下理（2003）「2-5「学生による授業評価」とカリキュラム改革」有本章編『大学のカリキュラム改革』玉川大学出版部，188-205 | 実践 | 事実 | 個性 |
| 65 | 山本眞一（2003）「2-6 教育と研究の分離」有本章編『大学のカリキュラム改革』玉川大学出版部，206-216 | 計画 | 事実 | 個性 |
| 66 | 川嶋太津夫（2003）「3-1 アメリカの学士課程カリキュラム改革の動向」有本章編『大学のカリキュラム改革』玉川大学出版部，218-235 | 計画 | 因果 | 論証 |
| 67 | 有本章（2003）「3-2 コロンビア大学の学士課程教育とカリキュラム」有本章編『大学のカリキュラム改革』玉川大学出版部，236-250 | 計画 | 事実 | 個性 |
| 68 | 今井重孝（2003）「3-3 ハーバード大学」有本章編『大学のカリキュラム改革』玉川大学出版部，251-263 | 計画 | 事実 | 個性 |
| 69 | 松浦良充（2003）「3-4 シカゴ大学」有本章編『大学のカリキュラム改革』玉川大学出版部，264-281 | 計画 | 事実 | 個性 |
| 70 | 吉田文（2003）「3-5 カリフォルニア大学バークレイ校のカリキュラム編成」有本章編『大学のカリキュラム改革』玉川大学出版部，282-295 | 計画 | 事実 | 個性 |
| 71 | 福留東土（2003）「3-6 ビジネス・スクールのカリキュラム」有本章編『大学のカリキュラム改革』玉川大学出版部，296-316 | 実践 | 事実 | 個性 |
| 72 | 有本章（2003）「3-7 学士課程カリキュラム改革の課題」有本章編『大学のカリキュラム改革』玉川大学出版部，317-332 | 実践 | 当為 | 論証 |
| 73 | 有本章（2004）「序章 大綱化以降のカリキュラム改革に関する研究（大綱化以降の学士課程カリキュラム改革：国立大学の事例報告）」『高等教育研究叢書』78：1-20 | 実践 | 事実 | 論証 |
| 74 | 小笠原正明（2004）「第 2 章 北海道大学（大綱化以降の学士課程カリキュラム改革：国立大学の事例報告）」『高等教育研究叢書』78：21-35 | 計画 | 事実 | 個性 |

| ID | 書　誌　情　報 | 射程 | 目的 | 方法 |
|---|---|---|---|---|
| 75 | 小林昌二（2004）「第 3 章 新潟大学（大綱化以降の学士課程カリキュラム改革：国立大学の事例報告）」『高等教育研究叢書』78：37-48 | 計画 | 事実 | 個性 |
| 76 | 田巻義孝（2004）「第 4 章 信州大学（大綱化以降の学士課程カリキュラム改革：国立大学の事例報告）」『高等教育研究叢書』78：49-60 | 計画 | 事実 | 個性 |
| 77 | 山本眞一（2004）「第 5 章 筑波大学（大綱化以降の学士課程カリキュラム改革：国立大学の事例報告）」『高等教育研究叢書』78：61-69 | 計画 | 事実 | 個性 |
| 78 | 曽我日出夫（2004）「第 6 章 茨城大学（大綱化以降の学士課程カリキュラム改革：国立大学の事例報告）」『高等教育研究叢書』78：71-79 | 計画 | 事実 | 個性 |
| 79 | 田中毎実（2004）「第 7 章 京都大学（大綱化以降の学士課程カリキュラム改革：国立大学の事例報告）」『高等教育研究叢書』78：81-92 | 計画 | 事実 | 個性 |
| 80 | 中井俊樹（2004）「第 8 章 名古屋大学（大綱化以降の学士課程カリキュラム改革：国立大学の事例報告）」『高等教育研究叢書』78：93-104 | 計画 | 事実 | 個性 |
| 81 | 川嶋太津夫（2004）「第 9 章 神戸大学（大綱化以降の学士課程カリキュラム改革：国立大学の事例報告）」『高等教育研究叢書』78：105-113 | 計画 | 事実 | 個性 |
| 82 | 串本剛・小方直幸（2004）「第 10 章 広島大学（大綱化以降の学士課程カリキュラム改革：国立大学の事例報告）」『高等教育研究叢書』78：115-126 | 実践 | 事実 | 個性 |
| 83 | 丸本卓哉（2004）「第 11 章 山口大学（大綱化以降の学士課程カリキュラム改革：国立大学の事例報告）」『高等教育研究叢書』78：127-138 | 計画 | 事実 | 個性 |
| 84 | 清水克哉（2004）「第 12 章 鳥取大学（大綱化以降の学士課程カリキュラム改革：国立大学の事例報告）」『高等教育研究叢書』78：139-147 | 実践 | 事実 | 個性 |
| 85 | 松久勝利（2004）「第 13 章 愛媛大学（大綱化以降の学士課程カリキュラム改革：国立大学の事例報告）」『高等教育研究叢書』78：149-160 | 計画 | 事実 | 個性 |
| 86 | 長野剛（2004）「第 14 章 九州大学（大綱化以降の学士課程カリキュラム改革：国立大学の事例報告）」『高等教育研究叢書』78：161-165 | 結果 | 事実 | 個性 |
| 87 | 前田眞證（2004）「第 15 章 福岡教育大学（大綱化以降の学士課程カリキュラム改革：国立大学の事例報告）」『高等教育研究叢書』78：167-174 | 実践 | 事実 | 個性 |
| 88 | 木村浩則（2004）「第 16 章 熊本大学（大綱化以降の学士課程カリキュラム改革：国立大学の事例報告）」『高等教育研究叢書』78：175-189 | 計画 | 事実 | 個性 |
| 89 | 西本裕輝（2004）「第 17 章 琉球大学（大綱化以降の学士課程カリキュラム改革：国立大学の事例報告）」『高等教育研究叢書』78：191-201 | 計画 | 事実 | 個性 |
| 90 | 陳欣（2004）「文革期における毛沢東の教育思想と大学のカリキュラム改革：北京大学を事例として」『広島大学大学院教育学研究科紀要 第三部 教育人間科学関連領域』53：133-142 | 計画 | 事実 | 個性 |
| 91 | 吉田文（2005）「アメリカの学士課程カリキュラムの構造と機能：日本との比較分析の視点から」『高等教育研究』8：71-93 | 計画 | 事実 | 論証 |

| ID | 書　誌　情　報 | 射程 | 目的 | 方法 |
|---|---|---|---|---|
| 92 | 黄福涛（2005）「第9章 大学のカリキュラム改革（1990年代以降の中国高等教育の改革と課題）」『高等教育研究叢書』81：99-109 | 計画 | 事実 | 論証 |
| 93 | 陶徳民（2005）「アメリカの教養教育の新しいビジョン：2003年4月イェール大学報告書から（特集 2003年度関西大学重点領域研究 研究テーマ「日米の大学の一般教育カリキュラム改革の比較研究」）」『關西大學文學論集』54（4）：263-278 | 計画 | 事実 | 個性 |
| 94 | 赤尾勝己（2005）「アメリカの研究大学における教養教育の改革：ハーバード大学への訪問調査を手がかりに（特集 2003年度関西大学重点領域研究 研究テーマ「日米の大学の一般教育カリキュラム改革の比較研究」）」『關西大學文學論集』54（4）：245-261 | 計画 | 事実 | 個性 |
| 95 | 則竹輝一（2005）「「設置認可」および「基準評価」の歴史的考察と大学設置基準の大綱化とそれ以降のカリキュラム改革の課題について：事例研究：ICUの教養教育『Administration review』2（1）：41-60 | 計画 | 事実 | 個性 |
| 96 | 岡崎智己（2005）「アジアにおける大学連携のための基礎的研究：共同カリキュラム・プログラム開発に関わるフィージビリティ・スタディ（1）」『九州大学留学生センタ：紀要』14：11-20 | 計画 | 事実 | 論証 |
| 97 | 黄福涛（2005）「大学教育カリキュラムの国際化：中国の事例研究」『大学論集』35：193-205 | 実践 | 事実 | 論証 |
| 98 | 吉田文（2006）「教養教育と一般教育の矛盾と乖離：大綱化以降の学士課程カリキュラムの改革」『高等教育ジャーナル』14：21-28 | 計画 | 因果 | 法則 |
| 99 | 黄福涛（2006）「大学教育理念と学士課程カリキュラムの改革：歴史的・比較的視点から」『大学論集』38：125-141 | 計画 | 事実 | 論証 |
| 100 | 木村堅一・佐久本功達（2006）「授業評価と成績に基づいた大学カリキュラムのマッピング（1）授業の諸特性による影響」『名桜大学総合研究』8：13-24 | 結果 | 因果 | 法則 |
| 101 | 黄福涛（2007）「第1章 カリキュラムの現状と課題（21世紀型高等教育システム構築と質的保証：FD・SD・教育班の報告：第3部：大学教育の到達目標（指標）、到達課程、効果、質的保証）」『COE研究シリーズ』26：145-150 | 計画 | 当為 | 法則 |
| 102 | 木村堅一・佐久本功達（2007）「授業評価と成績に基づいた大学カリキュラムのマッピング（2）教員の諸特性による影響」『名桜大学総合研究』10：37-45 | 結果 | 因果 | 法則 |
| 103 | 鳥居朋子・夏目達也・近田政博・中井俊樹（2007）「大学におけるカリキュラム開発のプロセスに関する考察：Diamondのモデルとその適用事例を中心に」『高等教育研究』10：217-235 | 計画 | 事実 | 論証 |
| 104 | 黄福涛（2007）「大学カリキュラムの分析枠組み：カリキュラム研究の展開を手掛かりとして」『大学論集』39：15-31 | 結果 | 事実 | 論証 |

| ID | 書　誌　情　報 | 射程 | 目的 | 方法 |
|---|---|---|---|---|
| 105 | 松下佳代（2007）「コンピテンス概念の大学カリキュラムへのインパクトとその問題点：Tuning Project の批判的検討」『京都大学高等教育研究』13：101-119 | 結果 | 事実 | 論証 |
| 106 | 中島（渡利）夏子（2008）「米国の研究大学における 1990 年代以降の学士課程カリキュラムの特徴：研究に基づく学習を重視するスタンフォード大学の事例から」『東北大学大学院教育学研究科研究年報』57（1）：173-189 | 計画 | 事実 | 個性 |
| 107 | 葛城浩一（2008）「学習経験の量に対するカリキュラムの影響力：大学教育によって直接的に促される学習経験に着目して」『広島大学大学院教育学研究科紀要 第三部 教育人間科学関連領域』57：133-140 | 実践 | 因果 | 法則 |
| 108 | 溝上智恵子（2009）「大学改革と教育課程の課題」『高等教育研究』12：113-129 | 実践 | 事実 | 論証 |
| 109 | 早乙女暖・牧野光則（2009）「CAVE を利用した大学・大学院カリキュラム情報の対話的可視化」『可視化情報学会誌. Suppl. = Journal of the Visualization Society of Japan』29（1）：59-64 | 計画 | 事実 | 個性 |
| 110 | 渡邊席子（2009）「2009 年度、本学の教育に関する調査：教育カリキュラム評価に関する予備調査（特集 大阪市立大学における教育調査の現状と課題）：（教育調査の現状）」『大学教育』7（2）：35-43 | 結果 | 事実 | 個性 |
| 111 | 小川勤（2010）「学士課程教育の質保証のための組織的カリキュラム改善の取組：「教育改善 FD 研修会」を通したカリキュラム改善の試み」『京都大学高等教育研究』16：13-24 | 結果 | 事実 | 個性 |
| 112 | 諸岡浩子（2010）「ドイツの大学の持続可能性カリキュラム」『くらしき作陽大学・作陽音楽短期大学研究紀要』43（2）：33-39 | 計画 | 事実 | 個性 |
| 113 | 胡建華（2010）「中国における大学カリキュラムの国際化について（特集 グローバル化する高等教育）」『桜美林高等教育研究』2：69-77 | 計画 | 事実 | 論証 |
| 114 | 平岡祥孝（2011）「地域密着型教養系大学における学士課程教育とキャリア教育の融合に向けたカリキュラム構築」『経済教育』30：47-54 | 結果 | 因果 | 個性 |
| 115 | 福留東土（2011）「1980 年代以降の米国における学士課程カリキュラムを巡る議論」『大学論集』42：39-53 | 実践 | 事実 | 論証 |
| 116 | 黄福涛（2011）「大学カリキュラムの開発および大学教員の教育活動について：中日米三ヶ国の比較研究を中心に」『比治山高等教育研究』4：103-113 | 実践 | 事実 | 法則 |
| 117 | 菅岡強司・折田充（2012）「大学におけるカリキュラムとその評価」『大学教育年報』15：21-33 | 結果 | 事実 | 論証 |
| 118 | 本間正人（2012）「学習者の視点に立った大学カリキュラム改革の方向性」『京都造形芸術大学紀要』17：77-85 | 結果 | 当為 | 論証 |
| 119 | 深野政之（2012）「カリキュラムを通じた共通学習成果の保証：アメリカ理事・卒業者協会による全米トップ 100 大学調査」『一橋大学大学教育研究開発センター年報』2011 年度：67-76 | 計画 | 事実 | 論証 |

| ID | 書　誌　情　報 | 射程 | 目的 | 方法 |
|---|---|---|---|---|
| 120 | 中留武昭（2012）「序説 カリキュラムマネジメントの基本思惟」『大学のカリキュラムマネジメント』ナカニシヤ出版，3-19 | 計画 | 事実 | 論証 |
| 121 | 中留武昭（2012）「第1章「大綱化」以降の学士課程カリキュラムマネジメント」『大学のカリキュラムマネジメント』ナカニシヤ出版，20-49 | 計画 | 事実 | 論証 |
| 122 | 中留武昭（2012）「第2章 認証評価機関の基準にみるカリキュラムマネジメントの検討」『大学のカリキュラムマネジメント』ナカニシヤ出版，50-85 | 計画 | 事実 | 論証 |
| 123 | 中留武昭（2012）「第3章 高等教育政策にみるカリキュラムマネジメント」『大学のカリキュラムマネジメント』ナカニシヤ出版，86-117 | 計画 | 事実 | 論証 |
| 124 | 中留武昭（2012）「第4章 初等・中等学校と大学の，カリキュラムマネジメントの様態と課題」『大学のカリキュラムマネジメント』ナカニシヤ出版，118-152 | 計画 | 事実 | 論証 |
| 125 | 中留武昭（2012）「第6章 カリキュラム国際化のストラテジーの実際」『大学のカリキュラムマネジメント』ナカニシヤ出版，195-236 | 実践 | 事実 | 個性 |
| 126 | 中留武昭（2012）「第7章 体験的カリキュラムマネジメント論」『大学のカリキュラムマネジメント』ナカニシヤ出版，237-272 | 計画 | 事実 | 個性 |
| 127 | 橋村勝明（2013）「カリキュラムマネジメントの方法と実践：広島文教女子大学における取組を通して」『広島文教女子大学紀要』48：1-11 | 結果 | 当為 | 論証 |
| 128 | 深野政之（2013）「アメリカ大学カレッジ協会によるカリキュラム提言」『一橋大学大学教育研究開発センター年報』2012年度：51-68 | 結果 | 事実 | 論証 |
| 129 | 和田一郎（2014）「教育改革会議の今後の方向性：学力を始点とする教育課程の体系的構築に向けて」『京都華頂大学・華頂短期大学教育開発センター研究報告書』2：33-41 | 結果 | 当為 | 論証 |
| 130 | 橋村勝明（2014）「目標体系の構築によるカリキュラムマネジメントについて：「プログラムとしての学士課程」の確立のために」『広島文教教育』28：15-23 | 計画 | 事実 | 個性 |
| 131 | 矢尾板俊平（2015）「学士課程教育の構築と大学教育の質的転換：カリキュラムマネジメント、アクティブラーニング、アセスメント活動」『淑徳大学高等教育研究開発センター年報』2：53-62 | 結果 | 当為 | 論証 |
| 132 | 神谷哲司・工藤与志文・田中光晴（2015）「東北大学生の留学及びカリキュラムの国際化に関する意識」『東北大学大学院教育学研究科教育ネットワークセンター年報』15：1-13 | 実践 | 事実 | 個性 |
| 133 | 福留東土（2015）「20世紀前半におけるハーバード大学のカリキュラムの変遷：自由選択科目制から集中-配分方式へ」『大学経営政策研究』5：51-63 | 計画 | 事実 | 個性 |

| ID | 書　誌　情　報 | 射程 | 目的 | 方法 |
|---|---|---|---|---|
| 134 | 南慎郎・菅原良子（2016）「卒業生調査から見る大学カリキュラム改革の有効性」『長崎ウエスレヤン大学地域総合研究所研究紀要』14（1）：1-14 | 結果 | 因果 | 個性 |
| 135 | 川島啓二（2016）「1 学士課程教育の体系化を導くカリキュラム・デザイン」日本高等教育開発協会・ベネッセ教育総合研究所編『大学生の主体的な学びを促すカリキュラム・デザイン』東信堂，3-6 | 実践 | 当為 | 論証 |
| 136 | 山下仁司（2016）「2 学習者中心の教学改革を進めるために重要なことは何か」日本高等教育開発協会・ベネッセ教育総合研究所編『大学生の主体的な学びを促すカリキュラム・デザイン』東信堂, 7-16 | 結果 | 当為 | 論証 |
| 137 | 山田剛史（2016）「3 主体的な学びを促す教育方法の導入」日本高等教育開発協会・ベネッセ教育総合研究所編『大学生の主体的学びを促すカリキュラム・デザイン』東信堂, 17-26 | 実践 | 事実 | 法則 |
| 138 | 山田剛史（2016）「4 カリキュラム改定のポイント」日本高等教育開発協会・ベネッセ教育総合研究所編『大学生の主体的学びを促すカリキュラム・デザイン』東信堂, 27-34 | 計画 | 事実 | 法則 |
| 139 | 山田剛史（2016）「5 現在のカリキュラムの特徴と運用状況」日本高等教育開発協会・ベネッセ教育総合研究所編『大学生の主体的学びを促すカリキュラム・デザイン』東信堂, 35-44 | 結果 | 事実 | 法則 |
| 140 | 吉田香奈（2016）「6 カリキュラム改革の目的は何か」日本高等教育開発協会・ベネッセ教育総合研究所編『大学生の主体的学びを促すカリキュラム・デザイン』東信堂, 45-52 | 計画 | 事実 | 法則 |
| 141 | 井上史子（2016）「7 カリキュラム改革のための組織体制はどうあるべきか」日本高等教育開発協会・ベネッセ教育総合研究所編『大学生の主体的な学びを促すカリキュラム・デザイン』東信堂, 57-60 | 計画 | 事実 | 法則 |
| 142 | 佐藤浩章（2016）「8 主体的な学びを促すカリキュラムをどうデザインすべきか」『大学生の主体的な学びを促すカリキュラム・デザイン』東信堂, 65-71 | 計画 | 当為 | 論証 |
| 143 | 山田剛史（2016）「9 どのようにしてカリキュラムの評価，改善をすべきか」日本高等教育開発協会・ベネッセ教育総合研究所編『大学生の主体的な学びを促すカリキュラム・デザイン』東信堂, 77-80 | 計画 | 当為 | 論証 |
| 144 | 戸村理（2017）「学士課程教育の質保証を目指したカリキュラムマップ検証の試み：教学 IR の視点から」『國學院大學教育開発推進機構紀要』8：59-74 | 計画 | 当為 | 個性 |
| 145 | 原圭寛（2017）「エズラ・スタイルズの「大学計画」とイェール・カレッジの教育課程の変容, 1777-1795：カレッジ教育課程における法学導入の意味」『大学史研究』26：97-114 | 計画 | 事実 | 個性 |

| ID | 書　誌　情　報 | 射程 | 目的 | 方法 |
|---|---|---|---|---|
| 146 | 森田司郎（2018）「小中高の教育改革は大学教育にどのような影響を与えるのか：学習指導要領改訂と大学のカリキュラムの関係（専修大学法学研究所設立 50 周年記念号）」『専修大学法学研究所所報』57：34-43 | 計画 | 因果 | 論証 |
| 147 | 小川勤（2019）「日本におけるグローバル人材育成の課題：大学教育カリキュラムと日本固有の社会システム」『大学教育』16：1-6 | 実践 | 当為 | 論証 |
| 148 | 髙屋景一（2019）「コロラド・カレッジのブロック方式について：大学のカリキュラムにおける時間割の重要性（出世直衛先生追悼号）」『Walpurgis：國學院大學外国語文化学科紀要』：27-53 | 実践 | 事実 | 個性 |
| 149 | 小方直幸・立石慎治・串本剛（2020）「国立大学における組織再編と学士課程教育の再構築：専門分野・教員組織・教育課程の相互連関」『大学論集』52：19-34 | 計画 | 事実 | 個性 |

# あとがき

就職に先立ち博士課程を修了し、学位論文を元に出版してその成果を世に問うことが珍しくない世代にあって、自分の責任でまとめた本を出すまでに随分かかった。しかも本書は10名の執筆者による共著で、文字通り「まとめた」本であるわけだが、書籍という形で研究成果の公開をできたのは共同研究であったからこそのことで、単著を出す機会をうかがっていたら更に多くの歳月を要しただろう。文系の研究は一人でできる（すべき）ものと思って研究者の途を選び、実際大学院の間は、小方直幸先生（現 香川大学教授）や羽田貴史先生（広島大学/東北大学名誉教授）の指導を受けながら、基本的には一人で研究を進めてきた。しかし就職後、濱名篤先生（関西国際大学学長）をはじめとする諸先輩方の助けで幾つかの共同研究に携わり、本研究の推進主体である「学士課程カリキュラム研究会」にも仲間を得ることができた。この場を借りて、先生方や研究会のメンバーに、改めてお礼を申し上げる。

それともうひとつ、ライフ・ワーク・バランスを大切にする研究者の一人として、私生活についても触れておきたい。結婚後とりわけ子どもが生まれてからは残業や休日出勤を潔しとせず、仕事の持ち帰りも最小限にしてきたつもりなので、「妻や子の協力に感謝」とここで記すのは少し違う感じがするものの、家族がいることで私生活が充実し、仕事にも注力できた側面があることは否めない。また、当初「新コロパニック」と呼んで甘く見ていたコロナ禍の深刻化により出張がなくなったことで、留守にしていた週末の大変さと有り難さを痛感している。この「あとがき」を書いている2021年7月に7歳と2歳の誕生日を迎える典介と小景、そして妻の亜紀と共にある幸運に感謝したい。

なお本書は、JSPS科研費（課題番号：18H01025）による研究成果の一部であり、出版にあたっては東北大学高度教養教育・学生支援機構の研究成果出版経費の助成も受けた。

# 執筆者一覧（2021年10月1日現在，執筆順）

串本　　剛（Takeshi KUSHIMOTO）：
　　　　　　　　　東北大学　高度教養教育・学生支援機構　准教授

杉谷祐美子（Yumiko SUGITANI）：
　　　　　　　　　青山学院大学　教育人間科学部教育学科　教授

葛城　浩一（Koichi KUZUKI）：
　　　　　　　　　神戸大学　大学教育推進機構　准教授

西村　君平（Kunpei NISHIMURA）：
　　　　　　　　　東北大学　理学研究科　特任講師

呉　　書雅（Shuya WU）：
　　　　　　　　　福島大学　教育推進機構　特任准教授

原田健太郎（Kentaro HARADA）：
　　　　　　　　　島根大学　教育・学生支援本部　講師

中島　夏子（Natsuko NAKAJIMA）：
　　　　　　　　　東北工業大学　総合教育センター　准教授

栗原　郁太（Ikuta KURIHARA）：
　　　　　　　　　津田塾大学　教育研究支援事務室　事務室長

鳥居　朋子（Tomoko TORII）：
　　　　　　　　　立命館大学　教育開発推進機構　教授

宇田　　響（Hibiki UDA）：
　　　　　　　　　くらしき作陽大学　子ども教育学部　助教

学士課程教育のカリキュラム研究

Curriculum Study on Undergraduate Education

©Takeshi KUSHIMOTO, 2021

2021年11月26日　初版第1刷発行

編　　者　串本 剛
発行者　関内 隆
発行所　東北大学出版会
　　　　　〒980-8577　仙台市青葉区片平2-1-1
　　　　　TEL：022-214-2777　FAX：022-214-2778
　　　　　https://www.tups.jp　E-mail：info@tups.jp
印　　刷　社会福祉法人　共生福祉会
　　　　　萩の郷福祉工場
　　　　　〒982-0804　仙台市太白区鈎取御堂平38
　　　　　TEL：022-244-0117　FAX：022-244-7104

ISBN978-4-86163-366-9　C3037
定価はカバーに表示してあります。
乱丁、落丁はおとりかえします。

# 「高等教育ライブラリ」の刊行について——


　東北大学高等教育開発推進センターは高等教育の研究開発、全学教育の円滑な実施、学生支援の中核的な役割を担う組織として平成16年10月に設置された。また、本センターは平成22年3月、東北地域を中心に全国的利用を目指した「国際連携を活用した大学教育力開発の支援拠点」として、文部科学省が新たに創設した「教育関係共同利用拠点」の認定を受けた。この拠点は大学教員・職員の能力向上を目指したFD・SDの開発と実施を目的としている。

　本センターはその使命を果たすべく、平成21年度までに研究活動の成果を東北大学出版会から9冊の出版物として刊行し、広く社会に公開・発信してきた。それはセンターを構成する高等教育開発部、全学教育推進部、学生生活支援部の有機的連携による事業で、高大接続からキャリア支援に至る学生の修学・自己開発・進路選択のプロセスを一貫して支援する組織的活動の成果である。これらの出版は高等教育を専門とする研究者のみならず、広く大学教員や高校関係者さらには大学教育に関心を持つ社会人一般にも受け入れられていると自負しているところである。

　そうした成果を基盤として、共同利用拠点認定を機に、活動成果のこれまでの社会発信事業をより一層組織的に行うべく、このたび研究活動の成果物をシリーズ化して、東北大学高等教育開発推進センター叢書「高等教育ライブラリ」の形で刊行することとした次第である。「高等教育ライブラリ」が従来にもまして、組織的な研究活動成果の社会発信として大学関係者はもとより広く社会全体に貢献できることを願っている。


平成23年1月吉日　木島　明博（第3代センター長）

高等教育の研究開発と、教育内容及び教育方法の高度化を推進する

# 高等教育ライブラリ

東北大学高等教育開発推進センター 編
東北大学高度教養教育・学生支援機構 編

■高等教育ライブラリ 10

## 高大接続改革にどう向き合うか

2016 年 5 月刊行　A5 判／定価（本体 2,000 円＋税）

■高等教育ライブラリ 11

## 責任ある研究のための発表倫理を考える

2017 年 3 月刊行　A5 判／定価（本体 2,000 円＋税）

■高等教育ライブラリ 12

## 大学入試における共通試験

2017 年 3 月刊行　A5 判／定価（本体 2,100 円＋税）

■高等教育ライブラリ 13

## 数理科学教育の現代的展開

2018 年 3 月刊行　A5 判／定価（本体 2,100 円＋税）

■高等教育ライブラリ 14

## 個別大学の入試改革

2018 年 3 月刊行　A5 判／定価（本体 3,200 円＋税）

■高等教育ライブラリ 15

## 大学入試における「主体性」の評価
### ──その理念と現実──

2019 年 3 月刊行　A5 判／定価（本体 2,500 円＋税）

■高等教育ライブラリ 16

## 共生社会へ ──大学における障害学生支援を考える──

吉武 清實・岡田 有司・榊原 佐和子 編
2020 年 3 月刊行　A5 判／定価（本体 2,200 円＋税）

■高等教育ライブラリ 17

## 学士課程教育のカリキュラム研究

串本 剛 編
2021 年 11 月刊行　A5 判／定価（本体 2,400 円＋税）

# 東北大学出版会

〒980-8577　仙台市青葉区片平 2-1-1
電話　022-214-2777　FAX　022-214-2778
URL : https://www.tups.jp　E-mail : info@tups.jp

# 東北大学高等教育開発推進センター編　刊行物一覧

## 「学びの転換」を楽しむ　―東北大学基礎ゼミ実践集―
A4判／定価（本体1,400円＋税）

## 大学における初年次少人数教育と「学びの転換」
―特色ある大学教育支援プログラム（特色GP）東北大学シンポジウム―
A5判／定価（本体1,200円＋税）

## 研究・教育のシナジーとFDの将来
A5判／定価（本体1,000円＋税）

## 大学における学生相談・ハラスメント相談・キャリア支援
―学生相談体制・キャリア支援体制をどう整備・充実させるか―
A5判／定価（本体1,400円＋税）

## 大学における「学びの転換」とは何か
―特色ある大学教育支援プログラム（特色GP）東北大学シンポジウムⅡ―
A5判／定価（本体1,000円＋税）

## ファカルティ・ディベロップメントを超えて
―日本・アメリカ・カナダ・イギリス・オーストラリアの国際比較―
A5判／定価（本体1,600円＋税）

## 大学における「学びの転換」と言語・思考・表現
―特色ある大学教育支援プログラム（特色GP）東北大学国際シンポジウム―
A5判／定価（本体1,600円＋税）

## 学生による授業評価の現在
A5判／定価（本体2,000円＋税）

## 大学における「学びの転換」と学士課程教育の将来
A5判／定価（本体1,500円＋税）